Esther-Beate Körber

Habsburgs europäische Herrschaft

Geschichte kompakt

Herausgegeben von
Martin Kintzinger, Uwe Puschner, Barbara Stollberg-Rilinger

Herausgeberin für den Bereich *Frühe Neuzeit*:
Barbara Stollberg-Rilinger
Berater für den Bereich *Frühe Neuzeit*:
Rainer A. Müller, Anton Schindling, Sigried Jahns

Esther-Beate Körber

Habsburgs europäische Herrschaft

Von Karl V. bis zum Ende des 16. Jahrhunderts

Wissenschaftliche Buchgesellschaft

Gewidmet meinen Nichten und Neffen
Eva, Vera, Jan, Tobias, Philipp, Joachim und Veronika

Die Deutsche Bibliothek – CIP-Einheitsaufnahme
Ein Titeldatensatz für diese Publikation ist bei
Der Deutschen Bibliothek erhältlich.

Gedruckt auf säurefreiem und alterungsbeständigem Papier
Printed in Germany

Besuchen Sie uns im Internet: www.wbg-darmstadt.de

ISBN 3-534-15124-0

Inhalt

Geschichte kompakt

In der Geschichte, wie auch sonst,
dürfen Ursachen nicht postuliert werden,
man muß sie suchen. (M. Bloch)

Das Interesse an Geschichte wächst in der Gesellschaft unserer Zeit. Historische Themen in Literatur, Ausstellungen und Filmen finden breiten Zuspruch. Immer mehr junge Menschen entschließen sich zu einem Studium der Geschichte, und auch für Erfahrene bietet die Begegnung mit der Geschichte stets vielfältige neue Anreize. Die Fülle dessen, was wir über die Vergangenheit wissen, wächst allerdings ebenfalls: Neue Entdeckungen kommen hinzu, veränderte Fragestellungen führen zu neuen Interpretationen bereits bekannter Sachverhalte. Geschichte wird heute nicht mehr nur als Ereignisfolge verstanden, Herrschaft und Politik stehen nicht mehr allein im Mittelpunkt, und die Konzentration auf eine Nationalgeschichte ist zugunsten offenerer, vergleichender Perspektiven überwunden.

Interessierte, Lehrende und Lernende fragen deshalb nach verläßlicher Information, die komplexe und komplizierte Inhalte konzentriert, übersichtlich konzipiert und gut lesbar darstellt. Die Bände der Reihe „Geschichte kompakt" bieten solche Information. Sie stellen Ereignisse und Zusammenhänge der historischen Epochen des Mittelalters und der Neuzeit verständlich und auf dem Kenntnisstand der heutigen Forschung vor. Hauptthemen des universitären Studiums wie der schulischen Oberstufen und zentrale Themenfelder der Wissenschaft zur deutschen und europäischen Geschichte werden in Einzelbänden erschlossen. Beigefügte Erläuterungen, Register sowie Literatur- und Quellenangaben zum Weiterlesen ergänzen den Text. Die Lektüre eines Bandes erlaubt, sich mit dem behandelten Gegenstand umfassend vertraut zu machen. „Geschichte kompakt" ist daher ebenso für eine erste Begegnung mit dem Thema wie für eine Prüfungsvorbereitung geeignet, als Arbeitsgrundlage für Lehrende und Studierende ebenso wie als anregende Lektüre für historisch Interessierte.

Die Autorinnen und Autoren sind jüngere, in Forschung und Lehre erfahrene Wissenschaftler und Wissenschaftlerinnen. Jeder Band ist, trotz der allen gemeinsamen Absicht, ein abgeschlossenes, eigenständiges Werk. Die Reihe „Geschichte kompakt" soll durch ihre Einzelbände insgesamt den heutigen Wissenstand zur deutschen und europäischen Geschichte repräsentieren. Sie ist in der thematischen Akzentuierung wie in der Anzahl der Bände nicht festgelegt und wird künftig um weitere Themen der aktuellen historischen Arbeit erweitert werden.

Martin Kintzinger
Uwe Puschner
Barbara Stollberg-Rilinger

I. Signaturen des 16. Jahrhunderts I: Der Mensch im Aufbruch

1. Der Beginn einer neuen Zeit

Uns Menschen des einundzwanzigsten Jahrhunderts erscheint das sechzehnte oft sehr fremd, obwohl es nach landläufiger Meinung am Beginn der „Neuzeit" Europas steht, jener Epoche, der wir selbst noch angehören. Um das sechzehnte Jahrhundert in seinen fremden und den vertrauten Zügen besser zu verstehen, macht man sich daher am zweckmäßigsten klar, was eigentlich „Neuzeit" bedeutet und was damit gesagt sein soll, dass diese Neuzeit „beginnt". Die Zeiten ändern sich ja nicht selbst, wenn eine neue Zeit beginnt, sondern Menschen fangen an, ihre Welt und ihre Zeit mit anderen Augen zu sehen, sich selbst anders zu verstehen und nach neuen Maßstäben zu handeln. Am Anfang sind es vielleicht nur wenige, die nach diesen neuen Maßstäben und Vorstellungen leben, und sie werden deswegen verachtet oder gar nicht wahrgenommen. Die Anfänge von etwas Neuem erkennt man kaum, weil das Alte oder Traditionelle, das Hergebrachte übermächtig ist. Und selbst die wenigen Menschen, die es wagen, neue Vorstellungen auszuprobieren, krempeln damit nicht unbedingt ihr ganzes Leben um, sondern bleiben in vielem ebenso traditionell und dem Alten verhaftet wie ihre Mitmenschen. Deshalb fällt es so schwer, den Beginn einer neuen Zeit, die man dann auch eine Epoche nennt, eindeutig festzulegen. Das Neue kommt nicht auf einmal, sondern schubweise, und manchmal dauert es Jahrhunderte, bis die nachlebenden Generationen merken, wann und womit eine neue Epoche begonnen hat.

Im 16. Jahrhundert hatten schon die Zeitgenossen den Eindruck, in einer Umbruchszeit zu leben, entweder am Beginn einer neuen Epoche oder am Ende einer alten oder gar am Ende der Weltgeschichte überhaupt. Der gelehrte Ritter Ulrich von Hutten (1488–1523) jubelte über sein neues *saeculum*, das einen solchen Aufschwung der Wissenschaften mit sich gebracht habe. Der Mönch Johannes Trithemius (1462–1516) hingegen konnte in der neuen Erfindung des Buchdrucks nichts als Verfall, ja sogar Sittenverderbnis erkennen, weil so viele unnütze Bücher gedruckt würden, die nichts zum Heil der Seele beitrügen. Und Martin Luther (1483–1546), der im populären Geschichtsbild so sehr als ein der Zukunft zugewandter religiöser Reformer weiterlebt, sprach und schrieb oft darüber, dass nach seiner Auffassung nicht nur eine Epoche, sondern die ganze Weltgeschichte bald zu Ende gehen werde: Der Jüngste Tag, der Tag des Gerichts Gottes über die Welt, stehe bevor, und nur mithilfe des Glaubens an Gott könne die Menschheit die gegenwärtigen und kommenden Schrecken überstehen. Den Umbruch spürten schon die Zeitgenossen, aber erst spätere Generationen erkannten darin den Beginn ihrer eigenen Zeit, der „Neuzeit".

Worin aber besteht das „Neue" an der „Neuzeit"? Am leichtesten lässt sich das wahrscheinlich auf einer sehr abstrakten Ebene begreifen: Die Menschen, für die die Neuzeit begann, gewannen Abstand zum Gewohnten – zur Welt oder zu sich selbst – und zugleich einen festen Standpunkt, von dem aus sie von da an das Leben insgesamt oder einige seiner Aspekte betrachteten und beurteilten. Dieses Gewinnen distanzierter

Standpunkte schuf und prägte die europäische Neuzeit, schubweise und immer wieder auf anderen Gebieten, über Jahrhunderte hinweg – wobei es unerheblich ist, ob die Menschen selbst die jeweils neue geistige Errungenschaft als ihre eigene Leistung, als göttliche Offenbarung oder als zwingende Notwendigkeit empfanden. Die europäische Neuzeit begann nicht mit einem Schlag zu einem bestimmten Datum, sondern sie setzte ein, als Menschen – erst einzelne, dann viele – durch Distanzierung zu festen Standpunkten gelangten. Am deutlichsten lässt sich das an drei Veränderungen zeigen, die schon vor dem 16. Jahrhundert begonnen hatten, es aber noch prägten und zu seiner Dynamik beitrugen. Diese Veränderungen sind: die Durchsetzung der Zentralperspektive in der Kunst der Renaissance, die Entwicklung eines distanzierten, „quellenkritischen" Blicks auf profane und heilige Texte in Humanismus und Reformation und schließlich in der politischen Welt ein Schub von Machtkonzentration, den man mit einem treffenden Ausdruck von Peter Moraw „Herrschaftsverdichtung" nennt.

2. Kennzeichen der europäischen Neuzeit

a) Zentralperspektive

Die zentralperspektivische Darstellungsweise wurde im 14. und 15. Jahrhundert in Italien und den Niederlanden entwickelt und setzte sich zuerst dort und im Laufe des 16. und 17. Jahrhunderts im übrigen Europa als die allein „richtige" und treffende Art der künstlerischen und wissenschaftlichen Abbildung durch. Ihre geistige Grundlage ist das Erringen eines distanzierten Standpunktes: Wer „perspektivisch" (eigentlich richtiger: „zentralperspektivisch") zeichnen will, muss auf Distanz zu den darzustellenden Gegenständen gehen und zugleich einen festen Standpunkt ihnen gegenüber einnehmen. Wenn man von einem festen Standpunkt aus zeichnet, und nur dann, erscheinen die Gegenstände der Zeichnung räumlich, der Raum wird darstellbar. Zugleich gewinnt das Bild eine räumliche Einheit und Geschlossenheit, die der Zentralperspektive eigen ist: Alle den Raum durchschneidenden Linien, gezeichnete und gedachte, treffen sich in einem zentralen Punkt, dem Fluchtpunkt.

Die neue Möglichkeit, Raum darzustellen, revolutionierte die Malerei und eröffnete einigen Wissenschaften neue Wege. Der Raum wurde ein eigenes malerisches Thema, etwa in der Landschafts- und Architekturmalerei. Tier- und Kräuterbücher wie die des Tübinger Gelehrten Leonhart Fuchs (1501–1566) nutzten die Zentralperspektive, um Tiere und Pflanzen in ihren räumlichen Strukturen zu erfassen. Auftrieb gab sie offensichtlich auch der Anatomie. Einige Maler der italienischen Renaissance wie Leonardo da Vinci (1452–1519) und Michelangelo (1475–1564) sezierten Leichen, um den Aufbau des menschlichen Körpers zu erforschen und ihn „richtig" darstellen zu können; zur eigenen Übung fertigten sie anatomische Skizzen an. Sektionen des menschlichen Körpers wurden allmählich nicht mehr als Frevel angesehen wie im Mittelalter, sondern als eine notwendige Forschungsaufgabe. An der Florentiner Malerakademie (gegründet 1561) wurde Unterricht in Anatomie erteilt. Der Arzt Andreas Vesalius (1514–1564), der in Padua lehrte, führte als Erster öffentliche medizinische Sektionen durch und kam durch seine Arbeit zu neuen medizinischen Erkenntnissen. Die ersten anatomischen Atlanten wurden gedruckt und machten den materiellen Aufbau des menschlichen Körpers sichtbar. Leonardo da Vinci konnte mithilfe zentralperspektivisch erfasster Skizzen Maschinen und ihre Teile so mathematisch genau zeichnen, dass man sie nach seinen Skizzen nachbauen könnte. Die Zentralperspektive machte mithilfe geometrischer Methoden den Raum nicht nur darstellbar, sondern auch messbar, und ließ ihn dadurch beherrschbar erscheinen. Sie bahnte damit den Weg für die spezifisch neuzeitliche Einstellung – die sich allerdings erst später durchsetzte –, dass die Wahrheit allein durch Geometrie zu erfassen sei.

b) Distanz zu geistigen Traditionen

Während die zentralperspektivische Darstellungsweise Distanzierung und festen Standpunkt zugleich buchstäblich ins Bild setzte, vollzogen sich diese beiden Bewegungen auf anderen Gebieten des geistigen Lebens in zwei Schritten. Der Humanismus leitete die neuzeitliche Distanzierung von der Tradition ein. Zum Teil aufbauend auf seinen Methoden, entwickelten sich im Zuge von Reformation und katholischer Reform aus der verwirrend vielfältigen christlichen Religiosität des Spätmittelalters die Konfessionen, religiöse Deutungssysteme, die die Einheit und die Mitte des Christentums zu wahren oder wiederzugewinnen suchten, indem sie dazu anleiteten, es unter einem bestimmten Blickpunkt, sozusagen von einem Standpunkt aus, zu sehen und zu leben.

Der Humanismus war eine Bildungsbewegung des 14. bis 16. Jahrhunderts vor allem an Schulen und Universitäten – aber nicht nur dort –, die darauf zielte, das Ansehen der geisteswissenschaftlichen Fächer (*studia humaniora*) zu erhöhen und ihre Methoden zu verbessern. Als stilistische und literarische Vorbilder galten Schriften der klassischen Antike. Die Humanisten spürten solche Schriften in alten Bibliotheken auf und gaben sie neu heraus, seit dem 15. Jahrhundert auch mithilfe des **Buchdrucks**.

Buchdruck
Der Buchdruck mit beweglichen Lettern wurde um 1440 in Mainz von Johannes Gensfleisch zum Gutenberg (1394/99–1468) erfunden. Die technische Neuerung bestand in einer speziellen Gussform für die Lettern, einer besonderen Druckfarbe und der Ordnung der einzelnen Buchstaben nach Häufigkeit in verschieden großen Fächern im Setzkasten. Als Presse verwendete Gutenberg eine abgewandelte Obstpresse. Sein berühmtester Druck war eine 1456 fertig gestellte Bibelausgabe, bei der eine Seite 42 Zeilen hatte (daher 42-zeilige Gutenberg-Bibel genannt).

Lateinische Werke machten den größten Teil der Schriften aus, die die Humanisten drucken ließen. Einiges erschien auch in Griechisch oder Hebräisch. Diese beiden Sprachen genossen in Europa große Wertschätzung, weil in ihnen die Bibel abgefasst ist, das maßgebende Buch der Christenheit.

Ursprünglich wollten die Humanisten nur antike Texte als Bildungsgut neu zur Verfügung stellen und den als nachlässig und abgeschliffen empfundenen Stil des mittelalterlichen Kirchenlateins durch einen neuen, eleganteren Stil ersetzen, der an antiken Vorbildern geschult wäre. Aber aus dieser eng beschränkten Bildungsbewegung wurde viel mehr, denn sie stieß eine weitere spezifisch neuzeitliche Distanzierung an. In der Begegnung mit den alten Texten erfuhren die Humanisten mindestens unterschwellig die große Distanz, die zwischen ihrer Zeit und der Antike lag. Sie wollten sich zunächst nur von den antiken Vorbildern anregen lassen, ja sogar zur „Wiedergeburt" (ital. *rinascità*, frz. *renaissance*) der Antike beitragen. Aber dabei wurde ihnen die Fremdheit der alten Texte zunehmend bewusst, vor allem das Heidentum der antiken Schriftsteller im Gegensatz zu der tief christlich geprägten Welt Europas in ihrer Gegenwart. Die „Renaissance" wurde in Wahrheit keine „Wiedergeburt" oder Wiedererweckung der Antike, sondern eine Art produktiven Missverständnisses: Die Menschen nahmen zwar Formen der Antike auf, ordneten sie aber in neue Zusammenhänge ein und schufen damit etwas Eigenes nach ihren Bedürfnissen und Möglichkeiten.

Vielfach glaubten sie, das antike Vorbild nur „nachzuahmen". Z.B. veranstalteten sie zur Feier militärischer Siege große „Triumphzüge" (*trionfi*) nach antikem Muster. Die prächtigen Gebäude ihrer Zeit errichteten sie mit antiken Formen – Säulenhallen, griechischen Kapitellen, Dreiecksgiebeln über den Fenstern – und betonten die waagerechten Linien anstelle der aufstrebenden Senkrechten mittelalterlich-spätgotischer Spitzbögen. Sogar beim Schreiben bevorzugten sie die an der Antike orientierten Rundbögen und nannten die entsprechende Schrift die „Antiqua". Doch aus all diesen Bemühungen entstand etwas Neues. Der Triumphzug bezog christliche Elemente und allegorische Gestalten ein. Die neue Architektur orientierte sich stärker als die antike an der Raumwirkung und an der Ausrichtung auf einen Zentralpunkt oder eine zentrale Achse. Die Schriftformen wurden stärker standardisiert, schon dadurch, dass sie sich durch den Buchdruck massenhaft verbreiteten. Die Religion der Antike interessierte die Menschen der Renaissance allenfalls äußerlich. Nur wenige liebäugelten mit Formen eines neuen Heidentums wie der deutsche „Erzhumanist" („Herrscher" oder „Erster" der Humanisten) Conrad Celtis (1459–1508). Die meisten begnügten sich damit, Anregungen aus der Antike mit dem christlichen Weltbild zu vereinigen. Das heißt aber, dass sie gerade die Distanz zwischen ihrer Welt und der Antike deutlich wahrnahmen und die Spannung zu lösen versuchten, die sich daraus ergab. Humanismus und Renaissance als geistige Bewegungen gingen auf Distanz zur mittelalterlichen Tradition, ohne sie ganz über Bord zu werfen.

Der Humanismus wiederum bildete die Voraussetzung für neue Erkenntnisse und Vorstellungen seit der Reformation. Denn durch ihre Beschäftigung mit Griechisch und Hebräisch, den Sprachen der Bibel, hatten einige Humanisten neues Interesse am Urtext der Bibel geweckt. Sie entdeckten, dass sich in die lateinischen Bibeltexte, die im Mittelalter benutzt worden waren, Fehler eingeschlichen hatten. Um einen verlässlicheren Text zu gewinnen, gaben einige Gelehrte die Bibel in den Ursprachen neu heraus und übersetzten sie aufs Neue in die Gelehrtensprache Latein. Eine berühmte lateinische **Bibelübersetzung** stammt von dem „Fürsten der Humanisten", Erasmus von Rotterdam (1466/69–1536). Sie wurde 1516 gedruckt.

Bibelübersetzungen
Philologisch noch genauer als die Bibelübersetzung des Erasmus ist die viersprachige Bibelausgabe der Universität von Alcalá in Spanien, die so genannte *Biblia Complutensis*, in Hebräisch, Griechisch und Latein sowie einer interpretierenden Übersetzung der fünf Bücher Mose, der Thora, ins Aramäische. Sie erschien von 1512 bis 1516.

Allmählich setzte sich die Überzeugung durch, dass nur der Urtext der Bibel den Maßstab für die Lehre und das Leben der Christen abgeben sollte. Wer die Bibel in eine Volkssprache übersetzen wollte – Bemühungen dazu gab es seit langem –, der sollte sich fortan möglichst nach dem Urtext richten.

Den Grundsatz, dass nur der Urtext der Bibel für Lehre und Leben der Christen maßgeblich sein soll, nennt man das „Schriftprinzip". Es gilt als spezifisch protestantisch. Das stimmt aber nur zum Teil; denn das Schriftprinzip ist älter als die lutherische Reformation, es kommt aus dem Humanismus. Und es wurde nicht nur maßgeblich für die protestantischen Kirchen, sondern auch für die spätere römisch-katholische Kirche, wenn auch in abgeschwächter Form. Während der Protestantismus nach Luthers Worten „allein die Schrift", d.h. ausschließlich den Urtext der Bibel, als Grundlage für Leben und Lehre der Christen anerkennt, lässt die katholische Kirche neben der „Schrift" die kirchliche Tradition als Quelle gelebten und gelehrten Christentums gelten.

Die Reformation war aber vor allem insofern eine neuzeitliche Bewegung, als sie dazu anleitete, die Religion (das Christentum) nicht mehr wie im Spätmittelalter als eine Vielfalt von religiösen Pflichten und Aktivitäten zu sehen und zu leben, sondern in einer festen geistigen Haltung, die gewissermaßen den „Standpunkt" des Christen bilden sollte. Diesen „Standpunkt" nannte Luther Glauben, bedingungsloses und vollkommenes Vertrauen auf Gott. Allein durch den Glauben (*sola fide*) gewinnt man nach Luther das richtige Verhältnis zu Gott. Wenn in der Haltung des Glaubens allein die Schrift (*sola scriptura*) betrachtet wird, dann erschließt sich, gewissermaßen als „Fluchtpunkt" lutherischen Christentums, die Tatsache, dass der Mensch allein durch die Gnade (*sola gratia*), die verzeihende Zuwendung Gottes, lebt und zu ihm geführt wird.

Luther glaubte, mit dieser Erkenntnis das Christentum nach biblischem Vorbild wiederhergestellt („reformiert") zu haben; daher heißt die Bewegung, die sich auf ihn berief, Reformation. Tatsächlich aber entstand etwas Neues, Neuzeitliches, ein Christentum, in dem der Glaube, eine feste Haltung und Beziehung zu Gott, den einzigen Zugang zur Religion darstellte, von dem alles abhing. Mehr als alles andere scheint diese Einzigartigkeit des Glaubens bei Luther seine Zeitgenossen irritiert, bisweilen schockiert zu haben. Viele Humanisten z.B. teilten Luthers Kritik an der Kirche der Zeit, verstanden aber nicht, warum er die religiösen Werke – Gottesdienste, Wallfahrten, Opfer – und selbst die guten Taten des Menschen gegenüber dem Glauben abwertete und ohne Glauben für völlig sinnlos hielt. Darüber kam es zum Bruch Luthers mit dem Humanismus und mit der alten Kirche.

Die alte Kirche wiederum erneuerte sich, distanzierte sich im Laufe der Jahre immer schärfer von Luther und den anderen Reformatoren und bemühte sich entschiedener darum, das zu verbreiten oder wieder aufzurichten, was nach ihrer Meinung die richtige, allgemeine („katholische") christliche Lehre sei (siehe **Gegenreformation/katholische Reform**).

Gegenreformation/katholische Reform
Die Erneuerungsbewegung der katholischen Kirche richtete sich einerseits gegen Luther und die anderen Reformatoren und wird daher als „Gegenreformation" bezeichnet. Andererseits und hauptsächlich bemühte sie sich aber darum, Leben und Lehre der Papstkirche zu erneuern. Dafür hat sich die Bezeichnung „katholische Reform" eingebürgert.

Auf dem Konzil (der Bischofsversammlung) von Trient, das in mehreren Sitzungsperioden von 1545 bis 1563 tagte, wurde die katholische Lehre gegen die der Reformatoren abgegrenzt. Dabei ging auch die katholische Kirche davon aus, dass der Christ einen festen „Standpunkt" einzunehmen habe. Es ist die Treue zur Kirche, verstanden als Gemeinschaft der Gläubigen unter der Leitung des Papstes, eine Gemeinschaft, in der die Tradition durch Lehre und durch die Weihe der Priester in der Nachfolge der Apostel Jesu Christi weitergegeben wird. Erst aus der Haltung der Kirchentreue erschließt sich in katholischem Verständnis die volle christliche Wahrheit, und zwar nur dann, wenn man nicht nur die Schrift, sondern auch die Tradition beachtet.

Die tridentinische Erneuerung verstand sich als Wiederaufbau der geschwächten „alten" Kirche; daher sprachen auch katholische Reformer von „Reformation", wenn sie ihr Werk meinten. Aber tatsächlich entstand auch hier etwas Neues, spezifisch Neuzeitliches: Die Lehre von der Kirche erhielt im römischen Katholizismus nach Trient (dem „nachtridentinischen“) eine zentrale Stellung; in bewusstem Gegensatz zu den Auffassungen Luthers wurden der besondere Charakter des priesterlichen Amtes und die Lehrautorität des Papstes betont. Diese Art der Zentrierung lehnten viele Zeitgenossen ab, auch wenn sie ansonsten treu zur katholischen Kirche standen. Dass etwa der Papst sich in Trient entschieden über das Konzil stellte und beanspruchte, seine Beschlüsse ausdrücklich genehmigen zu müssen, wurde verschiedentlich missbilligt; der sehr kirchenbetonte Frömmigkeitsstil der Jesuiten, die in ganz Europa für die katholische Reform wirkten, stieß oft auf Misstrauen und Ablehnung.

Reformation und katholische Reform hatten die gleichen Grundlagen, das distanzierende Schriftprinzip des Humanismus und die Gewinnung neuer zentraler Gesichtspunkte, unter denen Einheitlichkeit und Mitte des Christentums deutlich werden sollten. Sie unterschieden sich aber in den „Standpunkten“ und in der Blickrichtung. Vereinfacht formuliert: Der Protestantismus sieht vom Glauben her auf die Schrift, der Katholizismus von der Kirche her auf Schrift und Tradition. Da die unterschiedlichen „Perspektiven“ einander ausschlossen, brach die Einheit der mittelalterlichen Kirche auseinander: Aus der vielfältigen „alten“ Kirche des Spätmittelalters entwickelten sich durch Reformation und katholische Reform stärker vereinheitlichte Kirchen, die von ihren Anhängern jeweils eine spezifische feste geistige Haltung, einen „Standpunkt“ verlangten. Deshalb wirkten sie in Organisation und Lehre bald in Konkurrenz zueinander. Von der Organisation der mittelalterlichen Kirche übernahmen sie, was sie brauchen konnten, und schafften ab, was nicht oder nicht mehr ihren Vorstellungen entsprach. Um eine gesicherte Lehrgrundlage zu haben, fixierten sie die christliche Lehre im Licht der neu gewonnenen „Standpunkte“ schriftlich. Diese Schriften nennt man **Bekenntnisschriften**, weil sich die Christen zu der in ihnen niedergelegten Lehre und nur zu ihr bekennen sollten.

Bekenntnisschriften
Die erste Bekenntnisschrift der Reformation in der Nachfolge Luthers ist das Augsburger Bekenntnis (*Confessio Augustana*) von 1530. Die Kirchen in der Nachfolge Calvins (reformierte Kirchen) stützen sich auf die Schrift Calvins *Institutio religionis Christianae* (erste Ausgabe 1536, letzte von Calvin durchgesehene Fassung 1559). Für die katholische Kirche können die Dekrete des Konzils von Trient (1545–1563) als Bekenntnisschrift gelten.

Alle westlichen Kirchen der Neuzeit orientieren sich an Bekenntnisschriften und berufen sich auf sie. Deshalb nennt man diese Kirchen Konfessionskirchen (nach lat. *confessio* = Bekenntnis). Die Konfessionalität, die Orientierung an zentralen Bekenntnisschriften, ist das Neuzeitliche am Christentum West- und Mitteleuropas. Zwar setzte sich auch die Konfessions-Religiosität nicht von einem Tag auf den anderen durch. Der Prozess der Konfessionsbildung nahm Jahrzehnte, vielleicht sogar Jahrhunderte in Anspruch, denn um die religiöse Bildung der einfachen Leute stand es zu Beginn des 16. Jahrhunderts ziemlich schlecht, und es dauerte lange, bis sich die konfessionellen Normen im Alltag durchgesetzt hatten. Das Prinzip der Konfessionalität aber galt als „richtig“ und normal, so wie in der Kunst die zentralperspektivische Darstellung als Norm akzeptiert wurde.

Da das konfessionelle Prinzip als richtig galt, versuchten alle Menschen, sich nach der jeweiligen Konfession zu richten, die sie für die einzig richtige Art christlichen Glaubens hielten; und wenn sie Obrigkeiten waren, verpflichteten sie auch ihre Untergebenen darauf. Dadurch wurden Alltag und Politik konfessionell geprägt; politische und konfessionelle Fragen vermischten sich fast untrennbar. Bündnisse galten als stabiler, wenn die Bündnispartner der gleichen Konfession angehörten; bei Handelsgeschäften wurden Angehörige der eigenen Konfession begünstigt, während man Anderskonfessionellen zu misstrauen begann. Bücher aus Druckorten fremder Konfession waren bald prinzipiell verdächtig; wer wissen wollte, wie Anderskonfessionelle dachten, musste sich seine Literatur durch Schmuggel besorgen. Reisen oder Studium im Ausland waren entweder ganz verboten oder mussten sich auf Gebiete der eigenen Konfession beschränken. Wo es den Zeitgenossen irgend möglich schien, teilte sich Europa nach Konfessionen. Ein begabter Junge aus dem katholischen Ingolstadt wurde vielleicht nach Bologna zum Studium geschickt, aber nicht ins näher gelegene, aber protestantische Tübingen; umgekehrt konnte der Magister aus Uppsala im lutherischen Schweden selbstverständlich in Marburg lehren, aber nicht im belgischen Löwen, das katholisch war. Sogar die Kalenderreform von 1584 galt im protestantischen Europa als nicht akzeptabel, weil ein Papst, Gregor XIII. (1572–1585), sie ins Werk gesetzt hatte. So akzeptierten die Protestanten den neuen „gregorianischen" Kalender erst im Laufe des 17. Jahrhunderts, und bis dahin bestanden „alter" und „neuer Stil" des Kalenders in Europa nebeneinander. Weil in der Zeit etwa von 1550 bis 1700 konfessionelle Gesichtspunkte das gesamte Leben prägen sollten – auch wenn sie sich unterschiedlich weit durchsetzten –, nennt man diese Zeit auch das „konfessionelle Zeitalter" oder das Zeitalter des „Konfessionalismus". Später spielten konfessionelle Kategorien zwar ebenfalls noch eine Rolle, prägten aber nie mehr so stark das gesamte Leben wie im konfessionellen Zeitalter.

c) „Herrschaftsverdichtung"

Auch im politischen Leben des 16. Jahrhunderts lässt sich das Bemühen um distanzierende Zentrierung beobachten. Aber es stieß sehr rasch an Grenzen, denn die materiellen Bedingungen der Politik erwiesen sich als zählebig und schwer überwindbar. Auch mächtige Herrscher wie die spanischen Könige konnten außerhalb ihrer engsten Umgebung kaum wirken, unter anderem weil Nachrichten oder Befehle durch Boten weitergegeben werden mussten. Sie kamen über meist schlechte Wege nur mühsam voran, und oft war ein Befehl schon überholt, wenn er den Empfänger erreichte. Weit entfernte Herrschaftsgebiete ließen sich daher nur schwer im Auge behalten, geschweige denn kontrollieren. Anders gesagt: Die Herrscher waren darauf angewiesen, innerhalb ihres Herrschaftsgebietes ständig zu reisen. Politik konnte nur am Ort des Geschehens gemacht werden, andernfalls versandete sie buchstäblich: Boten konnten unterwegs festgesetzt, Briefe abgefangen werden, Befehle aufgrund widriger Verkehrsverhältnisse zu spät ankommen, oder der Empfänger des Befehls weigerte sich einfach, ihn auszuführen, und kam oft ungestraft davon, weil die Zentrale zu weit entfernt war, um die Ereignisse überhaupt in einer Zeit zu erfahren, in der sie noch reagieren konnte. Deshalb beruhte die Technik des Regierens hauptsächlich auf unmittelbarem persönlichem Umgang. Wenn der Herrscher sich nicht persönlich zeigte oder sich durch einen Regenten sichtbar vertreten ließ, gab es in den Augen der Beherrschten keine respektierte Autorität mehr, und sie verhielten sich entsprechend. Für die Menschen des 16. Jahrhunderts existierte Herrschaft nicht als Abstraktum, unabhängig von den regierenden Personen. Das aber heißt: Es gab keinen Staat im modernen Sinne als von der Person des Herrschenden unabhängige, abstrakte Autorität.

Was sich seit dem Spätmittelalter auf politischem Gebiet in Europa vollzog, könnte man daher auch „Staatsbildung" nennen. Dann muss man sich aber vor Augen halten, dass auch dieser Prozess wie die „Konfessionsbildung" Jahrhunderte in Anspruch nahm. Wann der „moderne Staat" sich endgültig etabliert hatte und der Prozess der „Staatsbildung" abgeschlossen war, darüber kann man streiten; im 16. Jahrhundert jedenfalls steckte er erst in den Anfängen. Der Ausdruck „Herrschaftsverdichtung" beschreibt dieses Anfangshafte treffend. Mühsam und bisweilen mit zweifelhaftem Erfolg versuchten die Herrscher, Machtbefugnisse bei sich (als Verkörperung des Amtes und als Person) zu konzentrieren und dadurch niedere Gewalten zugleich auf Distanz zu halten und dem eigenen Machtgefüge einzuordnen. In Analogie zu der Beschreibung der Zentralperspektive könnte man sagen: Die Herrscher versuchten, als „Landesherrschaft" (Amt und Person) einen distanzierten „Standpunkt" gegenüber den Untergebenen zu gewinnen und die Machtbeziehungen von diesem Standpunkt aus zentral zu ordnen. Wenn und sofern das gelang, wurde der „Staat" als ein einheitlicher, abstrakter „Raum" politischen Lebens wahrnehmbar.

Die Distanzierungs- und Einordnungsbestrebungen drückten sich zum Teil in Formen aus, die wir heute als belanglos ansehen, weil wir nicht mehr spüren können, wie ungewohnt sie damals waren und wie sehr sie einen neuartigen Anspruch auf Respekt, oft sogar auf Unterwerfung begründeten. Einige Herrscher, wie die burgundischen Herzöge, formten ein kompliziertes Hofzeremoniell aus, das den Alltag und die Festlichkeiten am Hof prägte und den Abstand zwischen Herzog und Höflingen deutlich machte – etwa, indem ihm bei Tisch zuerst serviert wurde oder indem die Höflinge bei den Audienzen des Herzogs schweigend dabeisitzen mussten. Kaiser Karl V. übernahm das burgundische Zeremoniell 1548 für den spanischen Hof, und es machte als „spanisches Hofzeremoniell" in Europa Schule.

Sichtbare Inszenierungen, z. B. bei Festen oder kirchlichen Feiern, konnten dazu dienen, die überlegene Hoheit eines Herrschers darzustellen und den minder Mächtigen im Rahmen der Zeremonie ihren Platz zuzuweisen. Aber auch durch Rückzug ließ sich Distanz betonen; „unnahbar" heißt noch heute jemand, der seine Überlegenheit durch Abstand deutlich macht. König Philipp II. von Spanien (1556–1598) verkehrte sogar mit seinen nächsten Mitarbeitern fast nur schriftlich und ließ sich auch im Lande selten sehen, ganz zu schweigen von den entfernteren Teilen seines riesigen Reichs. Zur Inszenierung der Distanz gehört auch – analog der Zentralperspektive – die Fixierung des Herrschaftsstandortes. Die Höfe des Mittelalters waren meistens reisende Höfe und oft unterwegs gewesen, um, wie es die personale Herrschaftsauffassung erforderte, Politik am Ort des Geschehens zu betreiben. Das änderte sich im Spätmittelalter allmählich, und nach 1550 setzte sich das Prinzip durch, eine einzige Stadt zur Hauptstadt und ständigen Residenz zu machen. Bei dieser Residenz ließen sich die Herrscher dann ihre Schlösser bauen – oft weit außerhalb, wie um die Städter schon räumlich auf Abstand zu halten, wie das Schloss El Escorial bei Madrid demonstriert. Wenn der Herrscher nicht oder nicht mehr so viel reiste, musste er seine Wünsche und Befehle in stärkerem Maße schriftlich niederlegen und das Botenwesen besser organisieren. Mit der festen Hauptstadt wurde also der Regierungsstil „bürokratischer", stärker verschriftlicht, der persönliche Umgang etwas weniger wichtig. Auch das gehört zu den Kennzeichen von „Staat" im modernen Sinne.

Sehr deutlich kann man am 16. Jahrhundert beobachten, dass und auf welche Weise die Herrscher versuchten, sich selbst als übergeordnetes, „distanziertes" Zentrum der Herrschaft zu etablieren und mehr Herrschaftsbefugnisse bei sich zu konzentrieren.

In den meisten Staaten Europas herrschten in jener Zeit die Monarchen mithilfe und unter Mitwirkung der so genannten **Stände**.

Der Herrscher konnte die Stände seines Herrschaftsgebietes zu einer Ständeversammlung zusammenrufen, wenn er ihre militärische oder finanzielle Unterstützung brauchte. Das geschah unregelmäßig, denn es gab weder ständige Steuern noch ein stehendes Heer. Für einen Krieg aber brauchte der Herrscher mehr als das militärische Aufgebot seiner persönlichen Gefolgsleute. Seit dem 15. Jahrhundert wurden Kriege immer häufiger mithilfe bezahlter Söldner geführt, und die Kosten dafür explodierten. Auch andere politische Initiativen kosteten Geld, etwa die Mitgift für eine Prinzessin („Fräuleinsteuer"), der Festungsbau oder die Gründung einer höheren Schule. Wenn die Stände zu einer Ständeversammlung zusammentraten, mussten sie sich in der Regel bereit erklären, zu solchen herrscherlichen Initiativen beizutragen. Dadurch hatten die Stände aber auch das Recht, an der Herrschaft mitzuwirken und über die politischen Belange des Landes mitzuentscheiden. Für die Eintreibung der Steuern waren die Stände selbst zuständig, da es dafür noch keine Beamten gab. Auch Anordnungen, die weiter als im unmittelbaren Umkreis des Herrschers wirken sollten, mussten von den Ständen verkündet und durchgesetzt werden; und das gelang nur, wenn die Stände der Anordnung auch persönlich zugestimmt hatten.

Stände
Der Begriff „Stand" hat zwei Bedeutungen. „Stand" im rechtlichen Sinne bedeutet eine Personengruppe gleichen Rechtsstatus (z. B. Studenten, Handwerker, Soldaten). „Stand" im politischen Sinn hieß eine Gruppe, deren Mitglieder das Recht hatten, an der Herrschaft teilzunehmen. Zu den politischen „Ständen" einer Herrschaft gehörten in der Regel Geistlichkeit, Adel und (große) Städte.

Der Herrscher brauchte also Stände und Ständeversammlungen, um seine Herrschaft durchzusetzen, sowohl im Lande selbst als auch im Verhältnis zu anderen Herrschern. Die Ständeversammlungen waren damit an sich schon ein Instrument der Durchsetzung von Herrschaft, der „Herrschaftsverdichtung" des Spätmittelalters. Seit dem 16. Jahrhundert aber versuchten die Herrscher, darüber hinauszugehen, die eigene Position der ständischen klar überzuordnen und die Mitwirkung der Stände zu beschneiden oder zu umgehen. Karl V. z. B. berief seit 1538 den Adel und die Geistlichkeit Kastiliens nicht mehr zu den Ständeversammlungen. Diese bestanden seitdem nur noch aus Städtevertretern, und ihnen gegenüber konnte der König seinen Willen leichter durchsetzen. Überhaupt beriefen die Herrscher möglichst selten eine Ständeversammlung ein und finanzierten Kriege und andere kostspielige Unternehmungen lieber mit Bankkrediten, wobei sie oft nicht mit Geld, sondern mit wirtschaftlichen Vorrechten oder Titeln bezahlten: So trug z. B. Kaiser Karl V. einen Teil seiner Schulden bei der Augsburger Kaufmannsfamilie Fugger dadurch ab, dass er ihnen das Recht verlieh, zwei Jahre lang (1525–1527) spanische Quecksilbervorkommen abzubauen; 1526 wurden drei Fugger in den Reichsgrafenstand erhoben. Eine weitere Einnahmequelle, durch die die Herrscher von der Geldbewilligung durch ihre Stände unabhängiger wurden, stellte der Verkauf von Ämtern, Titeln und Sonderrechten (Privilegien) dar. Heute gelten solche Verfahren als Korruption, nämlich als unzulässige Vermischung politischer mit privaten Belangen. Die Menschen der Frühen Neuzeit aber unterschieden kaum zwischen persönlichen und politischen Ansprüchen und sahen daher den Kauf eines Rechts oder Titels als normal an.

Auf den Ständeversammlungen selbst wurde hart und zäh verhandelt, nicht nur um die Höhe und Aufbringung von Steuern, sondern auch direkt um die Rechte der Stände und des Herrschers. Denn die Stände betrachteten sich nicht einfach als „Untertanen", sondern als Politiker aus eigenem Recht, das sie entweder durch Geburt erworben (z. B. als Adlige) oder durch ihr Amt innehatten (z. B. als Bürgermeister einer wichtigen Stadt). Wenn sie sich in diesem Recht verletzt fühlten, wehrten sie sich mit Worten oder verweigerten die verlangte Geldbewilligung. Denn sie betonten zwar prinzipiell ihre Gehorsamspflicht gegenüber dem Herrscher, sahen sich aber zur Gegenwehr berechtigt, wenn er seine Befugnisse überzog oder nach ihrer Ansicht zu viel von ihnen verlangte. In schweren Konfliktfällen konnten die Stände sogar Krieg gegen den Monarchen führen – in Polen wurde ein solcher Krieg *rokosz* genannt und war ein hergebrachtes Recht der Adligen; die Niederlande sahen nach 1560 schwere kriegerische Auseinandersetzungen zwischen monarchischer „Zentral"-Gewalt und bewaffneter Ständemacht.

Im Allgemeinen verteidigten die Stände ihre hergebrachten Rechte auch in friedlichen Zeiten hartnäckig, sodass die Herrscher auf dem Weg zur distanzierenden Überordnung ihrer eigenen Position nur schrittweise vorankamen. In der Frühen Neuzeit endete prinzipiell jede herrscherliche Gewalt an den Grenzen einer niederen – ein Herrscher durfte, anders als heute, in das Recht einer niedereren Gewalt nicht ungestraft eingreifen. Tat er das dennoch, so artete seine Herrschaft in den Augen der Untergebenen in Tyrannei aus, und es war jede Art von Ungehorsam oder Widerstand erlaubt, bis hin zum Krieg. Zwar konnte die Staatstheorie des 16. Jahrhunderts behaupten, dem Herrscher komme die höchste Gewalt in einem Staat zu. So schrieb Jean Bodin (1529/30–1596) in seinem staatstheoretischen Werk „Sechs Bücher vom Staat" (*Six livres de la republique*, 1576), der Herrscher übe eine besondere, herausragende Art von Gewalt aus, die Souveränität, und diese sei *summa in subditos legibusque soluta potestas* (die höchste und von den Gesetzen losgelöste Gewalt kraft Amtes gegenüber den Untergebenen). Für das 16. Jahrhundert war es noch ungewöhnlich, die Beherrschten als *subditos* (Untergebene, Unterworfene) aufzufassen, der Satz betonte – als theoretische Behauptung oder Idealvorstellung – die große Distanz zwischen „souveränen" Herrschern und ihren „Untertanen". In der Praxis der Politik erwies sich der Satz als bloßer Anspruch; die Gewalt eines Herrschers fand an den Rechten der niederen Gewalten bisweilen recht enge Grenzen. Gerade im 16. und 17. Jahrhundert stießen die Herrscher sehr häufig auf Widerstand bei ihrem Bemühen, niedere Gewalten wie Stände oder Städte in das eigene Machtgefüge einzubeziehen und ihre Rechte zu beschneiden. Da viele dieser niederen Gewalten über eigene Waffen verfügten und sie auch einsetzten, geriet das 16. Jahrhundert zu einer besonders konfliktreichen und kriegerischen Zeit.

Wenn man diese Kämpfe aus dem Abstand fast eines halben Jahrtausends betrachtet, muss man bedenken, dass die damaligen Herrscher sich eine „absolute" Gewalt im Sinne einer Diktatur des 20. Jahrhunderts nicht vorstellen konnten. Die „höchste Gewalt", von der Bodin spricht, stand zwar über dem positiven Recht, den „Gesetzen". Aber sie war nicht unbeschränkt, und nicht nur Macht und Waffengewalt fremder Mächte wirkten ihr entgegen, sondern Kräfte, die nach Ansicht des Zeitalters höher standen als jede Macht, nämlich Religion und Recht. Die Macht jedes Herrschers fand ihre Grenzen vor Gott: Ein Fürst, der die Autorität Gottes missachtete, gefährdete damit seine eigene Stellung. Denn wenn er gegen Gottes Gebot handelte, wurde er in den Augen seiner Untergebenen zum Tyrannen, und mit dieser Argumentation ließ sich Aufbegehren jeder Art rechtfertigen, bis zum politischen Mord. Es entsprach also sozusagen der Machtrationalität, die Autorität Gottes zu achten, und bis zum 18. Jahrhundert anerkannten auch die meisten Herrscher diese Autorität über sich. Wer sie nicht achtete, musste Frömmigkeit zumindest heucheln, wie es Machiavelli beschreibt (siehe **Quelle**).

Schließlich begrenzte, wie gesagt, das Recht der niederen Gewalten jede Herrschaft, und ein Herrscher respektierte dieses Recht normalerweise auch. Grundsätzlich gestand er den Untertanen ihr eigenes Recht zu, im Gegensatz zu einem Diktator des 20. Jahrhunderts. Bei allen Versuchen der Herrschaftskonzentration gestand der frühneuzeitliche Herrscher seinen Untergebenen auch zu, dass sie ein vom Recht anderer Gruppen unterschiedenes Recht hatten und behalten wollten. Er hielt den Adel symbolisch und politisch auf Distanz, tastete aber seine hohe gesellschaftliche Position nicht an oder stärkte sie sogar noch. Er konnte Revolten von Bauern unbarmherzig niederschlagen, aber unter Umständen bekamen die Bauern Recht, wenn sie vor seinem Gericht prozessierten. Er erzwang Verfassungsänderungen in großen Städten, hütete sich aber wohl, die Städte als bloße Untertanenverbände zu behandeln.

Machiavelli: Der Fürst (1513), XVIII. Kapitel
Zitiert nach: Gottfried Guggenbühl/Hans C. Huber (Hrsg.): Quellen zur Geschichte der Neueren Zeit, neu bearbeitet von Hans C. Huber, Zürich [3]1965, S. 19.

Es ist also nicht nötig, dass ein Fürst alle die Tugenden, welche ich oben angab, gerade in Wirklichkeit besitze, sondern es genügt schon, wenn er sie nur zur Schau trägt. Ja, ich getraue mir zu behaupten, dass es sogar gefährlich für ihn wäre, wenn er sie wirklich alle hätte und immer ausübte, da es ihm im Gegenteil nützlich ist, wenn er sie nur zu haben scheint. Ein Fürst muss gnädig, rechtschaffen, herablassend, aufrichtig und gottesfürchtig scheinen, und gleichwohl sich so in der Hand haben, dass er im Falle der Not gerade das Gegenteil von all dem sein kann. [...] Ein Fürst hat sich daher anzugewöhnen, sich nie anders zu äußern als auf eine jenen fünf Tugenden entsprechende Weise, sodass jeder, der ihn sieht, die Überzeugung habe, er sei die Güte, die Redlichkeit, die Treue, die Höflichkeit, die Frömmigkeit selbst. Er darf besonders nie unterlassen, letztere Eigenschaft äußerlich zu zeigen. Die Menschen pflegen ja gemeiniglich mehr nach den Augen als nach den Händen zu urteilen; denn jeder ist in der Lage zu sehen, wenige aber zu fühlen. Jeder sieht, was der Fürst scheint, aber fast niemand weiß, wie er in Wirklichkeit ist, und diese Minderheit wagt nicht, der Meinung der vielen entgegenzutreten, welche der Schild der Majestät deckt.

Die Kämpfe um Macht in der Frühen Neuzeit erreichten daher selten prinzipielle Schärfe: Es ging nie darum, den Herrscher zur alleinigen Quelle aller Macht zu erheben oder die Untertanen zu völlig rechtlosen Unterworfenen zu machen. Das sollte erst den Diktaturen des 20. Jahrhunderts gelingen. Machtkämpfe waren immer nur Auseinandersetzungen um etwas mehr Macht auf der einen oder etwas größere Befugnisse auf der anderen Seite. Der frühneuzeitliche Herrscher strebte zwar danach, seine eigene Position zur höchsten politischen Gewalt im Lande zu machen und andere Gewalten in sein politisches System einzuordnen, ob auf friedlichem Wege oder gewaltsam. Aber alleiniger Träger aller politischen Gewalt war er nicht und wollte es auch nicht sein; er respektierte das durch Herkommen oder schriftliche Festlegung legitimierte Recht der niedereren Gewalten. Aufgrund dieses Prinzips behielten z. B. eroberte Gebiete ihre eigenen Ständeversammlungen, eigene Rechtsbücher, wenn es sie gab, eigene Methoden der Steuereinziehung und ihre eigene Amtssprache. Sie wurden in den Herrschaftsverband eines Herrschers eingegliedert, aber nicht alle gleich behandelt. Daher waren frühneuzeitliche Herrschaften nie einheitliche Gebilde, sondern immer aus Einzelherrschaften unterschiedlicher Rechtsstellung und Tradition zusammengesetzt. Der Herrscher regierte in den einzelnen Teilen aufgrund unterschiedlicher Rechtstitel und je nach Herrschaftsgebiet auch nach verschiedenem Recht. In die Herrschertitel konnten außerdem Herrschaftsansprüche und bloße politische Fiktionen eingehen, sodass die Titulatur eine lange Reihe ergab wie beim Titel Karls V. (siehe **Quelle**).

Die einzelnen Teile der Herrschaft konnten wiederum zusammengesetzt sein, sodass sich ein gegenüber heutiger Staatlichkeit sehr kompliziertes Geflecht von Herrschafts- und Rechtsbeziehungen ergab.

Titulatur Karls V.
Zitiert nach: Schulin, Kaiser Karl V., S. 6.

Wir Carl V. von Gottes Gnaden Römischer Kaiser, zu allen Zeiten Mehrer des Reichs, König in Germanien, zu Castilien, Aragon, Leon, beider Sicilien, Jerusalem, Ungarn, Dalmatien, Croatien, Navarra, Granada, Toledo, Valencia etc., Mallorca, Sardinien, der Canarischen und Indianischen Inseln und der Terrae firmae des Oceanischen Meeres etc., Erzherzog zu Österreich, Herzog zu Burgund, Lothringen, Brabant, Steyer, Kärnten, Krain, zu Luxemburg, zu Athen etc., Graf zu Habsburg, zu Flandern, Tirol, zu Burgund, Pfalzgraf zu Hennegau, zu Holland, zu Seeland, Landgraf im Elsaß, des Heiligen Römischen Reiches Fürst zu Schwaben, Herr in Friesland, zu Tripolis, zu Mecheln etc.

Um in diesen Rechtsbeziehungen seinen Willen durchzusetzen, also Macht zu erringen und zu behalten, musste ein Herrscher die Rechte von Einzelnen und Gruppen sehr gut kennen und respektieren – oder sie gezielt missachten, wenn er seine Herrschaft intensivieren und mehr Macht erkämpfen wollte. Weil die Untergebenen selbst nicht ohnmächtig waren, riskierte er in einem solchen Fall Konflikte bis hin zum Krieg. Oft wurden die Konflikte noch zusätzlich verschärft und aufgeheizt durch die aufbrechenden konfessionellen Gegensätze zwischen den christlichen Bekenntniskirchen oder durch religiöse Auseinandersetzungen zwischen Christen und Muslimen oder Juden. Die aufbrechenden Kräfte der Neuzeit, vor allem die Herrschaftskonzentration und die Konfessionsbildung, rieben sich an der traditionellen Ordnung von Herrschaft und Religion. Diese Ordnung war zwar auch bisher nicht konfliktlos gewesen, aber sie konnte die neuen Kräfte weder aufnehmen noch sich gegen sie abschotten. So stießen Neues und Altes im 16. Jahrhundert oft spannungsgeladen und gewaltsam zusammen. Manche Institutionen wurden buchstäblich gesprengt und fielen auseinander wie die Kirche des Mittelalters. Andere wandelten sich um wie die politischen Herrschaftsgebiete, die man mangels einer genaueren Bezeichnung „Staaten" nennt, obgleich sie eigentlich erst werdende Staaten waren, personale Herrschaftsverbände mit Ansätzen zu einer vom Herrscher losgelösten „Staats"tätigkeit. Manche blieben scheinbar unverändert wie die großen Städte Nürnberg, Augsburg oder Danzig, deren Machtverlust sich erst allmählich im Laufe des Jahrhunderts herausstellte. In all dem erscheint das 16. Jahrhundert als ein Zeitalter beschleunigten und deutlich sichtbaren Wandels oder, wie die Historiker sagen, als Übergangszeit.

3. Aufbrechende Bewegung

Wie viele Übergangszeiten war jenes Jahrhundert auch die Zeit einer erstaunlichen und bis dahin nicht gesehenen Mobilität. Die Entdeckungs- und Eroberungsfahrten seit dem 15. Jahrhundert machten eine neue Mobilität von Menschen und Gütern im Raum möglich, die Europa buchstäblich in Bewegung brachte und zuweilen in Erstaunen versetzte. Portugiesische und kastilische Seefahrer entdeckten Wege rund um die Erde – deren Gestalt als „Globus" damit empirisch bewiesen war. Gold aus Mexiko, später Silber aus Peru gelangten nach Spanien und von dort nicht nur in die fürstlichen Kunstkammern, sondern auch vermünzt in die Taschen von Söldnern, Kriegsunternehmern, Waffenschmieden und in die Guthaben italienischer und spanischer Banken, bei denen die spanischen Herrscher sich verschuldet hatten. Im Handel mit den begehrten Gewürzen, besonders mit Pfeffer, der in der feinen Küche der Zeit sehr geschätzt wurde, konnte man große Gewinne machen. Entsprechend hoch war das Risiko, Gut und Geld durch Schiffbruch zu verlieren, und auch der Seeraub entwickelte sich zum einträglichen Geschäft. Vom Überseehandel profitierten besonders die westeuropäischen Hafenstädte Cadiz, Lissabon, Toulon, Antwerpen und London. Banken und internationaler Handel entwickelten sich, die Börse von Antwerpen (1531 errichtet) ist das gebaute Zeichen dafür. Kaufmannsfamilien wurden zu Herren europaweiter Unternehmen wie die Fugger in Augsburg. Die Städte Mitteleuropas verfügten nicht nur über Geld infolge ihrer Handelsverbindungen, sondern auch über geschickte Handwerker. Möbel, Uhren, geschliffene Gläser, geschnitzte Altarbilder, steinerne oder erzene Brunnen des 16. Jahrhunderts rufen heute noch Bewunderung hervor, fast unabhängig davon, ob sie im traditionellen spätgotischen Stil gearbeitet sind oder in den neu aufkommenden Stilrichtungen von Renaissance bis Frühbarock. Geschick und gute Auftragslage ließen Handwerker zu Wohlstand kommen. Landwirtschaftliche Produkte erzielten zumindest in der ersten Hälfte des Jahrhunderts noch gute Preise. Grundbesitzer, die ihre Produktion dem Markt anpassten, profitierten von dieser Agrarkonjunktur, vor allem Adlige. Aber auch Bauern hatten nach Abzug von Abgaben und Steuern gelegentlich noch Überschüsse zu verkaufen und erwarben Geld in bisher ungesehenem Maße. Vielerorts suchten so genannte Kleiderordnungen zu verhindern, dass Bürger und Bauern ihren neu erworbenen Reichtum sichtbar zur Schau stellten oder sich für großen Aufwand bei Festen und in der Kleidung sogar verschuldeten. Das Kapital konnte als Mittel dienen, gesellschaftliche Mobilität zu erreichen oder zumindest durch Demonstration von Reichtum den Anspruch auf eine höhere Stellung anzumelden.

Aber nicht nur das Kapital machte mobil. Die entstehenden Konfessionen brauchten humanistisch gebildete Prediger und Pfarrer, die den neu gewonnenen oder zu erringenden konfessionellen Standpunkt überlegt vertreten konnten – bürgerliche Theologen ergriffen die Karrieremöglichkeit. In der Reformation erreichte der Buchdruck zum ersten Mal ein nach Tausenden zählendes Publikum; wirksam komponierte Traktate, Flugschriften, politische und konfessionspolitische Lieder konnten eine bisher ungeahnte Massenwirkung haben. Der Dienst für den Herrscher eines werdenden Staates bot bürgerlichen Juristen Aufstiegschancen, den Adligen unter Umständen Möglichkeiten zu politischer Mitsprache, die über die traditionelle ständische Mitwirkung hinausgingen. Bei der Kriegführung mit Söldnertruppen konnten begabte militärische Anführer sich auszeichnen, gelegentlich stiegen sie noch selbst zu Herrschern auf wie die Sforza in Mailand, die sogar eine Dynastie begründeten. In der Regel aber mussten sie sich in den Dienst eines regierenden Fürsten begeben; die Machtmittel der Söldnerführer fielen hinter die der werdenden Staaten weit zurück.

Fast alle Lebensäußerungen des 16. Jahrhunderts machen den Eindruck gesteigerter Kraft, über das gewohnte Maß ausbrechender Energie. Sie konnte auch zu Aggressivität und Brutalität werden, im Kleinen wie im Großen. In seinen alltäglichen Umgangsformen gilt das 16. Jahrhundert als Zeitalter des „Grobianismus". Unflätige Beschimpfungen und grobe Beleidigungen gehörten selbstverständlich zum Gespräch, deftige Bildwitze zu einem gelungenen Flugblatt – Götz von Berlichingen äußerte sich nach den Maßstäben seiner Zeit zwar unmanierlich, aber nicht ungewöhnlich. Auch Fürsten und Staatsverbände sahen es wie Einzelpersonen als eine Sache ihrer Ehre an, Gewaltbereitschaft zu zeigen und Gewalt auch auszuüben, nur notdürftig zurückgehalten durch die Lehre vom „gerechten Krieg". Wer es konnte, suchte seine Herrschaft zu vergrößern, sei es in Übersee, sei es in Europa, sodass das 16. Jahrhundert in der Politik zwischen den werdenden Staaten eine besonders kriegerische Epoche wurde. Für Bündnisse galt die Regel des Skatspiels: Der Stärkste handelt allein, die Schwächeren müssen sich verbünden, um sich gegen ihn zu behaupten. Auf diese Weise entstanden annähernd gleich starke Mächtekonstellationen, die militärische Lage glich fast immer einem Patt, und die Kriege endeten meistens erst bei beiderseitiger Erschöpfung – die rasch eintreten konnte, denn Geld für Söldner hatte niemand genug. Kriege wurden mit mehr Energie geführt, nämlich mit Feuerwaffen, die sich seit dem 15. Jahrhundert auf den Schlachtfeldern Europas durchgesetzt hatten, und mit stärker konzentrierter Heeresmacht. Das mittelalterliche Aufgebot der Ritter, das von Söldnern nur gegebenenfalls verstärkt wurde, wich nun endgültig dem Söldnerheer, dem nur gegebenenfalls Truppen aus dem jeweiligen Lande zur Seite traten.

Mit gewissem Recht könnte man das 16. Jahrhundert als Zeit des Durchbruchs zur Neuzeit bezeichnen: Veränderungen, die sich lange vorbereitet hatten, wurden in diesem Jahrhundert so deutlich sichtbar, dass sie die Zeit zu prägen begannen: die Zentralperspektive, die Impulse zur Traditionskritik, die aus dem Humanismus kamen, und die spätmittelalterliche Herrschaftsverdichtung. Sie alle lösten weitere Veränderungen aus: Die räumliche Darstellung wurde in Künsten und Wissenschaften erprobt und gemeistert; aus diffusen Kirchenreform-Bestrebungen entwickelte sich die umwälzende Bewegung der Reformation und Konfessionsbildung; Fürsten kämpften um die Intensivierung, Ausdehnung und Konzentration ihrer Herrschaft energisch, zielstrebig und mit bisher unerhörter Gewalt, sodass man diese Bemühungen gelegentlich als **„Frühabsolutismus"** bezeichnet hat. Am Ende des Jahrhunderts überwogen schon die Zeichen der Neuzeit gegenüber dem Alten und Hergebrachten.

Absolutismus
Für die Tendenz zur Herrschaftskonzentration und Distanzierung wurde und wird der Begriff „Absolutismus" gebraucht. Er ist durch die Darstellung Nicholas Henshalls fraglich geworden, der zeigte, wie wenig der Staat der Frühen Neuzeit auf die unteren Ebenen durchgriff. Peter Baumgart möchte den Begriff dennoch als „Leitbegriff und Tendenz einer Geschichtsepoche" beibehalten, allerdings vor allem für die Zeit nach 1648.

Die Familie der Habsburger (in frühneuzeitlicher Ausdrucksweise: das „Haus Habsburg") war wohl in alle entscheidenden Konflikte der Zeit verwickelt und erwarb sich infolgedessen eine hervorragende Stellung im Gefüge der werdenden europäischen Staaten. Den Schritt zum Neuen tat Kaiser Friedrich III. (Kaiser 1440–1493) –

in gewisser Weise war es der Schritt zur habsburgischen Vormachtstellung in Europa. Kaiser Friedrich verhandelte die Heirat seines Sohnes Maximilian, des „letzten Ritters" (geb. 1459, Kaiser 1493–1519), mit der Erbin von Burgund, Maria. 1477 wurde die Ehe geschlossen. Sie brachte Habsburg in Verbindung mit den enormen Reichtümern des damaligen Herzogtums Burgund, bescherte den Habsburgern aber auch einen Dauerkonflikt mit Frankreich, der letztlich die gesamte Frühe Neuzeit bis zu den Kriegen Napoleons kennzeichnen sollte. Maximilian knüpfte die dynastischen Verbindungen mit Spanien und Böhmen und festigte die Erbrechte der Habsburger in Ungarn. Damit legte er den Grund für das ungeheure Erbe, das Karl V. schon in jungen Jahren antreten konnte oder auch musste. Welche Folgen diese Eheschließungen einmal haben sollten, ließ sich freilich damals noch nicht absehen. Aber der Grund zur habsburgischen Großmachtstellung wurde in jenen Jahren gelegt. Wie andere Herrscher Europas bauten auch die Habsburger im 16. Jahrhundert auf Voraussetzungen auf, die das vorausgegangene Jahrhundert oder noch frühere Zeiten geboten hatten.

Die Darstellung der Ereignisgeschichte in diesem Buch wird die europäische Geschichte des 16. Jahrhunderts mit dem Schwerpunkt auf dem Habsburger Reich schildern, gegebenenfalls einschließlich der Voraussetzungen aus dem späten 15. Jahrhundert. Die Konflikte, in die das Haus Österreich innerhalb der europäischen Herrscherfamilien und werdenden Staaten geriet, bilden den Stoff der Darstellung. Sie gliedert sich deshalb nach Ländern; ein „Land" ist dabei allerdings nicht in erster Linie als territoriale Einheit zu verstehen, sondern als politisches Beziehungsgeflecht von Fürst (oder Regent) und Ständen. Den politischen Aggregatzustand der werdenden Staaten kann man auf diese Weise am besten beschreiben. Keines dieser Gebilde freilich war in sich abgeschlossen und von anderen isoliert, sondern stand wiederum mit anderen, ähnlich strukturierten Gebilden in freundlichen oder feindlichen Beziehungen. Jedes Länderkapitel enthält darum auch die Darstellung spezifischer europäischer Konflikte, die sich meist aus der geografischen Lage oder den wirtschaftlichen Bedingungen der einzelnen Länder ergaben.

Keiner dieser Konflikte wurde endgültig gelöst, aber in den Jahren um 1600 ergab sich eine Reihe von Zwischenlösungen, die die Konflikte sozusagen suspendierten: 1598 wurde zwischen Spanien und Frankreich Friede geschlossen, 1604 zwischen Spanien und England, 1606 zwischen den deutschen Habsburgern und dem Osmanischen Reich, 1609 kam es zum Waffenstillstand zwischen Spanien und den Niederlanden. 1606 und 1608 erreichten die ungarischen und böhmischen Stände die Anerkennung ihres Konfessionsstandes und damit als letzte konfessionell-politische Gruppe im Habsburgerreich eine neue Balance in den konfessionellen Konflikten der Zeit. 1614 wurde ein aufbrechender konfessionell-politischer Konflikt im Reich noch einmal beigelegt und der große Krieg in letzter Minute verhindert, obwohl europäische Mächte rings um das Reich sozusagen schon auf seinen Ausbruch lauerten. Um diese Zeit wird die Darstellung dieses Buches schließen. Denn obwohl der konfessionelle und politische Friede gefährdet war, sah es einige Jahre lang so aus, als könnte sich auf der Grundlage der erreichten Konflikt-Suspensionen ein Zustand einigermaßen dauerhaften Friedens erhalten lassen. Der große Krieg, der kurze Zeit später wirklich ausbrach und zum Dreißigjährigen Krieg werden sollte, entsprang eher dynastischen und politischen Zufällen als einer Zwangsläufigkeit. Der Verlauf des Kriegs aber und seine Folgen sollten erweisen, dass keine der ausgehandelten Lösungen die politisch Tätigen wirklich zufrieden gestellt hatte.

II. Das Imperium Karls V.

1. Burgund in Nordwesteuropa

1477	Heirat Erzherzog Maximilians mit Maria von Burgund
1479	Sieg Maximilians über Frankreich in der Schlacht bei Guinegate-Thérouanne (7. August)
1482	Vertrag von Arras (23. Dezember): Abtretung Burgunds an Frankreich
1493	Friede von Senlis (Mai): Abtretung des Herzogtums Burgund an Frankreich
1494	Philipp der Schöne wird für mündig erklärt (September)
1506	Tod Philipps. Karl wird Herzog von Burgund
1515	vorzeitige Mündigkeit Karls
1529	Damenfriede von Cambrai: Karl verzichtet auf das Herzogtum Burgund
1531	Maria von Ungarn wird Statthalterin der Niederlande. Reform der Ratsgremien
1536–39	Aufstand und Unterwerfung Gents
1543	Erwerb von Geldern
1544	Friede von Crépy: Verzicht des französischen Königs Franz I. auf die Lehnshoheit über Flandern und Artois
1548	„Augsburger Vertrag“: stärkere Unabhängigkeit der Niederlande vom Reich
1553–59	Residenz Philipps II. in Brüssel
1553–58	Maria Tudor Königin von England
1554	Heirat Philipps II. mit Maria Tudor

Burgund war der erste Herrschaftskomplex, in dem der junge Prinz Karl, der spätere Kaiser Karl V., die Herrschaft übernahm: 1506 wurde er nach dem Tode seines Vaters Philipp des Schönen Herzog von Burgund. Allerdings führte ein Regentschaftsrat für ihn die Geschäfte. Burgund prägte den jungen Herzog kulturell und politisch; dort lernte er, was ein Herrscher sein und tun sollte und welche politischen Konflikte auf ihn warteten. Die Kultur Burgunds am Hof und in den Städten wirkte damals stilprägend, besonders die kunstvolle, gesangliche mehrstimmige Vokalmusik, nach der Herkunft der Musiker die „frankoflämische Vokalpolyphonie“ genannt. Ein ausgefeiltes Hofzeremoniell hob den Rang der Herzöge hervor; ob es in seiner Zeit auch auf andere Staaten gewirkt hat, ist noch unklar. Die politische Lage Burgunds war durch zwei große Konfliktfelder bestimmt: im Innern durch die Auseinandersetzung um die herzogliche Stellung gegenüber den Ständen, nach außen durch einen Dauerkonflikt mit Frankreich. Im Innern hatten die Habsburger nach kurzem Kampf gesiegt, der äußere Konflikt mit Frankreich durchzog Karls gesamte Regierungszeit, ohne gelöst werden zu können.

„Burgund“ umfasste, vereinfacht gesagt, das Gebiet der heutigen Niederlande und Belgiens, das damals zusammenfassend „die Niederlande“ (*les pays d'en bas*) genannt wurde, dazu im Süden das namengebende Herzogtum Burgund und die Franche-Comté. Zwischen dem Herzogtum und der Franche-Comté einerseits und den Niederlanden andererseits lagen das Herzogtum Lothringen sowie französisches Territorium. Die einzelnen Teile oder „Provinzen“ Burgunds bildeten keinen einheitlichen Staatsverband, sondern ein Konglomerat aus Herrschaften verschiedener Rechtsstellung.

Die burgundischen Staaten
(In Klammern steht das Erwerbungsdatum, wenn es in die Zeit Karls V. fiel.)
Fürstbistum Lüttich; Herzogtum Brabant; Herzogtum Geldern (1543); Herzogtum Luxemburg; Herzogtum Limburg; Franche Comté; Grafschaft Holland; Grafschaft Seeland; Grafschaft Flandern; Grafschaft Hennegau; Grafschaft Artois; Grafschaft Namur; Herrschaft Drenthe (1536); Herrschaft Friesland (1523); Herrschaft Utrecht (1528); Herrschaft Overijssel (1538); Herrschaft Groningen (1536); Lille-Douai-Orchies. Herzogtum Burgund, Grafschaft Rethel und Picardie waren seit 1493 französisch.

Die Herzöge von Burgund hatten ihre Gebiete zu Lehen teils vom Reich, teils von Frankreich (Flandern und Artois). Der Herzog von Geldern verkaufte seine Rechte 1477 an Burgund, aber weder sein Sohn noch Frankreich erkannten diesen Verkauf an, sodass das Gebiet zwischen Habsburg und Frankreich umstritten blieb.

Vereinfachter Stammbaum Karls V.

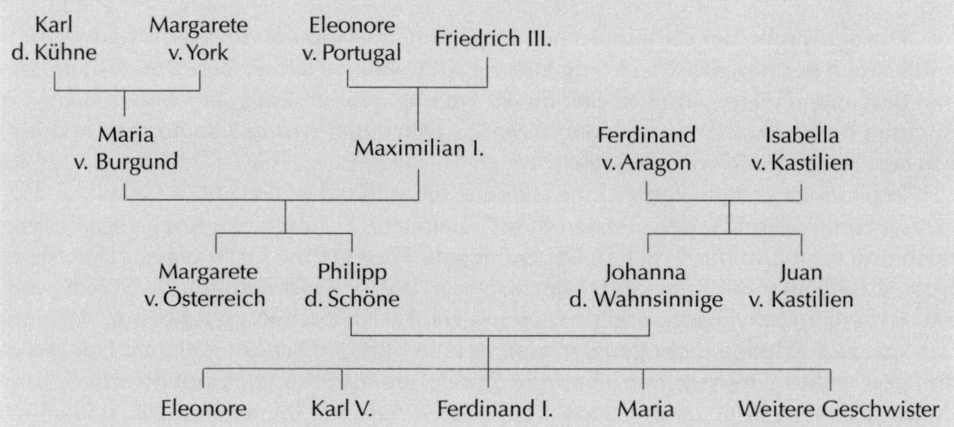

Trotz ihrer Lehnsabhängigkeit hatten die Herzöge von Burgund schon im 15. Jahrhundert eine sehr selbstständige Politik treiben können, vor allem aufgrund ihres Reichtums. Der burgundische Hof war der reichste Europas dank der Steuerkraft der reichen Städte wie Gent, Antwerpen und Brügge, die hauptsächlich vom Handel und von der Wollweberei lebten. Die Wolle bezogen die niederländischen Tuchhändler und die **Manufakturen** meist aus England, weshalb sie auch an guten diplomatischen Beziehungen zu England interessiert waren.

Manufakturen
Manufakturen nennt man größere Werkstätten (12 bis mehrere Dutzend Arbeiter), in denen arbeitsteilig produziert wurde. Der Manufakturarbeiter war meist ein spezialisierter Handwerker, aber er war nicht für das gesamte Produkt, sondern nur für einen Teil-Arbeitsgang verantwortlich. Manufakturen konnten durch Arbeitsteilung und Standardisierung und aufgrund ihrer Freiheit von den Zunftbeschränkungen mehr produzieren als das traditionelle zünftische Handwerk.

Gestützt auf seinen Reichtum, versuchte der letzte selbstständige Herzog von Burgund, Karl der Kühne (frz.: *le téméraire*, eigentlich: der Verwegene, Draufgänger, der Blindwütige, 1467–1477), sich durch Eroberungspolitik ein vergrößertes, zusammenhängendes und unabhängiges Territorium zu schaffen. Aber er scheiterte am Widerstand der Eidgenossenschaft. Die Schweizer schlugen ihn 1476 bei Grandson, bei Murten und ein halbes Jahr später bei Nancy. In dieser Schlacht am 5. Januar 1477 fiel Karl der Kühne.

Die Stände nutzten diesen Moment sofort aus, um sich eine stärkere Beteiligung an der Regierung zu sichern. Sie erkannten Karls des Kühnen Tochter Maria als Herzogin an, im Gegenzug musste sie ihnen aber das so genannte **Große Privileg** gewähren.

Das Große Privileg

Das Große Privileg vom 11. Februar 1477 stärkte die Stellung der Stände gegenüber der Landesherrschaft. Die Stände des Landes (Generalstände) und der einzelnen Provinzen (Provinzialstände) sollten sich selbstständig versammeln können, d. h. ohne vom Landesherrn einberufen worden zu sein. Sie sollten außerdem über Krieg und Frieden entscheiden dürfen. Die Institutionen, die unter Karl dem Kühnen zur Konzentration der Herrschaftsbefugnisse beim Landesherrn beigetragen hatten, das Obergericht in Mecheln und der Allgemeine Rechnungshof, wurden abgeschafft.

Die Schwäche der burgundischen Regierung im Moment des Herrscherwechsels nutzte auch der französische König Ludwig XI. (1461–1483). Er besetzte das Herzogtum Burgund, die Freigrafschaft und die Picardie und führte Krieg, um womöglich ganz Burgund für Frankreich zu gewinnen. Marias Herrschaft wurde also doppelt bedroht, von den Ständen und von Frankreich.

In dieser Lage bedeutete es eine Stärkung für Maria, dass sie 1477 Maximilian, Erzherzog von Österreich, den „letzten Ritter", heiratete. Er führte den Krieg gegen Frankreich und errang in der Schlacht bei Guinegate-Thérouanne 1479 einen glänzenden Sieg. Als sich aber der Krieg länger hinzuziehen drohte, weigerten sich die Stände, weitere Steuern zu bewilligen, und suchten mit Frankreich Frieden zu schließen. Maximilian war zum Frieden nicht geneigt, weil er kein burgundisches Gebiet an Frankreich abtreten wollte. Deshalb betrieben die Stände unter Führung Flanderns ihre eigene Politik gegen Maximilian und respektierten seine Autorität immer weniger. Schließlich führten sie sogar Krieg gegen ihn, einen Krieg, der von Frankreich geschürt und unterstützt wurde. Als Maria 1482 starb, erhoben sie den vierjährigen Sohn Maximilians und Marias, Philipp den Schönen, zum Herzog – faktisch stand er allerdings unter der Vormundschaft der Stände. Im Vertrag von Arras (23. Dezember 1482) setzten sie über Maximilians Kopf hinweg eine frankreichfreundliche Politik durch: Die erst zweijährige Tochter Maximilians und Marias, Margarete, wurde an den französischen Kronprinzen Karl (den späteren König Karl VIII.) verheiratet, und als „Mitgift" wurden das Herzogtum Burgund und weitere Gebiete an Frankreich abgetreten. Maximilian akzeptierte aber den Vertrag nicht und musste deshalb die Stände und Frankreich zugleich bekämpfen. Die schlimmste Niederlage in diesem Krieg erlitt er 1488, als ihn in Brügge bewaffnete aufständische Bürger überraschten, ihn einkesselten, festnahmen und vier Monate lang gefangen hielten. Erst dann konnte sein Vater, Kaiser Friedrich III. (1440–1493), ein Reichsheer aufbieten und ihm zu Hilfe kommen. Sehr allmählich gewann Maximilian wieder die Oberhand, aber sowohl die Niederwerfung der aufständischen Stände und Städte als auch der Krieg mit Frankreich zogen sich noch bis 1493 hin. Den Krieg mit Frankreich beendete der Frieden von Senlis. Maximilian musste auf das Herzogtum Burgund, die Grafschaft Rethel und die Picardie verzichten, sie wurden französisch. Die Stände besiegte Maximilian militärisch und kassierte 1492/93 das Große Privileg. Damit verloren sie die rechtliche Garantie ihrer starken Stellung.

Maximilians und Marias Sohn Philipp der Schöne wurde 1494 als Herzog von Burgund für mündig erklärt. Nach seinem frühen Tod 1506 ging die Herrschaft über die habsburgisch gebliebenen Provinzen Burgunds an Maximilians Enkel über, den 1500 geborenen Erzherzog Karl (den späteren Kaiser Karl V.). Der Regentschaftsrat ließ ihn 1515 vorzeitig für mündig erklären, um eine frankreichfreundliche Politik durchzusetzen, der auch der junge Herzog zuneigte. Diese politische Linie ließ sich allerdings nicht lange durchhalten, denn sowohl Karl als auch der französische König Franz I. (1515–1547) erhoben Anspruch auf Gebiete des jeweils anderen. Franz I. reklamierte das Reichslehen Mailand als sein rechtmäßiges Erbe, Karl das Herzogtum Burgund. Deshalb führten beide Herrscher fast fortdauernd gegeneinander Krieg, und jeder unterstützte die Feinde des anderen. Für Burgund hieß das, dass Frankreich den Herzog von Geldern in seinem Kampf gegen Burgund mit Waffen und Geld versorgte, um Karl Schwierigkeiten zu machen. Karl wiederum versuchte, gegen Frankreich den König Heinrich VIII. von England (1509–1547) zum Verbündeten zu gewinnen – was ihm zeitweise, aber nicht durchgehend gelang. Die Bündnisse jener Zeit waren sehr labil, Loyalität gründete sich nur auf Familienverbindungen und das jeweilige politische Interesse, das sehr schnell wechseln konnte. Karl verzichtete schließlich im **Damenfrieden von Cambrai** 1529 endgültig auf das Herzogtum Burgund, nachdem er es in mehreren Kriegen nicht hatte gewinnen können.

Damenfriede von Cambrai
Damenfriede heißt der in Cambrai geschlossene Friedensvertrag von 1529, weil er von zwei Frauen ausgehandelt wurde, der Tante Karls, Margarete von Österreich (1480–1530), und der Mutter des Königs Franz, Louise von Savoyen (1476–1531). Die „Damen" mussten eingreifen, weil es die beiden Herrscher aus gegenseitiger Erbitterung ablehnten, miteinander zu verhandeln.

Da Franz I. in diesem Friedensvertrag auf die Lehnshoheit über Flandern und Artois verzichtete, hätten die Konflikte um Burgund eigentlich gelöst sein müssen. Burgund blieb in den 30er-Jahren auch von Kriegszügen verschont, weil die Auseinandersetzungen zwischen Karl V. und Franz I. sich auf Italien konzentrierten. 1542 wurde es aber wieder zum Kriegsschauplatz – offiziell, weil der Herzog Wilhelm von Jülich (1538–1592) nach dem Tod der letzten Herzöge von Geldern 1539 Ansprüche auf das Herzogtum erhob und von Frankreich darin unterstützt wurde, tatsächlich wohl einfach deshalb, weil Burgund an Frankreich grenzte und es dem französischen König deshalb nicht schwer fiel, ein Heer dorthin zu schicken und dem Habsburger damit Schwierigkeiten zu machen. Karl V. konnte Geldern allerdings nach kurzem Feldzug 1543 unterwerfen und für sich gewinnen; der Herzog musste versprechen, das französische Bündnis zu lösen.

Für den Krieg gegen Frankreich hatte Karl die Hilfe des englischen Königs Heinrich VIII. und 1544 auch die Hilfe des Römischen Reichs gewinnen können. Zwar scheiterte der geplante Marsch auf Paris, aber auch König Franz hatte weder Geld noch Soldaten mehr für einen Feldzug. Am 18. September 1544 schlossen die beiden Kriegsgegner Frieden in **Crépy** – allerdings gegen den ausdrücklichen Widerspruch des französischen Kronprinzen Heinrich.

Friede von Crépy
Der Friede von Crépy bestätigte die Abmachungen von Cambrai, ohne ausdrücklich von ihnen zu sprechen. Das bedeutet, dass beide Seiten nur auf Ansprüche verzichteten, die sie schon zuvor nicht hatten durchsetzen können – Karl auf Burgund, Franz auf die Lehnshoheit über Flandern und Artois.

Erst nach den vielen Kriegen gelang es Karl, die burgundischen Niederlande etwas stärker zu einem einheitlichen Staatsverband zu machen. Schon 1521/22 in den Teilungsverträgen mit seinem Bruder Ferdinand I. (geb. 1503, König 1531–1564, Kaiser ab 1558) hatte er Burgund so behandelt, als wäre es ein einheitliches Staatsgebiet, und es sich und seinen Nachkommen zugesprochen. Nachdem Franz I. von Frankreich im Frieden von Crépy 1544 auf die Lehnshoheit über Flandern und Artois verzichtet hatte, machte Karl im „Augsburger Vertrag" 1548 den burgundischen Herrschaftenverband stärker unabhängig vom Reich. Er gehörte zwar als „Burgundischer Kreis" zum Reich, unterstand aber weder der Gesetzgebung noch der Rechtsprechung des Reichs. 1549 sprach Karl ihn ausdrücklich seinem Sohn Philipp II. (geb. 1527, König von Spanien 1556–1598) zu.

Innerhalb des burgundischen Herrschaftsverbandes hatten schon die Herzöge vor Karl dem Kühnen ein gewisses Maß an „Herrschaftsverdichtung" erreicht. Das Hofzeremoniell (später das „spanische" genannt, weil Karl V. es für Spanien übernahm) hielt die Höflinge deutlich auf Distanz zum Herzog. Burgundische Adlige mussten jedes Jahr für eine gewisse Zeit am Hof Dienst tun; so erfuhr der Herzog, was im Land vorging, und konnte seine Entscheidungen im Lande leichter durchsetzen. Das burgundische Obergericht in Mecheln war neben dem Herzog die oberste Rechtsinstanz im Lande und konnte – was für jene Zeit sehr ungewöhnlich war – den niederen Gerichten Weisungen erteilen oder Fälle zur Revision zurückgeben. Damit bahnte sich die Ablösung des Rechts von der Person des Herzogs an. Karl V. vollzog 1531 einen weiteren Schritt in diese Richtung, indem er die Regierungsgremien teilte: Es wurde ein „Rat" für die Finanzen, einer für die Außenpolitik und einer für die Justiz gebildet. Damit wurde die Herrschaftsausübung unabhängiger von der ständigen Anwesenheit des Herrschers, und die Statthalterin – in der Regierungszeit Karls V. führten ausschließlich Frauen für ihn die Regentschaft in den Niederlanden – behielt leichter den Überblick über die Regierungsgeschäfte.

Die Versammlung der so genannten Generalstände, der Stände des gesamten Landes, unternahm nach der Zeit Maximilians keine Versuche mehr zu einer eigenständigen Regierung. Sie konnten zwar zäh verhandeln, wenn Karl V. sie wegen seiner ständigen Kriege vor allem gegen Frankreich um Geldbewilligungen anging, und die Statthalterinnen mahnten ihn öfter, Burgund nicht übermäßig zu belasten. Aber zu spektakulären Verweigerungen kam es nicht – mit einer Ausnahme. Als Karl V. 1536 von den Ständen eine besonders hohe Steuer verlangte, wehrte sich die Stadt Gent, möglicherweise aus Furcht vor steigendem Steuerdruck, weil Karl im Jahr zuvor eine Bewilligung für mehrere Jahre verlangt, aber nicht erhalten hatte. Der Magistrat weigerte sich, die Steuer aufzubringen. Als die Statthalterin Maria von Ungarn (1531–1556) daraufhin 1539 einen neuen Magistrat einsetzte, wurde er durch eine Erhebung der Zünfte gestürzt. Karl V. aber reagierte hart; er ließ die Stadt militärisch besetzen, und Gent verlor seine Privilegien und musste an der Stelle eines Klosters den Bau einer herrschaftlichen Zitadelle zulassen. Die gemeinsame Revolte gegen die Steuerbelastung wagten die Stände nicht. Gewalt allein ließ eine Herrschaft offenbar nicht illegitim erscheinen.

Burgund kann man als ein Kernland des Imperiums Karls V. bezeichnen. Die burgundischen Stände und Städte trugen durch ihre Steuerkraft erheblich dazu bei, seine kostspielige kriegerische Politik zu finanzieren, und sie blieben ihm gegenüber loyal, vermittelt durch die offenbar kluge Regentschaft seiner Statthalterinnen. Die Bedeutung Burgunds unterstrich der Kaiser, indem er ab 1553 seinen Sohn Philipp, den Kronprinzen (Infanten), in Brüssel residieren ließ. Gegen Ende der Regierung Karls sah es sogar eine Zeit lang so aus, als sollten die Niederlande zum Mittelpunkt eines neuen Imperiums werden, solange nämlich Karl und Philipp auf die dynastische Verbindung Spaniens mit England hofften.

Der englische König Heinrich VIII. hatte sich nach langem Bündnis mit Frankreich in seinen letzten Regierungsjahren wieder den Habsburgern angenähert. Ihm folgte zunächst sein Sohn Edward VI. (1547–1553), danach Heinrichs älteste Tochter Maria Tudor. Als Tochter der Spanierin Katharina von Aragón war Maria mit dem spanischen Königshaus verwandt – und sie war katholisch, was im Zeitalter der beginnenden Spaltung der westlichen Kirche auch in der Politik eine Rolle zu spielen begann. Karl verheiratete 1554 seinen Sohn Philipp mit der englischen Königin. Die beiden Eheleute setzten einander wechselseitig zu Erben ein, und damit hätte die Verbindung ein großes spanisch-niederländisch-englisches Imperium entstehen lassen können. Allerdings hätten sich auch die Reibungsflächen mit Frankreich vergrößert, denn Englands nördlicher Nachbar Schottland war traditionell mit Frankreich verbündet. Die Verbindung Philipps mit Maria hatte nur eine einzige, freilich politisch bedeutsame Konsequenz. Maria als katholische Herrscherin versuchte, die Reformation Englands, die ihr Vater ab 1534 eingeführt hatte, wieder rückgängig zu machen. Das gelang ihr zwar nur oberflächlich, aber Philipp erreichte es, dass der Papst das Interdikt über das Land aufhob – das bedeutete sozusagen kirchenpolitisch, dass er das Land wieder als der papsttreuen Kirche zugehörig ansah. Für Maria war das eine Stärkung ihrer politischen Position. Aber aus den dynastischen Plänen wurde nichts, weil Maria unfruchtbar war und schon 1558 starb. Philipp heiratete 1559 eine französische Prinzessin, Elisabeth von Valois, und besiegelte mit dieser Hochzeit den Frieden mit Frankreich, den Frieden von Cateau-Cambrésis. Am territorialen Besitzstand beider Mächte änderte dieser Friede nichts, sodass er auf den ersten Blick unbedeutend aussieht. Er hielt allerdings fast vierzig Jahre lang – für das kriegerische 16. Jahrhundert eine lange Zeit –, weil Frankreich in den folgenden Jahrzehnten durch innere Auseinandersetzungen gelähmt wurde und für größere kriegerische Unternehmungen nach außen weder Geld noch Soldaten übrig hatte.

Etwas grob zusammenfassend könnte man das politische Schicksal Burgunds im 16. Jahrhundert aus seinem Reichtum erklären. Burgund war ein reiches Land, deshalb schätzten es seine Herrscher als Finanzquelle und versuchten, diese Quelle so intensiv wie möglich auszuschöpfen. Zu diesem Zweck hatten sie starke zentrale Institutionen errichtet und verlangten hohe Steuern, so oft und so lange es ging. Der Reichtum verschaffte aber auch den Ständen eine starke Stellung. Weil sie die Steuern aufbrachten und einzogen, suchten sie so weit wie möglich darüber mitzubestimmen, was mit dem bewilligten Geld geschah, und in schweren Konflikten wie in der Auseinandersetzung mit Maximilian setzten sie eine Politik nach ihren eigenen Interessen durch, unbekümmert um die Wünsche oder Absichten des Regenten. Schließlich machte der Reichtum das Land als Kriegsbeute attraktiv. Weil Burgund ein reiches Land war, wollten sowohl die Kaiser als auch die Könige von Frankreich es ganz besitzen, statt es z. B. unter sich aufzuteilen, was als politischer Kompromiss immerhin möglich gewesen wäre. Da aber keine der rivalisierenden Mächte mit der anderen allein fertig wurde, umwarben sowohl die Kaiser als auch die französischen Könige Heinrich VIII. von England als Bündnispartner; nach Interessenlage wechselnd verbanden sie sich mit ihm. Auf mittlere Sicht erwies sich Habsburg als der Gewinner im Machtspiel um Burgund. Karl V. konnte den größten und reichsten Teil des burgundischen Länderkomplexes, die Niederlande, für sich und das Haus Habsburg behaupten und zuletzt sogar wieder die guten Beziehungen mit England herstellen, auf die schon Margarete von Österreich (Statthalterin 1507–1530) großen Wert gelegt hatte. Nach dem Scheitern der englischen Pläne Karls V. rückte Burgund allerdings an die Peripherie des Reichs. 1556 bis 1559 hatte Philipp als Herrscher in Brüssel regiert; danach kehrte er nach Spanien zurück und machte ab 1561 Madrid zur Hauptstadt seines Reichs. Das war wohl ein Grund dafür, dass er die Herrschaft über die Niederlande nicht mehr lange behaupten konnte: Die Stände der Niederlande sahen bald nicht mehr ein, warum sie ihren Reichtum für eine Politik hergeben sollten, die nur einem landfremden Herrscher und seinen imperialen Plänen zu nutzen schien.

2. Spanien und der westliche Mittelmeerraum

a) Spanien

1469	Heirat Isabellas von Kastilien und Ferdinands von Aragón
1478	Einrichtung der Inquisition
1492	Ende der Reconquista und damit der arabischen Herrschaft in Spanien. Beginn der Eroberungen (Conquista) in Amerika. Vertreibung der Juden
1499–1501	Aufstand der Muslime in Granada
1512–15	Eroberung des Königreichs Navarra
1517	Ankunft Karls in Spanien
1519	Beginn der Germanía in Valencia
1520–22	Aufstand der Comuneros in Kastilien
1522	Schlacht von Villalar (23. April); Niederlage der Comuneros
1522–23	Aufstand auf Mallorca. Umbildung der Beratungsgremien
1524	Bildung des Indienrats
1526	Heirat Karls mit Isabella von Portugal
1556	Abdankung Karls für Spanien und Spanisch-Amerika
1558	Tod Karls V.

Spanien hatte schon vor der Habsburger Zeit eine starke übergeordnete Zentrale in der Königsmacht, obwohl man die Spuren des allmählichen Zusammenwachsens des Herrschaftsgebiets noch deutlich erkennen konnte. 1469 hatten Isabella von Kastilien (1451–1504) und Ferdinand von Aragón (1452–1516) die Ehe miteinander geschlossen und nach Antritt ihrer Regierung (Isabella 1474, Ferdinand 1479) ihre jeweiligen Reiche „zusammengelegt". Von einem Zusammenschluss zu sprechen, wäre schon etwas übertrieben, denn beide Teile blieben selbstständig, behielten ihr eigenes Recht und ihre je eigenen Ständeversammlungen. Die Vereinigung der beiden Reiche beruhte nur auf der Eheschließung, es war eine **Matrimonialunion**.

Matrimonialunion
Matrimonialunion (von lat. *matrimonium* = Ehe) heißt die Vereinigung von Staaten aufgrund einer Eheschließung im Gegensatz zu einer Realunion, bei der zwei Staaten „in der Sache" (lat. *res*) zusammengeschlossen werden. Am häufigsten war in der Frühen Neuzeit die Personalunion, d. h. einzelne Teile eines Reichs wurden durch die Person des Monarchen zusammengehalten, hatten aber sonst nicht unbedingt etwas gemeinsam.

Kastilien war das reichere und größere der beiden Länder, hatte aber auch noch die Last der „Reconquista" zu tragen, der Rückeroberung des islamisch beherrschten Teils der Iberischen Halbinsel. Erst Anfang 1492 war mit dem Fall von Granada diese Rückeroberung abgeschlossen. Den Stolz der siegreichen „Katholischen Könige" – diesen ehrenden Namen hatte ihnen der Papst verliehen – dokumentiert noch das Empfehlungsschreiben für Christoph Columbus, das sie „in unserer Stadt Granada" ausfertigten. Aragón war ärmer und kleiner an Festlandsbesitz als Kastilien; zu diesem Reichsteil gehörten einige „überseeische" Besitzungen zwischen der Iberischen Halbinsel und der Apenninhalbinsel, u.a. die Balearen und die Königreiche Sardinien und Sizilien. Sizilien hatte für die spanische Wirtschaft einige Bedeutung als Getreidelieferant.

Ein Kabinettstück machtrationaler Renaissance-Politik war die Eroberung des Königreiches Neapel durch die Spanier. Bis 1494 hatte dort König Ferrante von Aragón regiert. Er stammte aus einer Nebenlinie des Hauses Aragón und galt als brutaler und rücksichtsloser Gewaltherrscher. Nach seinem Tod wurde das Königreich zunächst von den Franzosen besetzt, die sich als Erben der vorigen Herrscherdynastie Neapels sahen, der Anjou. Ferdinand von Aragón setzte sich stattdessen für die Fortdauer der aragonesischen Nebenlinie ein. Im Bündnis mit dem Papst und einigen italienischen kleinen Fürstentümern gelang es Ferdinand, die Franzosen aus Neapel zu vertreiben (1495). Kaum war das geschafft, verbündete er sich mit dem eben noch bekämpften Feind, dem französischen König Ludwig XII. (1498–1515). Gemeinsam vertrieben sie 1501 den letzten Herrscher aus der aragonesischen Nebenlinie. Aber auch dieses Bündnis zerbrach; die Verbündeten gerieten in Streit über das territoriale Beutestück und führten wieder Krieg gegeneinander. In diesen Jahren stellte Ferdinand in Neapel die schlagkräftige Truppe der *tercios* auf, aus der später die ebenso bewunderte wie gefürchtete kriegsgeübte spanische Infanterie hervorging. Mithilfe dieser Truppe von Berufssoldaten konnte König Ferdinand bis 1504 Neapel unter seine Herrschaft bringen. Den Krieg mit Frankreich beendete er 1504 durch einen Waffenstillstand, ohne Friedensvertrag. Faktisch musste Ludwig XII. die spanische Herrschaft über Neapel anerkennen. Ferdinand setzte in Neapel einen Vizekönig als Regenten ein. Die „überseeischen" Besitzungen Spaniens wurden prinzipiell von Vizekönigen regiert.

Als letztes europäisches Gebiet kam das Königreich Navarra in spanischen Besitz. Es hatte 1479 bis 1512 nacheinander den französischen Grafen von Foix und d'Albret gehört. 1512 ließ Ferdinand von Aragón das Land militärisch besetzen, weil er verhindern wollte, dass es sich enger an Frankreich anschlösse. 1515 erklärten die kastilischen Cortes Navarra für annektiert. Da Frankreich das nicht hinnehmen wollte, blieb das Königreich zwischen Spanien und Frankreich umstritten.

Die Teile des spanischen Reichs

Königreich Kastilien (mit Andalusien); zur Krone Kastilien gehörten die amerikanischen Besitzungen; Königreich Aragón (bestehend aus den drei Teil-Königreichen Aragón, Katalonien und Valencia); zur Krone Aragón gehörten die Königreiche Neapel und Sizilien sowie die Balearen, Sardinien und die Garnisonen in Nordafrika; Königreich León; Königreich Navarra.

Dass Karl V., der burgundische Prinz, das große spanische Erbe antreten konnte, verdankte er einer Reihe von Intrigen und dynastischen Zufällen. Ferdinand von Aragón hatte zu einer Zeit, als er sich von Frankreich bedroht fühlte, Heiratsverhandlungen mit den Habsburgern eingeleitet. Sie hatten zu einer „Doppelhochzeit" geführt: 1496 heiratete Juana (Johanna), die Erbin von Kastilien, Philipp den Schönen von Burgund, 1497 Margarete von Österreich den spanischen Infanten (Kronprinzen) Juan. Der aber starb im gleichen Jahr – angeblich, weil er die leidenschaftliche Liebe zu seiner Frau allzu sehr leiblich genossen hatte. So blieb nur Johanna als Erbin übrig. Als 1504 Isabella von Kastilien starb, wurde Johanna Königin von Kastilien. Doch führte Philipp der Schöne die Regentschaft, weil **Johanna** geisteskrank wurde; sie erhielt daher den Beinamen „die Wahnsinnige" (la Loca). Nach Philipps Tod 1506 übernahm die Regierung in allen spanischen Reichsteilen Johannas Vater Ferdinand „der Katholische", König von Aragón. Er starb 1516.

Johannas „Wahnsinn"
Es ist neuerdings umstritten, ob Johanna tatsächlich geistes- oder gemütskrank war. Nahe liegt, dass Ferdinand ihre Entmündigung betrieb, um seine eigene Herrschaft auszuweiten und Philipp zurückzudrängen.

In seinen letzten Lebensjahren betrieb Ferdinand eine stark schwankende Nachfolgepolitik – wahrscheinlich hängt sie mit seinem ebenfalls schwankenden Verhältnis zu Frankreich zusammen, scheint aber nicht völlig rational erklärbar. Von der dynastischen Verbindung mit Habsburg hatte sich Ferdinand nicht nur Beistand gegen Frankreich versprochen, sondern auch die Fortsetzung seiner Dynastie. Nach dem überraschenden Tod Juans von Kastilien setzte Ferdinand erst recht alles daran, seinem Enkel Karl (geb. 1500) die Nachfolge in Kastilien und Aragón zu sichern. Doch dann warf er diese Pläne wieder um, schloss 1505 ein Bündnis mit Frankreich und heiratete 1506 die französische Adlige Germaine de Foix, um noch eigene Kinder zu zeugen. Nachdem sich die Hoffnung auf Nachkommen aus dieser Ehe zerschlagen hatte und ein Habsburger Bündnis mehr Gewinn versprach – nicht zuletzt die Aussicht auf die Eroberung Navarras –, setzte er wieder auf Habsburg. Allerdings bevorzugte er jetzt Karls jüngeren Bruder Ferdinand (geb. 1503). Ihn ließ er nach Spanien kommen und am Hof von Aragón in Zaragoza aufwachsen, setzte aber dann doch in seinem Testament Karl zum Erben seiner Reiche ein.

Nach dem Tod Ferdinands von Aragón im Jahre 1516 wählten die Stände Kastiliens den Kardinal Francisco Ximenez de Cisneros (1436–1517) zum Regenten; in Aragón hatte ihn Ferdinand testamentarisch zum Regenten bestimmt. Um die Kontinuität der Herrschaft zu sichern, verlangten die Stände Kastiliens und Aragóns, Karl solle baldmöglichst nach Spanien kommen und seine Herrschaft persönlich antreten. Doch die frankreichfreundliche Partei am burgundischen Hof wollte Frankreich nicht mit einer deutlichen spanischen Machtdemonstration provozieren und verzögerte die Abreise immer wieder. Erst 1517, kurz nach dem Tod des Kardinals Ximenez, kam Karl in Spanien an.

Um seinen Herrschaftsanspruch im Lande durchzusetzen, ließ er seinen Bruder Ferdinand nach den Niederlanden mehr verschleppen als abreisen. Schon damit brüskierte er einen Teil des spanischen Adels, der lieber Ferdinand als König gesehen hätte. Noch mehr Erbitterung erregte Karls Personalpolitik. Er bevorzugte seine burgundischen Vertrauten bei der Vergabe hoher Ämter in Verwaltung und Kirche und erhob hohe Steuern, vor allem, als er 1520 von Spanien abreisen wollte, um sich in Aachen zum König krönen zu lassen und damit den Anspruch auf die Kaiserkrone anzumelden. Mit seinen ersten Regierungshandlungen schien er Kastilien bewusst zu vernachlässigen. Damit trieb er vor allem die Städte Kastiliens 1520 zur Rebellion. Als er abreiste, stand das Land im Aufruhr.

Die Erhebung führt den Namen „Comuneros" (Städter) oder „Comunidades" (Stadtgemeinden), weil die Städte Kastiliens sie hauptsächlich trugen. Doch auch Adlige waren beteiligt, die in Spanien häufig in den Städten lebten. Die Unruhen begannen in Toledo; dort vertrieben im April 1520 Bürger den Vertreter der Königsgewalt, den Corregidor, und andere königliche Amtsträger. In Segóvia wurden Abgeordnete für die Ständeversammlung (die Cortes) nach ihrer Rückkehr überfallen, ihre Häuser geplündert und einer von ihnen gehängt, weil sie die hohen Steuern bewilligt und damit angeblich nicht die Interessen der Stadt vertreten hätten. Bürger widersetzten sich dem königlichen Beauftragten, der die Vorgänge untersuchen sollte, und forderten benachbarte Städte brieflich ebenfalls zur Revolte auf. Am 29. Juli 1520 schlossen sich zumeist kastilische Städte unter Führung Toledos zu einer Vereinigung (Junta) zusammen. In Tordesillas, wo Königin Johanna residierte, erklärte sich die Junta selbst zur eigentlichen Ständeversammlung und ließ Verordnungen im Namen der Königin ausgehen. Der Aufstand richtete sich gegen Karls erste Regierungsmaßnahmen und vor allem gegen den Regentschaftsrat unter Karls ehemaligem Erzieher Adrian von Utrecht (1459–1523), aber nicht gegen Karls Herrschaft im Allgemeinen oder gegen die Monarchie als Institution. In Juan de Padilla (1490–1523) und Juan Bravo hatte die Junta fähige militärische Anführer. Waffen bekam oder requirierte sie aus den Städten; der Regentschaftsrat konnte dem zunächst nichts entgegensetzen.

Dennoch scheiterte die Junta, weil sie kein positiv formulierbares politisches Ziel hatte, weil die Städte untereinander zerstritten waren und weil es ihr nicht gelang, die Einziehung von Steuern selbst zu organisieren. Der Regentschaftsrat dagegen gewann allmählich die Unterstützung einiger Adliger und auch Städte wie Burgos. Als Karl anordnete, die Revolte unnachsichtig niederzuschlagen, entzog er den Aufständischen die Legitimation. Schließlich siegte das Heer des Regentschaftsrates durch Kriegslist: Ein Überraschungsangriff in sumpfigem Gelände am 23. April 1521 bei Villalar schlug die Aufständischen völlig. Juan de Padilla und Juan Bravo wurden einen Tag später als Rebellen hingerichtet. Die meisten Adligen unterwarfen sich dem König, nachdem er ihnen schonende Behandlung zugesichert hatte. Die Stadt Toledo ergab sich erst nach zehnmonatiger Belagerung im Februar 1522.

Schon etwas früher als in Kastilien hatte in Valencia, einem Teil des Königreichs Aragón, die Revolte begonnen. Die so genannte Germanía (Bruderschaft) hatte weniger klare Angriffsziele als die Städterebellion und war insgesamt diffuser, deshalb ließ sie sich schwerer bekämpfen. Sie begann im Sommer 1519 in einer Zeit, als der Adel sich wegen einer Pestepidemie aus der Stadt Valencia zurückgezogen hatte. Die Zünfte nutzten diesen scheinbar herrschaftslosen Moment, schlossen sich zur „Germanía" zusammen und setzten ein zünftisches Stadtregiment ein, die „Junta der 13". Aber Karl erkannte dieses Regiment nicht an und schickte darum einen Vizekönig als Regenten in die Stadt. Diesen vertrieb die Junta und erklärte ihm und dem Adel förmlich den Krieg. Der Aufstand fand rasch Nachahmer in anderen Städten, aber es kam zu keinem festen Zusammenschluss.

In erster Linie richtete sich die Revolte gegen den Adel, daneben spielten Bedrohungsgefühle der christlichen Städter gegenüber „maurischen" (d.h. islamischen oder jüngst christianisierten) Landarbeitern eine Rolle – und gegenüber den Adligen, die diese maurischen Arbeiter schützten. Aber weil die Städte ihre militärischen Kräfte nicht vereinigten, konnte der Vizekönig sie einzeln schlagen. Als Letzte wurden die Städte Alcira und Játiva im Mai 1523 erobert. Im Gegensatz zu den adligen Parteigängern der Comuneros wurden die Führer der Germanía hart bestraft; ungefähr 800 Todesurteile wurden vollstreckt.

Ein dritter Schwerpunkt von Revolten war die Insel Mallorca. Dort begehrten 1522 hauptsächlich Handwerker und Arbeiter gegen die königlichen Beauftragten auf. Auch dieser Aufstand wurde nach Karls Rückkehr nach Spanien 1523 niedergeschlagen. Dass die Aufstände ausbrachen, als Karl das Land verlassen wollte oder verlassen hatte, ist typisch für die personale Herrschaftsauffassung der damaligen Zeit. Nicht eine abstrakte Vorstellung von Staat oder Loyalität garantierte die politische Ordnung, sondern der König oder Herrscher als Person. Wenn er das Land verließ und der Stellvertreter nicht anerkannt war, gab es aus der Sicht der Untertanen keine legitime Ordnung mehr, und sie handelten entsprechend.

Die Fehler seiner Anfangsjahre in Spanien suchte Karl nach seiner Rückkehr 1522 nach Möglichkeit zu korrigieren. Er berief gezielt Spanier in hohe Ämter, er verließ das Land bis 1529 nicht mehr, und er sorgte für seine Nachfolge, wie es ihm die kastilischen Stände empfohlen hatten. 1526 heiratete er die portugiesische Prinzessin Isabella; 1527 wurde der Sohn Philipp (der spätere Philipp II.) geboren. Auch die Entscheidungsstrukturen der Herrschaft suchte Karl so zu verbessern, dass sie den Anforderungen der Herrschaft über Spanien genügten, zu dem jetzt auch die neu eroberten Gebiete Amerikas gehörten.

Die königliche Gewalt hatte schon im Spanien des 15. Jahrhunderts ein hohes Maß an Herrschaftskonzentration erreicht. Karls Großeltern, die Katholischen Könige Ferdinand von Aragón und Isabella von Kastilien, hatten zwei wichtige Institutionen geschaffen, die zur Vereinheitlichung der Reiche und zur Herrschaftskonzentration beitrugen: die **Santa Hermandad** (Heilige Bruderschaft) in Kastilien und die Heilige **Inquisition**.

Prozess, Urteile und Strafen der Inquisition wirken auf heutige Leser abstoßend und schockierend wie die gesamte Strafjustiz der Zeit. Wichtigstes Beweismittel im Prozess war das Geständnis des Angeklagten. Theoretisch durfte es nicht durch Folter erpresst sein, aber das ließ sich schwer nachprüfen. Die öffentliche Urteilsverkündung, das Autodafé, wurde mit großem Aufwand an Symbolik inszeniert, Hinrichtungen fanden öffentlich statt. Besonders unberechenbar wirkte die Inquisition, weil sie auch auf anonyme Denunziationen hin tätig werden durfte. Trotzdem bedeutete eine Anklage vor der Inquisition noch kein Todesurteil. Eine Analyse der Urteile in Valencia von 1488 bis 1530 ergab bei 2354 Verfahren 512 Freisprüche und 754 Todesurteile, der Rest bestand aus Verurteilungen zu Geldstrafen oder Güterkonfiskation.

Santa Hermandad
Die Santa Hermandad war ursprünglich ein Städtebund mit einer Art von Polizeitruppe, die dazu dienen sollte, Überfälle auf den Landstraßen zu bekämpfen. Ob diese Institution zu Karls Zeiten noch bestand, ist unklar.

Inquisition
Die Inquisition war ein Glaubens- und Sittengericht, das vom Papst eingerichtet werden musste. In Spanien stand die Inquisition jedoch seit ihrer Einrichtung 1478 unter der Kontrolle des Königs, denn er bestellte den Großinquisitor.
Im Dienst der Herrschaftskonzentration stand die Inquisition, weil sie
- vom König eingerichtet war, sodass er sie in seinem Sinne einsetzen konnte;
- selbstständig ermitteln durfte, sodass sie die ihr Unterworfenen stärker im Griff hatte als andere Gerichte der Zeit;
- auf die Gesinnung der Christen vereinheitlichend wirkte;
- Territorialgrenzen nicht respektieren musste, sodass die Herrschergewalt damit über die Grenzen der Einzelreiche hinausgehen konnte.

Die Inquisition richtete ihr Augenmerk, ihrem Auftrag gemäß, nur auf Christen, deren Glaubenshaltung verdächtig erschien. Das waren vor allem zum Christentum konvertierte Juden (Conversos, mit einem Schimpfwort auch „Marranen" – wohl von span. *marrano* = Schwein, Gauner – genannt) und konvertierte Muslime (Morisken). Beiden Gruppen wurde vorgeworfen, sie übten heimlich noch die Riten ihrer vorigen Religion – was oft auch zutraf. Aber auch spanische Mystiker konnten ins Visier der Inquisition geraten – Menschen, denen es mehr auf die persönliche Beziehung zu Gott ankam als auf die kirchlichen Riten und deren religiöse Sprache sich nicht an die gewöhnlichen Regeln des Redens mit und über Gott zu halten schien. Viele spanische Anhänger des Erasmus (Erasmianer), die von der Strenge der spanischen Kirche nichts hielten, mussten in den Zwanzigerjahren des 16. Jahrhunderts vor der Inquisition fliehen; der Gelehrte Pedro de Lerma, ehemals Kanzler der Universität von Alcalà, ging 1537 noch in hohem Alter ins Exil nach Paris und starb auch dort.

Für Juden und Muslime interessierte sich die Inquisition nicht. Sie wird zwar oft mit den Verfolgungen „Andersgläubiger" in Verbindung gebracht, aber dem widersprechen die Tatsachen. Die Inquisition hatte abweichenden Denkweisen und Praktiken innerhalb des Christentums nachzuspüren, aber nicht den Überzeugungen derjenigen, die Juden oder Muslime geblieben waren. Die Verfolgung und Vertreibung der Nichtchristen aus Spanien war hauptsächlich eine Angelegenheit der Könige.

Unmittelbar nach der Eroberung Granadas hatten die Katholischen Könige den Muslimen die freie Ausübung ihrer Religion ausdrücklich zugesichert. Die Muslime Spaniens gerieten aber unter den Druck der spanischen Kirchenreformer, die energisch versuchten, sie zum Christentum zu bekehren. Der Kardinal Ximenez de Cisneros begann diese Bekehrungen offenbar so brutal, dass er die Muslime des ehemaligen Königreichs Granada Ende 1499 zum Aufstand provozierte. Die Revolte griff rasch um sich und war in dem gebirgigen Land außerordentlich schwer zu ersticken. Erst 1501 wurde der Aufstand niedergeschlagen; und auf diese Erfahrung reagierten die Katholischen Könige mit einem Edikt (12. Februar 1502), das die Muslime Kastiliens – zu dem auch das ehemalige Königreich Granada gehörte – vor die Entscheidung stellte, entweder Christen zu werden, also sich taufen zu lassen, oder auszuwandern. Da das Edikt bestimmte, dass Kinder – Mädchen unter 13, Jungen unter 15 Jahren – im Lande bleiben müssten, hatten viele Familien keine andere Wahl, als ein Doppelleben zu führen, sich nach außen „spanisch-katholisch" zu benehmen und heimlich die Riten ihres alten Glaubens zu üben. Sie wurden denn auch von der Inquisition besonders scharf beobachtet. Karl V. schärfte 1526 das Edikt von neuem ein, erlaubte aber den Morisken, einige ihrer angestammten arabischen Bräuche zu behalten. Auch sollten sie vierzig Jahre lang von der Inquisition frei sein, was ihnen etwas größere Rechtssicherheit verschaffte.

Die Juden wurden mit dem Edikt vom 31. März 1492 aus Kastilien und Aragón vertrieben. Nur vier Monate sollten sie Zeit haben, ihren Besitz zu verkaufen und auszuwandern. Viele hatten sich ebenso wie die Morisken zum Schein taufen lassen, blieben aber heimlich bei ihrer alten Religion. Dadurch gerieten einige spanische Institutionen, bei denen Juden in solcher Art „untergetaucht" waren, ins Visier der Inquisition. Um sich vor grundsätzlichem Verdacht zu schützen, verlangten einige Korporationen seit Ende des 15. und zu Beginn des 16. Jahrhunderts von ihren Mitgliedern den Nachweis der ***limpieza de sangre*** (Reinheit des Blutes), den Nachweis also, dass sie ausschließlich christliche Eltern oder Ahnen hätten. Den Anfang machte der Mönchsorden der Hieronymiten, in dem es besonders viele aus dem Judentum konvertierte Christen gab. Er verlangte von neu eintretenden Mönchen im Kloster Unserer Lieben Frau von Guadalupe sowie von denen, die dort höhere Positionen anstrebten, den Nachweis spanisch-christlicher Eltern und Ahnen, ab 1495 sogar bis in die vierte Generation. Andere Institutionen folgten, wenn auch nicht alle mit dermaßen strengen Vorschriften, so die Universität von Salamanca und das Collegio de Santa Cruz in Valladolid. Sevilla sperrte 1515 seine **Kanoniker**stellen für Männer, die nicht mindestens in zweiter Generation Christen waren. Schon ihre Eltern mussten also Christen (geworden) sein.

Kanoniker

Kanoniker nennt man die Mitglieder einer geistlichen Gemeinschaft, die nach einer Regel (lat. *canon*) lebt. Im Gegensatz zu Mönchen dürfen Kanoniker über persönliches Eigentum verfügen, sollen aber ein sittlich ebenso strenges Leben führen wie die Mönche. Kanoniker heißen auch die Priester an einer Dom- oder Stiftskirche.

Die meisten Orden wehrten sich lange Zeit gegen die Zumutung der *limpieza*, weil sie viele Mitglieder aus jüdischen oder muslimischen Familien hatten. Die Franziskaner verlangten den Nachweis der *limpieza* erst ab 1525, die Dominikaner ab 1530. Die so genannten Statuten über die *limpieza* gingen also weder von den Königen aus – sie suchten eher den Eifer zu dämpfen – noch von den Bischöfen als Repräsentanten der Kirche, sondern von niedereren Gewalten und von Korporationen, die nach den Vorstellungen der Frühen Neuzeit ihr eigenes Recht hatten und es in gewissen Grenzen selbst fortentwickeln durften.

Hinter den Aktivitäten der Inquisition wie den Vorschriften der *limpieza* stand offensichtlich die Vorstellung, die Einwohner eines Staates sollten in ihren inneren Überzeugungen wie in ihrem äußeren Verhalten mehr oder weniger einander gleichen. Das scheint eine spezifisch neuzeitliche Vorstellung zu sein – das Mittelalter hat Forderungen nach Einheitlichkeit in dieser Radikalität und für so große Gruppen nicht gekannt und hätte mit seinen verhältnismäßig schwachen Institutionen solche Forderungen auch nicht durchsetzen können. Die Neuzeit ertrug Abweichungen und Gegensätze offensichtlich schwerer und sah Einheitlichkeit als etwas schlechthin „Richtiges" an, das durchgesetzt werden müsse. Die spanische Inquisition und die *limpieza*-Vorschriften werden zwar oft dem „finsteren Mittelalter" zugerechnet, aber sie sind in ihrem Verlangen nach „Einheit durch Standardisierung" typisch für die Neuzeit, wenn auch für ihre eher finsteren Seiten.

limpieza de sangre

Uns Heutigen drängt sich beim Blick auf die „Blutreinheits"-Statuten leicht die gedankliche Verbindung zur „rassisch" begründeten Judenverfolgung des 20. Jahrhunderts auf. Die Verbindung ist zum Teil richtig – auch für die *limpieza de sangre* waren unter Umständen erst entfernte Vorfahren fremden Glaubens ungefährlich. Zwei Unterschiede jedoch dürfen nicht vergessen werden. Erstens: Die Vorschriften der *limpieza de sangre* versuchten, Konvertiten und ihre Nachkommen zu verdrängen, aber nicht, sie zu vernichten. Zweitens: Wer keine besonderen Stellungen anstrebte, war vor Verfolgung sicher; die Tatsache, dass jemand Vorfahren fremden Glaubens hatte, galt nicht schon an sich als Vergehen oder als gefährlich.

Ferdinand und Isabella hatten außerdem systematisch begonnen, im Bereich niedererer Gewalten den königlichen Willen stärker durchzusetzen. In den Städten wurden – als Vertreter der königlichen Gewalt in der Stadt – so genannte Corregidores bestellt, die im Sinne des Königs tätig sein sollten. Ferdinand von Aragón übernahm zwischen 1485 und 1498 den Vorsitz der drei geistlichen Ritterorden von Santiago, Alcantara und Calatrava, indem er sich beim Tode eines Großmeisters jeweils zum Nachfolger wählen ließ. Dadurch konnte er das Vermögen der Orden nutzen, sowohl ihr Geld als auch ihre Einkünfte aus Grundbesitz. Schließlich erlangte er vom Papst die Bestätigung, dass der König den geistlichen Ritterorden ständig vorsitzen dürfe.

Karl baute als König Karl I. auf den Voraussetzungen auf, die die Katholischen Könige geschaffen hatten. Die Institutionen, die sich bewährt hatten, ließ er bestehen und führte auch die „staatskirchliche" Politik Ferdinands fort. Die Veränderungen, die Karl in der spanischen Zentralverwaltung in die Wege leitete, dienten dem Ziel, die Regierungsgeschäfte stärker vom Herrscher unabhängig zu machen, damit die Regierungstätigkeit nicht zusammenbräche, wenn der Herrscher einmal außer Landes wäre. Ähnlich wie später in Burgund schuf Karl mehrere Beratungsgremien mit spezialisierten Sonderaufgaben. 1522 richtete er den Staatsrat (Consejo de Estado) ein, hauptsächlich für die Außenpolitik, 1522 oder 1523 den Wirtschaftsrat (Consejo de la Hacienda) für die Finanzfragen – daher wird er auch oft als „Finanzrat" bezeichnet. Daneben gab es einen Kriegsrat (Consejo de Guerra; er war eigentlich ein um einige militärische Fachleute erweiterter Staatsrat) sowie spezielle Räte für die geistlichen Orden, die Polizei und die Finanzverwaltung. Die Ressorttrennung war für die Zeit etwas Neues; sie stand besonders im Dienst der Herrschaftskonzentration, denn die ressortspezifischen Gremien nahmen auf die Grenzen der Reichsteile keine Rücksicht und wirkten dadurch vereinheitlichend. Allerdings wurde die Ressorttrennung nicht zum durchgängigen Prinzip gemacht. Neben den ressortspezifischen Räten waren auch regionalspezifische Gremien jeweils für einen Landesteil oder ein Herrschaftsgebiet zuständig. Dieses „Regionalprinzip" in der Verwaltung entsprach der Tatsache, dass fast alle Herrschaften der Frühen Neuzeit aus mehreren Teilen verschiedener Rechtsstellung und oft auch verschiedenen Rechtes bestanden. Das wichtigste der regionalspezifischen Gremien war der Kastilienrat (Consejo de Castilla). Aus seinem Personal wurden die Angehörigen des Finanzrats und später des Indienrats (Consejo de las Indias) rekrutiert. Man darf sich also die „Consejos" nicht als streng voneinander getrennte Behörden vorstellen; es kam vor, dass dieselben Männer mehreren Gremien angehörten.

Der Indienrat hat eine besonders komplizierte Verwaltungsgeschichte, was dafür spricht, dass sich erst allmählich die praktikabelste Form der Verwaltung für ein so weit entferntes Teilreich herausstellte. Für die Organisation des Amerikahandels und den Fracht- und Passagierdienst nach „Indien" (Spanisch-Amerika) war 1503 die „Casa de la Contratación" in Sevilla eingerichtet worden. Sie sollte die königlichen Einkünfte aus den amerikanischen Besitzungen sicherstellen, als Gerichtshof für sie fungieren und für die Ausbildung von Seeleuten sorgen. Die übrige Verwaltung des spanisch-amerikanischen Reichs lag zunächst noch beim Kastilienrat. 1518 wurde, anscheinend aus dem Personal des Kastilienrats, ein eigenes Kollegium für „Indien" gebildet. 1524 wurde es selbstständig und in den Rang eines „Consejo de las Indias" erhoben. Die Casa de la Contratación wurde ihm unterstellt. Der Indienrat fungierte für die amerikanischen Gebiete als gesetzgebendes Organ, Verwaltungsbehörde und oberstes Gericht, überwachte den Amerikahandel und musste dafür sorgen, dass das Königliche Fünftel (*quinto real*) abgeführt wurde, die Steuer des Königs auf die Edelmetall-Ausbeute der amerikanischen Reiche. Die Einrichtung all dieser Räte bedeutete eine gewisse Versachlichung der Herrschaft, einen Schritt der Differenzierung zwischen Herrschaft und Herrscherpersönlichkeit. Dennoch beruhte Herrschaft auch in Spanien noch stark auf persönlichen Verbindungen.

Schema der spanischen Verwaltungs-„Räte" (Consejos)

Consejo de la Hacienda (Finanzen)

Consejo de Estado (Außenpolitik); mit Militärs erweitert zum Consejo de Guerra (Kriegsrat)

Weitere ressortspezifische Ratsgremien

Consejo de Castilla (bis 1524 auch für Amerika zuständig)

Consejo de las Indias (ausgegliedert 1524) — 1524 → Casa de la Contratacion (Amerikahandel)

Weitere regionalspezifische Ratsgremien

Was ein Mann auf dem richtigen Posten ausrichten konnte – und was nicht –, das sieht man an einem der Mächtigen des damaligen Spanien, dem Staatssekretär Francisco de los Cobos (1475/85–1547). Er entstammte einer verarmten Adelsfamilie aus Andalusien und machte durch Vermittlung eines Onkels – Protektion war ein damals selbstverständliches Mittel des Aufstiegs – schon als junger Mann Karriere im Kastilienrat. 1518 gehörte er dem Kollegium an, das für die Verwaltung der amerikanischen Gebiete zuständig war, und wirkte später auch im Indienrat und im Finanzrat als „Sekretär". 1529 wurde er in den Staatsrat berufen und sollte dort für die Angelegenheiten Spaniens und die Beziehungen zu Portugal zuständig sein. 1530 wurde ihm auch noch Italien als Zuständigkeitsbereich übertragen; und in den folgenden Jahren entwickelte er sich zu einer Art von Premierminister oder Regenten für Spanien und die ihm nahe gelegenen Gebiete, weil der Kaiser sich oft außerhalb Spaniens befand. 1543 legte Cobos in Simancas bei Valladolid das spanische Staatsarchiv an. Es befindet sich noch heute dort.

Eine von Cobos' Hauptaufgaben bestand darin, das Geld für die kriegerische und daher kostspielige Außenpolitik des Kaisers zu beschaffen. Kastilien trug nach Burgund das meiste Geld zu dieser Politik bei. Steuern mussten von den Ständen bewilligt werden. Die wichtigste dieser Steuern war der *servicio* (eigentlich: „Dienst"). Ihn brachten die Bürger der Städte auf, da Adel und Geistlichkeit seit 1536 bzw. 1538 von der Steuerpflicht befreit waren. Daneben existierte die *alcabala*, eigentlich eine Umsatzsteuer, deren Höhe durch vorherige Vereinbarung (*encabezamiento*) zwischen König und Ständen festgelegt wurde. Auch die Kirche trug zur Finanzierung der königlichen Politik bei, besonders durch den *subsidio* (wörtlich: „Unterstützung"), eine Abgabe vom Kirchenvermögen und dem Einkommen der Kleriker. Außerdem konnten die spanischen Könige seit Ferdinand von Aragón das Vermögen der geistlichen Ritterorden für sich und ihre Politik heranziehen. Die Cruzada, eigentlich eine Kreuzzugssteuer, belastete geistliche und weltliche Personen. Schließlich blieb noch die Möglichkeit, Staatsschuldscheine, so genannte *juros*, auszugeben oder Kredit bei Bankhäusern zu bekommen. Besonders Genueser Banken und die Fugger in Augsburg gaben Kaiser Karl V. immer wieder Geld. Am häufigsten hielt er seine Gläubiger mit einem Pfand schadlos, verlieh ihnen z.B. Monopole (z.B. Abbaurechte für Quecksilber für die Fugger 1525–1527). Um Geld zu gewinnen, verkauften die spanischen Könige auch Ämter und Titel. Das war nicht ganz unpraktisch: Da die „Diener" des Königs nicht mit einem regelmäßigen Gehalt bezahlt wurden, musste man, um ein Amt anstreben zu können, schon über eine solide Finanzgrundlage verfügen.

Eine wirtschaftliche Buchführung nach „modernen" Prinzipien gab es im 16. Jahrhundert in keinem Staat Europas, auch nicht in Spanien. Cobos setzte zwar wenigstens Anfänge einer Rechnungsführung durch, konnte aber auch nicht den Überblick über die verschiedenen Finanzquellen behalten. Am schwierigsten zu kontrollieren aber waren die Ausgaben. Die Außenpolitik – das heißt, die Ausgaben für Söldner sowie für Geschütze, Schiffe und Munition – verschlang so viel Geld, dass die meisten Einnahmen der Krone sofort wieder ausgegeben werden mussten. Steuereinnahmen wurden durch die so genannten *asientos* (Verträge) schon Jahre im Voraus verpfändet; die Einkünfte der drei geistlichen Ritterorden wanderten seit 1524 gar nicht erst in die königliche Kasse, sondern mussten gleich an die Fugger weitergeleitet werden. Das „königliche Fünftel" aus den Edelmetall-Einnahmen der Eroberer reichte trotz beuteschwerer Plünderungen nicht aus, das spanische Defizit zu decken. Zudem erlebte das Land schon in den 20er-Jahren seine erste große **Inflation**, die auch den königlichen Haushalt belastete.

Da Karl V. in den folgenden Jahren für seine Kriege ständig mehr aufwandte, als die spanischen Staatseinnahmen hergaben, verschlimmerte sich seine Finanzlage immer mehr. In den Vierzigerjahren bekam er nur noch kurzfristige Kredite zu sehr hohen Zinsen und lebte, wie Royall Tyler schreibt, „buchstäblich von seinen Schulden" – seine Gläubiger kreditierten ihn nur noch deshalb, weil sie fürchteten, sie würden gar nichts mehr zurückbekommen, wenn sie sich weigerten. Tyler interpretiert daher Karls Abdankung in den Jahren 1555/56 als nur mühsam verhüllte Flucht vor seinen Gläubigern. Der Kaiser sei ihnen sozusagen nach Spanien und ins Privatleben entkommen. Erst sein Sohn und Erbe Philipp II. musste kurz nach seinem Regierungsantritt den Staatsbankrott erklären (1557).

Deutung der Inflation

Schon die Zeitgenossen interpretierten die Preissteigerungen in Spanien als importierte Inflation: Es sei aus Amerika viel Geld ins Land gekommen, das Warenangebot aber bescheiden geblieben, deshalb seien die Preise gestiegen. Diese Meinung wird heute weniger vertreten, da sie den Preisschub der 20er-Jahre nicht erklärt, als die großen Edelmetallvorkommen Amerikas noch nicht entdeckt waren. Heutige Interpreten führen die Preissteigerungen auf steigende Nachfrage zurück, die durch eine „unterentwickelte" Wirtschaft nicht befriedigt werden konnte.

Die desaströse Finanzlage Spaniens und des königlich-spanischen Haushaltes war sicher ein wichtiger Grund für die Abdankung des Kaisers, wenn auch nicht der einzige. In spektakulären Zeremonien verzichtete Kaiser Karl V. 1555/56 der Reihe nach auf alle seine Herrschaften – für Spanien und seinen amerikanischen Besitz zugunsten Philipps II. Karl zog sich auf einen Altersruhesitz zurück, den er sich in der Nähe des Klosters San Jeronimo de Yuste in der Landschaft Estremadura in Zentralspanien hatte erbauen lassen. Dort verbrachte er seine letzten Lebensjahre, politisch noch aktiv, aber ohne Regierungspflichten. 1558 starb er.

b) Die Handelswege über das westliche Mittelmeer

1517 Eroberung Ägyptens durch Sultan Selim I.
1522 Vertreibung der Johanniter aus Rhodos; sie erhalten Malta und Tripolis als Stützpunkte (daher Malteser)
1529 Chaireddin Barbarossa erobert Peñon und macht Algier zum Stützpunkt seiner Flotte
1533 Chaireddin wird Admiral der Osmanen
1535 Rückeroberung von Tunis durch Karl V. (21. Juli)
1536 französisch-osmanischer Freundschaftsvertrag
1538 Seeschlacht von Preveza: Niederlage der Venezianer (27. September)
1541 Karls V. Unternehmen gegen Algier schlägt fehl

Das spanische europäische Imperium des 16. Jahrhunderts war nicht eigentlich auf das europäische Festland ausgerichtet, sondern auf den Atlantik und das Mittelmeer. Nachdem Spanien 1492 das Königreich Granada erobert und damit die Reconquista abgeschlossen hatte, begann die „Conquista", die Eroberung Amerikas. Die Seewege über den Atlantik beherrschten die Spanier im frühen 16. Jahrhundert nahezu konkurrenzlos, da die Portugiesen sich auf den Handel mit Ostasien und die Anlage von Stützpunkten entlang der afrikanischen Küsten konzentrierten. Anders stand es um die Handelswege über das Mittelmeer. Als die Spanier nach dem Ende der Reconquista diese Seewege zu kontrollieren versuchten, stießen sie auf vielfache Konkurrenz. Einmal suchten die Herrscher und Städte Nordafrikas ihre Stellung zu halten und auszubauen. Zum andern trafen die Spanier auf andere europäische Kaufleute, die mit ihnen um Handelsrechte konkurrierten. Die Portugiesen besaßen Garnisonen, z. B. Ceuta; französische Kaufleute dominierten den Handel mit den nordafrikanischen Städten. Schließlich versuchte der damals mächtigste Staat des Mittelmeerraumes in Nordafrika Fuß zu fassen, das Osmanische Reich.

An der nordafrikanischen Küste existierte im frühen 16. Jahrhunderte eine Vielzahl von Herrschaften, auf die die Bezeichnung „Staat" noch schwieriger angewendet werden kann als auf die werdenden Staaten Europas. Es handelte sich meist um Stadtherrschaften mit etwas Hinterland. Die Herrscher nannten sich Sultane; sie versuchten in Konkurrenz zueinander, die umwohnenden Berberstämme zu kontrollieren, was ihnen aber nur zeitweise gelang. Im Westen, etwa im Gebiet des heutigen Marokko, lag das Reich der Wattasiden, östlich folgte das der Abd-el-Wadiden um die Stadt Tlemcen in Westalgerien; an der Küste des heutigen Tunesien und Libyen herrschten die Hafsiden. Diese drei Herrschaften hielten die Macht in der Region aber nicht allein, denn sogar Oasen wie Figig oder Tuggurt (im heutigen Marokko bzw. Algerien) bildeten eigene Herrschaften. Das Gebiet vom heutigen Zentral-Algerien bis einschließlich zur Cyrenaika war kleinteilig zersplittert, es gab dort keine zentrale Macht; allenfalls Algier ragte als Hafenstadt hervor. Ägypten stand bis 1517 unter der einheimischen Dynastie der Mamluken, dann wurde es von dem osmanischen Sultan Selim I. (1512–1520) erobert. Der letzte Kalif (Stellvertreter des Propheten Muhammad) in Kairo soll dem Sultan den Kalifentitel übertragen haben, den die osmanischen Sultane aber erst nach Selim führten.

Die Spanier engagierten sich wohl vor allem deshalb in Nordafrika, um die Reconquista zu sichern und um zu verhindern, dass die Muslime Nordafrikas ihren Glaubensbrüdern in Spanien Unterstützung zukommen ließen. Außerdem hatte der Getreidehandel über das Mittelmeer für Spanien große Bedeutung, denn sehr viel Getreide kam aus Italien nach Spanien, und dieser Seeweg sollte möglichst sicher sein. Die Spanier eroberten in Nordafrika einzelne Stützpunkte und legten dort Garnisonen (*presidios*) an.

Wichtige spanische Garnisonen mit dem Datum der Errichtung
Melilla (1496), Mers-el-Kebir (1505), Peñon de Velez de la Gómera vor dem Hafen von Algier (1508), Oran (1509), Tunis (1515); der Stadtherr von Algier zahlte den Spaniern Tribut, bewahrte aber seine Selbstständigkeit.

Der jeweilige Kommandant der Garnison stand an der Spitze der Verwaltung, die spanischen Soldaten bildeten eine Art Oberschicht. In den Städten bei der Garnison wohnten mehrheitlich Araber und Berber. Von ihnen bezogen die Spanier Lebensmittel und Handwerkserzeugnisse. Die Beziehungen zwischen Spaniern und den nordafrikanischen Arabern und Berbern waren überwiegend friedlich. Die Spanier nannten die Nordafrikaner *moros de paz* (friedliche Muslime) im Gegensatz zu den Kriegsgegnern, die sie aus der Zeit der Reconquista kannten. Der religiöse Gegensatz zwischen Christen und Muslimen wurde zwar gelegentlich zu Propagandazwecken ausgespielt, aber die Beziehungen im Alltag und meist auch in der Politik folgten anderen Regeln. Die Spanier hätten sich ohne nordafrikanische Verbündete nicht halten können – oft waren es Berber, die ebenfalls gegen die arabischen Stadtherren kämpften. Die Einnahme von Oran etwa war den Spaniern nur gelungen, weil sie von den Berbern des Umlandes unterstützt wurden, die lieber spanisch als osmanisch beherrscht sein wollten. Aber auch arabische Stadtfürsten verbanden sich gelegentlich mit den Spaniern, um ihre jeweiligen Feinde in Schach zu halten.

Außer als militärische Vorposten dienten die spanischen Garnisonen auch als Stützpunkte für Handel und Piraterie, die von Christen und Muslimen in dieser Region gleichermaßen betrieben wurden. Der Getreidehandel von Italien nach Spanien nutzte nicht nur die Inseln, sondern auch nordafrikanische Küstenstädte als Stützpunkte. Einen großen Teil ihrer Lebensmittel sowie Waffen und Munition erhielten die spanischen Garnisonen auf dem Seeweg aus Italien und Spanien. Diese Seewege waren unsicher, gefährdet durch Piraterie nicht nur von Muslimen, sondern auch von Venezianern oder Griechen. Hungersnöte in den Garnisonen kamen deshalb häufig vor. Trotzdem hatten die Spanier offensichtlich nicht den Ehrgeiz, in Nordafrika größere Gebiete zu erobern; es blieb bei den Stützpunkten.

Die Auseinandersetzungen in Nordafrika erreichten eine neue Intensität mit dem Auftauchen der beiden Brüder Aruj (?–1518) und Chaireddin Barbarossa (1467–1546). Sie waren griechischer Abstammung, aber geborene Muslime, d.h. schon ihre Eltern waren zum Islam konvertiert. Aruj begründete 1512 in Djidjelli in Ostalgerien eine selbstständige Herrschaft und ging sofort zur Eroberungspolitik über, unterwarf die umwohnenden Berberstämme und vertrieb 1517 den Stadtherrn von Tlemcen, Sultan Abu Hamuw III. Dieser besiegte Aruj mithilfe spanischer Truppen aus Oran (1518); Aruj floh aus der Stadt und wurde getötet. Abu Hamuw kehrte nach Tlemcen zurück und hielt bis zu seinem Tod 1528 ein Bündnis mit den Spaniern. Erst sein Nachfolger gab es unter dem Druck islamischer religiöser Gesellschaften auf.

Auch Chaireddin Barbarossa versuchte anscheinend zunächst, von Djidjelli aus – aus Algier hatten ihn die Hafsiden 1520 vertrieben – eine Territorialherrschaft zu begründen. Da ihm das nicht gelang, verlegte er sich auf die Piraterie, baute eine Flotte auf und stellte sie, vielleicht schon in den 20er-Jahren, in den Dienst der Osmanen. 1525 eroberte er Algier zurück, 1529 die Festung Peñon, wobei die spanische Besatzung fast völlig zu Grunde ging. Aus den Trümmern der Festung ließ er eine Schutzmauer für den Hafen von Algier bauen. Er machte Algier zu seinem Stützpunkt und betrieb von dort aus fortan Seeräuberei in großem Stil.

Fast alle Mittelmeer-Anrainer waren durch Chaireddins Unternehmungen bedroht, nicht nur die Christen. Der Getreidehandel über die Seewege im Mittelmeer war für alle Anrainerstaaten lebenswichtig; die Störung der Handelswege durch Piraterie konnte Krisen und Hungersnot verursachen. Aber wirksame Abhilfe schaffen konnten die christlichen Staaten Europas nicht, sie hatten weder Schiffe noch Soldaten für einen weiteren Krieg. Der Orden der Johanniter, ein geistlicher Ritterorden, der 1522 von den Osmanen von der Insel Rhodos vertrieben worden war und seitdem in Malta (daher auch Malteser) und Tripolis seinen Sitz hatte, wandte sich an Papst und Kaiser um Hilfe, aber vergeblich. Der osmanische Sultan Süleyman II. der Prächtige (1520–1566) wiederum benutzte Chaireddin zielgerichtet als eine Art von militärischem Subunternehmer. In den frühen 30er-Jahren sah sich das Osmanische Reich selbst gefährdet durch persische Angriffe und von Persien unterstützte Aufstände schiitischer Muslime in Ostanatolien. In dieser kritischen Lage sollte Chaireddin die osmanische Herrschaft in Nordafrika befestigen. Der Sultan ernannte ihn 1533 zum *kapudan pascha* (Admiral) und zum Beylerbey von Algerien. Chaireddin erfüllte die ihm zugedachte Aufgabe durch spektakuläre Überfälle und Plünderungen italienischer und sizilischer Küstenstädte. 1534 eroberte er Tunis nach kurzem Gefecht. Der dortige Stadtherr Mulay Hassan, ein Verbündeter Spaniens, wurde vertrieben.

Diese Eroberung wirkte als Schock auf die europäischen Mächte, denn Tunis liegt an einer so „engen" Stelle des Mittelmeeres, dass der Stadtherr von Tunis ohne Schwierigkeiten den Getreidehandel auf dem Mittelmeer würde kontrollieren und nach Belieben stören können. Karl V. als spanischer König und Herr Neapels und Siziliens war in besonderer Weise bedroht, sodass er sich sofort zum Feldzug gegen Tunis entschloss. Aber auch Franz I. von Frankreich wollte den Korsaren nicht in so unmittelbarer Nachbarschaft haben. Den Kaiser offen zu unterstützen, widersprach zwar der politischen Linie des französischen Königs, aber er sagte Neutralität zu.

Der Feldzug muss dem Kaiser außerordentlich wichtig gewesen sein, denn er nahm persönlich an ihm teil, wenn auch nicht als Kommandeur. Die Stadt wurde von den Spaniern im Sturm erobert (21. Juli 1535), was Karl als Ruhmestat feiern und auf Bildern verbreiten ließ. In Italien feierte man ihn nach seiner Rückkehr als neuen Scipio. Chaireddin allerdings entkam nach Algier, sodass seine Piratenzüge weitergingen.

Dass der Kaiser nun über Tunis verfügte, ließ wiederum Franz I. von Frankreich keine Ruhe. Er nahm Verbindung zu den Osmanen auf und schloss im Februar 1536 einen Freundschaftsvertrag ab (siehe **Quelle**).

Dieser Vertrag war weniger als ein Bündnis, und er wurde auch vom Sultan nicht ratifiziert. Dennoch ermöglichte er dem französischen König Handelsvorteile und die Einrichtung einer diplomatischen Vertretung in Istanbul, die den Schutz französischer Kaufleute übernahm.

Chaireddin hatte vor Tunis zwar einen Teil seiner Flotte verloren, war aber weiterhin imstande, europäische Kapitäne in Schrecken zu versetzen. 1538 (27. September) schlug er die Venezianer bei Prevesa (oder Preveza, Nordwest-Griechenland) so ent-

Auszug aus dem französisch-osmanischen Freundschaftsvertrag
Zitiert nach: Charrière, E.: Négotiations de la France dans le Levant ou Correspondances, Mémoires et actes Diplomatiques des Ambassadeurs de France à Constantinople [...], Tome 1, (Paris 1848), Ndr. New York [1964], S. 285–287. Übersetzung aus dem Französischen: E.-B. Körber

Zum Ersten haben sie [die verhandelnden Diplomaten] vereinbart, gemacht und beschlossen, vereinbaren, machen und beschließen guten Frieden und aufrichtiges Einvernehmen im Namen des oben genannten Großherrn und des Königs von Frankreich, solange sie beide leben, und für ihre Königreiche, Herrschaften, Provinzen, Festungen, Städte, Häfen [...], dergestalt, dass alle Untertanen und Tributpflichtigen der genannten Herren, die das wollen, frei und sicher mit ihren Sachen und Leuten in die Häfen, Städte und jeweiligen Länder wechselseitig nach Belieben mit bewaffneten oder unbewaffneten Schiffen, zu Pferde oder in sonstiger Art kommen, dort bleiben, Umgang pflegen und zurückkehren dürfen, für ihr Gewerbe und besonders, um Handel zu treiben und abzurechnen (*pour faict et compte de marchandise*).
Item. Dass die genannten Untertanen und Tributpflichtigen der genannten Herren wechselseitig alle nicht verbotenen Waren sollen kaufen, tauschen, mit sich führen und transportieren dürfen, zu Wasser oder zu Lande von einem Land zum anderen, wobei sie nur die gewohnten und althergebrachten Steuern (*daces et gabelles*) bezahlen, nämlich die Türken in den Ländern des Königs, wie sie die Franzosen zahlen, und die Franzosen im Lande des G.H. [= Großherrn], wie sie die Türken zahlen [...]
Item. Dass jedes Mal, wenn der König einen Residenten (*baille*) nach Konstantinopel oder Pera schickt, wie er jetzt einen Konsul in Alexandria hat, diese Residenten und Konsuln in geziemender Autorität angenommen und erhalten werden sollen, dergestalt, dass jeder an seinem Ort und gemäß seinem Glauben und Gesetz anhören, urteilen und beschließen kann und soll in zivil- und strafrechtlichen Klagen, Prozessen und Streitigkeiten, die zwischen Kaufleuten und anderen Untertanen des Königs entstehen sollten, ohne dass irgendein Richter, kadi, soubassi [oder subbaschi, unter dem Kadi stehender Diener des Gerichts] oder ein anderer ihn daran hindert. Nur wenn und falls die Befehle und Urteile der genannten Residenten und Konsuln nicht befolgt werden und sie, um sie ausführen zu lassen, die subbaschis oder andere Bediente des G.H. anfordern, sollen die genannten angeforderten subbaschis und andere ihre Hilfe und Hand geben, die notwendig ist [...]

scheidend, dass sie fast alle ihre „überseeischen“ Besitzungen an die Osmanen abtreten mussten: Dalmatien, die Peloponnes und ihre Stützpunkte in der Ägäis. Sie erhielten aber die Handelsprivilegien, die 1536 den Franzosen zugesagt worden waren.

Wahrscheinlich in Reaktion auf die französisch-osmanischen Gespräche hatte Kaiser Karl Verhandlungen mit dem Stellvertreter Chaireddins in Algier anknüpfen lassen – ob der Kaiser ernsthaft an einem Freundschaftsvertrag interessiert war, ist unklar. Die Verhandlungen scheiterten jedenfalls 1540, und kurz darauf, im Herbst 1541, versuchte Karl einen Feldzug gegen Algier. Seine Admirale hatten ihn vor den gefährlichen Herbststürmen des Mittelmeeres gewarnt; dass er die Bedenken in den Wind schlug, bescherte ihm eine schwere Niederlage. Nur ein Teil seiner Flotte erreichte überhaupt die Küste; überdies gerieten die angreifenden Soldaten in schwere Regenfälle und schafften den Rückzug nur, weil eine Truppe Malteserritter sie deckte. Einige Schiffe wurden an der Küste durch Sturm zerstört.

Nach dieser Katastrophe wagte Karl keine großen Flottenunternehmen mehr gegen die Küste Nordafrikas. Aber auch die Kraft der Piraten hatte sich offenbar erschöpft. Sie machten zwar noch einige Eroberungen, doch blieben diese unspektakulär und veränderten das Gleichgewicht der Mächte in Nordafrika kaum – Eroberungen und Verluste hielten einander die Waage. Chaireddin eroberte 1542 Mers-el-Kebir, konnte aber Oran nicht einnehmen. 1550 wurde der Pirat Dragut (1485–1565) von dem Genueser Admiral Andrea Doria (1468–1560) aus Djerba vertrieben, was ihn aber nicht daran hinderte, im Auftrag der Osmanen weitere Plünderungszüge zu unternehmen. 1551 eroberte er Tripolis und die Insel Gozo für die Osmanen; die Malteserritter wurden von dort vertrieben. Als der Stadtherr von Tlemcen von den marokkanischen Wattasiden angegriffen wurde, floh er nach Spanien, wo er bis zu seinem Tode blieb. Glaubensgegensätze spielten eine sehr geringe Rolle in diesen Auseinandersetzungen, hauptsächlich ging es um Macht, um Geld – und um Brot, die für das Mittelmeer lebenswichtigen Getreidetransporte. Aber auch der Seeraub blieb für Christen und Muslime im Mittelmeerraum ein lohnendes Geschäft, eine Art von ständigem Kleinkrieg, der für alle Mittelmeer-Anrainer eine wirtschaftliche Belastung darstellte und wahrscheinlich mit zum allmählichen Niedergang des Mittelmeerraumes seit der zweiten Jahrhunderthälfte beitrug.

3. Das Heilige Römische Reich deutscher Nation

a) Das Kaisertum

Die höchste weltliche Würde der westlichen Christenheit erlangte Karl mit der „Kaiserwahl" 1519. Damit wurde er Oberhaupt des Heiligen Römischen Reichs deutscher Nation. Es wurde auch „das Heilige Reich" oder einfach **„das Reich"** genannt.

Sein Großvater Maximilian hatte die Kurfürsten, das traditionelle Wahlgremium, mit großen Geldsummen bestochen, aber diese Summen mussten nach seinem Tod alle noch einmal aufgebracht werden, wofür die Augsburger Bankiersfamilie Fugger sorgte. Auch Karl selbst betrieb seine Wahl sehr entschieden. Weshalb er das tat und aus welcher Tradition seine Vorstellungen von Amt und Aufgaben eines Kaisers stammten, ist umstritten und wird bis heute zum Teil nach nationalen, also anachronistischen Maßstäben beurteilt. Vor den spanischen Cortes erklärte Karl, er wolle Kaiser werden, um die Ehre Spaniens zu vergrößern. Mit dieser Argumentation suchte er die Cortes zu bewegen, ihm das Geld für die Reise zu bewilligen und seine Abwesenheit vom Lande hinzunehmen. Jedenfalls Letzteres gelang ihm nicht, wie die Aufstände nach seiner Abreise zeigen. Sein Großkanzler Mercurino Gattinara (1465–1530) legte ihm nahe, ein europäisches Kaisertum nach Art der Staufer mit dem Zentrum Italien wiederherzustellen. Deutsche Forscher betonen den religiösen Auftrag des Kaisertums, die Kirche zu schützen und zu verteidigen, den Karl zweifellos auch sah. Aber auch Ehrgeiz und das Streben nach Landbesitz können ihn getrieben haben. Jedenfalls war seine Vorstellung vom Kaisertum nicht national gefärbt, sondern imperial im großen, weiten Sinne. Karl war sich bewusst, ein über-nationales Reich (*imperium*) zu übernehmen. So hatte schon sein Großvater Maximilian das Kaisertum verstanden und sich nicht nur um seine österreichischen Erblande und das Reich gekümmert, sondern vor allem versucht, die Rechte des Reichs in Italien wieder zur Geltung zu bringen. Vereint mit Karls Machtbasis in den Niederlanden sowie dem spanischen Besitz in Europa und – beginnend – in Amerika, ergab sich ein Reichtum an Land, Menschen und Geldquellen, wie sie kein Fürst des damaligen Europa in seiner Hand vereinigte.

Das Reich
Das Reich im engeren Sinne umfasste im 16. Jahrhundert mehr als 300 Einzelstaaten verschiedenen Rangs und unterschiedlicher Größe, die auf dem Reichstag, der Ständeversammlung des Reichs, vertreten sein konnten. Dieses Gebiet war größtenteils deutschsprachig, daher der Zusatz „deutscher Nation". Zum Reich gehörten außerdem einige Gebiete, in denen zwar Gesetzgebung und Rechtsprechung des Reichs nicht galten, aber der Kaiser als Oberhaupt anerkannt wurde, etwa Burgund, die Schweiz und „Reichsitalien", bestehend aus den Reichslehen Mailand und Florenz und einigen kleineren oberitalienischen Herrschaften.

Die Bezeichnung „Kaiserwahl" ist, streng genommen, ungenau. Gewählt wurde Karl zum Römischen König, und zwar in Frankfurt am Main (28. Juni 1519). Am 23. Oktober 1520 fand die Krönung in Aachen statt. Die Kaiserkrönung durfte nur der Papst in Rom vollziehen; er erlaubte Karl allerdings, sich „erwählter Römischer Kaiser" zu nennen und damit schon den Anspruch auf die Kaiserkrönung zu formulieren. Nach Rom konnte Karl zunächst nicht kommen, er musste nach Spanien zurückkehren, um seine Herrschaft dort zu befestigen. Zudem war ein Krönungszug zeremoniell und finanziell aufwändig; Karl brauchte also Zeit und Geld, um ihn vorzubereiten. Die regierenden Päpste wiederum, vor allem Leo X. (1513–1521) und Clemens VII. (1523–1534), sahen diese Verzögerung nicht ungern, weil sie den Kaiser als Konkurrenten betrachteten. Karl herrschte als spanischer König über Sizilien und Neapel, als Kaiser über das Reichslehen Florenz – um Mailand, das ebenfalls Reichslehen war, stritt er sich mit dem französischen König. Die Päpste waren als Herrscher über den Kirchenstaat mittelitalienische Territorialfürsten, und als solche fühlten sie sich durch die Habsburger Herrschaft von Norden und Süden her in die Zange genommen. Sie fürchteten, ein gekrönter Kaiser werde seine Ansprüche in Italien noch stärker durchsetzen. Das Recht Karls auf die Kaiserkrönung bestritten sie nicht, wollten sie aber sozusagen so teuer wie möglich verkaufen. Daher stand die Kaiserwahl Karls V. in engem Zusammenhang mit einem weiteren europäischen Konfliktfeld, nämlich mit den Kämpfen in Norditalien, besonders um Mailand.

b) Die Kämpfe in Norditalien

1494	Italienzug Karls VIII. von Frankreich
1499	Eroberung Mailands durch die Franzosen
1512	Die Eidgenossen erobern Mailand
1515	Schlacht bei Marignano: Mailand wird wieder französisch
1521	Rückeroberung Mailands durch die Kaiserlichen
1523	Ausscheiden Venedigs aus dem Reich
1525	Schlacht von Pavia (24. Februar): großer Sieg der Kaiserlichen
1526	Friedensvertrag von Madrid (14. Januar); Heilige Liga von Cognac
1527	Sacco di Roma
1529	„Damenfriede" von Cambrai (5. August)
1530	Kaiserkrönung Karls (24. Februar). Wiedereinsetzung des Herzogs Alessandro de' Medici in Florenz wird vereinbart
1538	vom Papst vermittelter Waffenstillstand von Nizza zwischen Habsburg und Frankreich (17./18. Juni)
1544	Friede von Crépy: Franz gibt Ansprüche auf Mailand auf

Das frühneuzeitliche Italien war durch die so genannte Pentarchie (wörtlich: Herrschaft der fünf) gekennzeichnet. Damit sind die fünf „großen“ Mächte Italiens gemeint: Venedig, Mailand, Florenz, der Kirchenstaat der Päpste und die miteinander verbundenen Königreiche von Neapel und Sizilien. Alle waren kleine oder mittelgroße Staaten mit ziemlich starker Zentralgewalt, verfolgten aber höchst unterschiedliche politische Ziele. Seit dem Ende des 15. Jahrhunderts gerieten diese Staaten in die Auseinandersetzungen zwischen den Häusern Habsburg und Valois (Frankreich), wobei sie teils Bündnispartner, teils Streitobjekte darstellten.

Venedig gehörte bis 1523 zum Heiligen Römischen Reich, war aber den Habsburgern feindlich gesonnen. Die Kaufmanns-Aristokratie, welche die Stadt beherrschte, verdankte Reichtum und Macht vor allem dem Handel mit dem Orient (Levantehandel, von ital. *levante* = Aufgang, Orient). Ihre Handelsstützpunkte im und am Mittelmeer reichten bis Dalmatien, Kreta, Rhodos und Zypern. Obwohl dieses See-Imperium durch Angriffe der Osmanen gefährdet war, bemühte sich Venedig um gute Beziehungen zu „den Türken“ – und wurde dafür von manchen frommen Christen scheel angesehen.

Das Herzogtum Mailand war ein Lehen des Reichs, das bedeutet, der Kaiser konnte beim Tod eines Herzogs das Lehen nach seinem Ermessen frei weitervergeben. Zunächst hatte in Mailand die Familie Visconti regiert. In ihrem Dienst waren als Kriegsunternehmer die Sforza zu Macht und Einfluss gekommen. Nach dem Tod des letzten Visconti (1447) und einem kurzen republikanischen Zwischenspiel wurde 1450 Francesco Sforza Herzog von Mailand (geb. 1401, gest. 1466). Seit 1481 stand an der Spitze der mailändischen Politik Ludovico „il Moro“ Sforza (der Beiname ist aus seinem zweiten Vornamen Maurus abgeleitet), ein Sohn des Dynastiegründers. Ludovico il Moro führte die Regentschaft für seinen unmündigen Neffen Gian Galeazzo Sforza (1469–1494). 1493 verheiratete Ludovico seine Nichte Bianca Maria Sforza (1472–1511) mit Maximilian, dem „letzten Ritter“ und künftigen Kaiser. Als Gegenleistung verlangte Ludovico, zum Herzog von Mailand erhoben zu werden, sobald Maximilian selbst die Nachfolge seines Vaters anträte. Die Absprachen waren geheim, sie eröffneten Ludovico verlockende Aussichten.

Florenz war der Form nach eine Republik, in der ein Stadtrat, die Signoria, das Zentrum der Macht darstellte. Allerdings hatten schon seit dem 15. Jahrhundert die Medici, eine Familie von Tuchhändlern und Bankiers, faktisch die Macht in Florenz in Händen. Sie trieben im Allgemeinen eine kaiserfreundliche Politik. Im frühen 16. Jahrhundert erhoben sich gegen die Medici immer wieder republikanische Parteien, die sich dann zum Teil auch gegen die kaiserliche Politik richteten. Oft waren sie auch antipäpstlich, weil die Päpste Leo X. (1513–1521) und Clemens VII. (1523–1534) zur Familie der Medici gehörten.

1494 begann in der Politik die „Neuzeit“ für Italien; das bedeutet, das bis dahin einigermaßen stabil erscheinende Gefüge der Pentarchie geriet kräftig durcheinander, und es begann eine Zeit, in der ganz Italien, hauptsächlich aber der Norden, zwischen den habsburgischen Kaisern und den französischen Königen aus dem Hause der Valois umstritten war. 1494 starb König Ferrante von Neapel. Der neue König Alfons II. und seine Nachfolger regierten jeweils nur kurze Zeit. Ludovico il Moro Sforza, der Regent von Mailand, glaubte sich von Neapel bedroht und rief zu seiner Unterstützung den französischen König Karl VIII. ins Land. Der ließ sich das nicht zweimal sagen, denn das französische Königshaus der Valois war verwandt mit den Anjou, die bis 1442 in

Neapel regiert hatten. Daraus leitete Karl VIII. Erbansprüche auf Neapel ab. 1494 marschierte er an der Spitze eines Heeres nach Italien ein, um seine Erbansprüche geltend zu machen. Wie andere Herrscher der Zeit hatte er es darauf abgesehen, eine Art Imperium zu gründen, einen über-nationalen Staat, der möglichst viel Machtmittel gewähren und den anderen Mächten Europas das Gesetz des Handelns diktieren sollte.

Im gleichen Jahr starb Gian Galeazzo Sforza, und Ludovico il Moro proklamierte und krönte sich selbst zum Herzog von Mailand, wie er es mit Maximilian verabredet hatte. Damit hatte sich der Sforza-Herzog aber gegen seine ursprüngliche Absicht die Franzosen zu Feinden gemacht. Ein Verwandter des französischen Königs, Ludwig (Louis) von Orléans, erhob nämlich selbst Erbansprüche auf Mailand, da er der Enkel eines Visconti war, und schickte zur Bekräftigung seines Anspruchs ebenfalls ein Heer nach Italien. Ludovico gelang es zwar noch einmal, ein Kriegsbündnis zustande zu bringen (zwischen Mailand, dem Papst, Venedig, dem König Maximilian und Ferdinand von Aragón, 1495) und die Franzosen aus Italien zu vertreiben. Aber 1498 wurde Ludwig selbst als Ludwig XII. König von Frankreich. Er unternahm 1499 einen zweiten Feldzug nach Mailand und eroberte es kampflos – durch Verrat. Ludovico il Moro hatte fliehen müssen und sah sich plötzlich von allen Verbündeten verlassen. Er konnte zwar noch Truppen sammeln und kurzfristig sogar Mailand zurückerobern. Dann aber ließen seine eigenen Soldaten ihn im Stich und verrieten ihn an die Franzosen. Ludovico il Moro wurde gefangen genommen und starb 1508 als Gefangener in Frankreich. Maximilian sah sich schließlich 1505 genötigt, den französischen König förmlich, aber insgeheim, ohne die sonst erforderliche offizielle Zeremonie, mit Mailand zu belehnen, nur um die Ansprüche auf das Reichslehen nicht völlig preiszugeben.

Nun lösten die Bündnisse in Italien einander erst recht in rascher Folge ab. Maximilian, dem Reichsoberhaupt, ging es darum, Mailand zurückzugewinnen – weil es ein Reichslehen war, weil er eine Sforza zur Frau hatte und weil er hoffte, mit einem verbündeten Mailand leichter den Weg nach Rom zur Kaiserkrönung antreten zu können. Einen Kaiser krönen durfte nur der Papst in Rom; Maximilian bereitete seit 1507 den Romzug vor. Das alarmierte nicht nur **Papst Julius II.**, sondern auch Venedig und Frankreich – alle drei fürchteten, aus unterschiedlichen Gründen, die habsburgische Übermacht in Italien.

Papst Julius II. (1503–1513) hieß mit bürgerlichem Namen Giuliano della Rovere und galt als Freund Frankreichs. Wegen seiner Energie und Begeisterung für militärische Unternehmungen erhielt er den Beinamen „il terribile" (der Schreckliche).

Venedig sperrte die Veroneser Klause, den Übergang nach Italien, sodass der „künftige Kaiser" gar nicht erst dorthin würde kommen können. Maximilian ließ sich darauf 1508 in Trient zum Kaiser proklamieren und begann Krieg gegen Venedig, um sich den Weg nach Rom mit Gewalt zu bahnen. Der Feldzug scheiterte aber kläglich, die Venezianer konnten sogar Istrien und Fiume erobern. Daraufhin verband sich Maximilian mit dem Papst, um Venedig die Eroberungen wieder abzunehmen. Als der Papst 1510 die Eroberungen in der Hand hielt, die er sich von dem Bündnis versprochen hatte, wechselte er aber sofort die Fronten, schloss Frieden mit Venedig und gab die Parole aus, die „Barbaren" aus Italien zu vertreiben: *Fuori i barbari!* Maximilian, sehr aufgebracht, versuchte nun, mithilfe eines französischen Bündnisses zum Ziel – das heißt, nach Rom – zu kommen, aber er fühlte sich von den Franzosen bald ungenügend unterstützt; zudem trug das Reich zu den Italienzügen so gut wie nichts bei.

Machiavelli, Il principe
Die verworrenen Kämpfe im Italien seiner Zeit gaben dem Florentiner Niccolò Machiavelli (1469–1527) die Anregung und zum Teil den Stoff für seinen Traktat „Der Fürst" (Il principe, 1516). Machiavelli beschreibt darin die Prinzipien der Politik seiner Zeit, die rücksichtslos auf die Durchsetzung der Fürstenmacht zielte und zugleich ihre scheinhafte Inszenierung auf die Spitze trieb. Machiavelli hielt diese Prinzipien für zeitlos gültig, sodass spätere Interpreten oft ein düsteres Bild von der Politik überhaupt oder von Machiavelli zeichneten. Machiavelli aber ging es im „Fürsten" nur um die Beschreibung solcher Politik, nicht um ihre Bewertung.

Der Papst, der inzwischen (1511) mit England, Spanien, Venedig und den Eidgenossen (der Schweiz) ein Bündnis gegen Frankreich geschlossen hatte, konnte Maximilian 1512 überreden, diesem Bündnis beizutreten. Die Schweizer eroberten im gleichen Jahr Mailand und setzten einen Sohn Ludovico Sforzas, Massimiliano, als Herzog ein. Ludwig XII., der Mailand zurückerobern wollte, wurde von den Eidgenossen bei Novara 1513 geschlagen. Aber das Bündnis von 1511 zerfiel wieder, weil Papst Julius II. starb und die Eidgenossen das Bündnis nicht mehr unterstützten. Maximilian begann nun einen Verwüstungskrieg gegen Venedig, während der neue Papst, Leo X., zu vermitteln versuchte, um einen Frieden zustande zu bringen. Bündnisverhandlungen wurden gepflogen und Heiratsprojekte geschmiedet, bei denen alle Seiten den anderen Versprechungen machten, die sie nicht einzuhalten gedachten. Aber keines dieser Projekte gedieh zur Reife, denn im Januar 1515 wurde Franz I. König von Frankreich und hatte nur ein einziges großes außenpolitisches Ziel, Mailand zurückzugewinnnen. Im September 1515 schlug er die Schweizer bei Marignano und eroberte Mailand. Massimiliano Sforza wurde wie sein Vater nach Frankreich verschleppt, wo er kurz darauf starb.

Maximilians Enkel Karl, der spätere Karl V., war um diese Zeit noch völlig damit beschäftigt, die Herrschaftsnachfolge in Spanien anzutreten, außerdem stand er unter dem Einfluss der frankreichfreundlichen Hofclique. Deshalb weigerte er sich, Maximilians Italienkrieg zu unterstützen, und schloss 1516 Frieden mit Frankreich (in Noyon, August) und Waffenstillstand mit Venedig (in Brüssel, Dezember). Aber er kann selbst kaum geglaubt haben, dass dieser Friede lange halten würde, denn zwischen den Häusern Habsburg und Valois gab es jetzt gleich vier territoriale Zankäpfel: Burgund, Navarra, Neapel und Mailand. Die norditalienische politisch-militärische Geschichte der nächsten Jahrzehnte bestand infolgedessen aus einer fast ununterbrochenen Kette von Kriegen, in denen Habsburg und Valois um die Vorherrschaft in Norditalien kämpften.

In diese Konflikte waren auch die Päpste als mittelitalienische Territorialfürsten militärisch und diplomatisch verwickelt und trieben, aus ihrer Sicht notgedrungen, eine Schaukelpolitik. Solange die Habsburger Florenz und Neapel sicher beherrschten, fühlten sich die Päpste von Habsburg bedrängt und hielten es lieber mit Frankreich. Diese Bündnislage konnte aber sehr rasch kippen, da die politischen Verhältnisse in Mailand und Florenz instabil waren und auch eine französische Übermacht den Päpsten Unbehagen bereitet hätte. Die Päpste schwankten daher in ihrer Haltung und unterstützten wechselnd jeweils den anscheinend Unterlegenen. In Genua suchte der Doge Andrea Doria (geb. 1468, Doge 1527–1560) als militärischer Befehlshaber der Stadtrepublik hauptsächlich seinen eigenen Erfolg, hielt es zunächst mit Frankreich, ging aber 1528 zu den Kaiserlichen über, als er sich von König Franz brüskiert fühlte – seitdem mag „Donner und Doria" als wirkmächtiger Fluch wie als Ausdruck freudiger, aber völliger Überraschung gegolten haben. Kämpfe und Schlachten dieser Zeit lassen sich nur aus den ständig wechselnden Bündnissen verstehen. Lediglich Venedig bildete eine Konstante. Die Stadtrepublik stand den Habsburgern feindlich gegenüber und fast immer im Bündnis mit den Kaisergegnern.

Karl V. versuchte bald nach seiner Kaiserwahl, im Bündnis mit Papst Leo X., Mailand zurückzuerobern, was im November 1521 gelang. Ein französisches Heer, das zur Rückeroberung Mailands ausgerückt war, wurde von den Kaiserlichen bei Bicocca (27. April 1522) zurückgeschlagen. Aber die Lage des Kaisers verschlechterte sich trotzdem. Leo X. war bereits am 1. Dezember 1521 gestorben, und der neue Papst Hadrian VI. (1521–1523; es war Karls ehemaliger Erzieher Adrian von Utrecht) wollte sich in die italienischen Kriegshändel nicht einmischen; außerdem wurde das Geld für die Soldzahlungen knapp. In dieser Situation grenzte es an ein Wunder, dass die Kaiserlichen vor dem französisch belagerten Pavia ein Heer zur Schlacht stellten und überlegen gewannen. Die Schlacht fand am 24. Februar statt, am Geburtstag des Kaisers. Die Kaiserlichen siegten triumphal, Franz I., der französische König, geriet in Gefangenschaft. Der kaiserliche Großmarschall Charles de Lannoy (1487–1527) ließ den königlichen Gefangenen nach Spanien bringen.

Karl V. wiederum scheint weder mit einem so überwältigenden Sieg gerechnet zu haben noch damit, dass Franz I. ihm in die Hände fallen könnte. Nun wurden Friedensverhandlungen eingeleitet. Karl verlangte das, was ihm seiner Meinung nach rechtmäßig zustand, das Herzogtum Burgund. Franz erklärte, um die Übergabe durchzuführen, müsse er selbst erst nach Burgund zurückkommen. Schließlich schloss Karl am 14. Januar 1526 mit Franz den Frieden von Madrid und ließ seinen Gefangenen auf ritterliches Ehrenwort frei. Franz sollte Burgund innerhalb eines Jahres übergeben haben. Zwei Kinder Franz' I. mussten als Geiseln für ihn in Spanien bleiben.

Franz I. leistete zwar den verlangten Eid, hatte aber schon zuvor seinen Beratern erklärt, ihn nicht halten zu wollen, da er unter Zwang zustande gekommen und deshalb nichtig sei. Kaum frei gekommen und auf französischem Boden angelangt, erklärte Franz den Eid öffentlich für erzwungen und nichtig und schloss mit dem Papst, Venedig, Mailand und Florenz die so genannte **Heilige Liga** von Cognac, die Karls Vorherrschaft in Italien brechen sollte.

Heilige Liga
„Heilig" heißen die vielen Heiligen Ligen dieser Zeit, wenn und weil sich der Heilige Vater, der Papst, an ihnen beteiligte. Besondere religiöse Verdienste oder Ansprüche standen anscheinend nicht hinter der Bezeichnung „Heilige Liga".

In Italien hatten die Friedensverhandlungen Unruhe ausgelöst. Weil Francesco Sforza noch nicht offiziell als Herzog von Mailand eingesetzt worden war, wurde gemunkelt, der Kaiser wolle Mailand selbst behalten. In dieser Lage machte der mailändische Kanzler Girolamo Morone (1470–1529), dem kaiserlichen Feldherrn Ferrante Francisco Pescara (1490–1525) ein ungewöhnliches Angebot, das C. F. Meyer in einer Novelle „Die Versuchung des Pescara" genannt hat: Pescara solle seine Truppen dem Kaiser entziehen und stattdessen selbst versuchen, Neapel zu erobern. Das hätte Pescara locken können, denn er war Italiener und fühlte sich vom Kaiser ungenügend belohnt für seinen Einsatz vor Pavia, wo er schwer verwundet worden war. Aber Pescara verriet die Pläne und nahm Morone gefangen. Vielleicht spürte Pescara tatsächlich – wie Meyer schreibt –, dass er die Zeit für Eroberungen nicht mehr hatte; er sollte bald darauf an seiner Verwundung sterben. Jedenfalls scheiterte an seiner Loyalität der Versuch, der Liga von Cognac einen weiteren Verbündeten zu gewinnen.

Der kaiserlichen Seite ging es allerdings nicht besser. Die deutschen Söldner des Kaisers hatten monatelang ohne Bezahlung auskommen müssen und drohten 1527 schließlich, auseinander zu laufen oder die nächstbeste Stadt zu plündern, um sich schadlos zu halten. Der Anführer Georg von Frundsberg (1473/75–1528) versuchte, sie davon abzuhalten, und erlitt dabei einen Schlaganfall. Die Söldner stürzten sich auf die nächste reiche Stadt, die sie erreichen konnten – das war Rom –, und verheerten sie eine Woche lang so entsetzlich, dass fromme Christen den Überfall, den **„Sacco di Roma"**, für ein Gottesgericht über die sittenlose Stadt hielten.

Sacco di Roma
In der Tat löste die Plünderung bei diesem „Sacco di Roma" in Rom einen Schock aus. Die heitere, sinnenfrohe Zeit der römischen Hochrenaissance endete fast schlagartig. Das Motto Leos X.: „Lasst uns das Papsttum genießen, da Gott es uns gegeben hat", wäre jetzt als höchst unpassend empfunden worden. Die reformerisch gesonnenen Geister, die für ein sittenstrengeres Leben und vertiefte Frömmigkeit eintraten, gewannen etwas mehr Selbst- und Zukunftsvertrauen. Zwar konnte sich der Reformkurs unter Clemens VII. noch nicht durchsetzen, aber er bereitete sich vor.

Papst Clemens VII. war in die Engelsburg geflohen und de facto ein Gefangener der kaiserlichen Truppen in Rom. Durch die Niederlage dieses Medici-Papstes verloren auch die Medici in Florenz ihren Rückhalt. Sie wurden durch den Aufstand einer republikanischen Partei gestürzt.

Karl V. hatte durch eine Kette von Zufällen gleichsam über Nacht die Vorherrschaft in Italien erlangt, aber er konnte sie nicht nutzen. Sein Großkanzler Mercurino Gattinara drängte ihn, jetzt endlich Italienpolitik nach seinen Vorstellungen zu machen, den Papst abzusetzen, einen neuen nach seinen Wünschen zu wählen und sich von ihm in Rom zum Kaiser krönen zu lassen. Im Sinne der Machtpolitik der Renaissance war das richtig und konsequent gedacht; aber auch Karls Bedenken lassen sich verstehen. Die Absetzung des Papstes hätte wahrscheinlich ein Schisma (eine Kirchenspaltung) heraufbeschworen. Das war das Letzte, was die ohnehin schon angefochtene Kirche Mitteleuropas brauchen konnte; und Karl verstand sich als künftiger Kaiser als Schutzherr dieser Kirche und nahm diese Verpflichtung durchaus ernst. Eine Kaiserkrone aus den Händen eines von dem zu Krönenden selbst eingesetzten Papstes wäre wahrscheinlich in den Augen anderer Herrscher kaum etwas wert gewesen. Und schließlich hätten diese Herrscher, besonders natürlich Franz I., die Gefangenschaft und Absetzung des Papstes zum Vorwand für einen neuen Krieg nehmen können. Das aber hätte Karl sich finanziell nicht leisten können, denn allein für den Krönungszug nach Rom musste er große Summen veranschlagen; außerdem forderte die angespannte politische und religiöse Lage in Deutschland seine Anwesenheit. Karl ließ also scheinbar die günstige Gelegenheit verstreichen, in Italien in seinem Sinne Ordnung zu schaffen. Aber er handelte damit durchaus rational im Hinblick auf die Ordnung und Beständigkeit seines riesigen Reichs. Karl schloss Frieden zuerst mit dem Papst und dann mit Frankreich, um sich den Weg zur Kaiserkrönung zu bahnen oder wenigstens nicht zu verbauen.

Mit dem Papst einigte sich Karl im Frieden von Barcelona vom 29. Juni 1529. Der Friede bestätigte Karls Rechte in Neapel, der Papst erhielt einige kleinere Herrschaften wie Ravenna, Modena und Reggio. Karl verheiratete seine „natürliche Tochter" Margarete (1522–1586) mit einem Neffen des Papstes, Alessandro de' Medici (?–1537). Dieser sollte, wie Karl ebenfalls versprechen musste, in Florenz wieder als Herzog eingesetzt werden.

Der Friede zwischen den Häusern Habsburg und Valois wurde am 5. August 1529 in Cambrai geschlossen, und zwar zwischen zwei Frauen der Familien, weil die beiden Streithähne, wie sie der französische Historiker Jean Jacquart nennt, nicht unmittelbar miteinander verhandeln wollten. Für die Habsburger sprach und schrieb Margarete von Österreich (1480–1530), die Tante Karls V. und seine Statthalterin in den Niederlanden, für Frankreich Louise von Savoyen (1476–1531), die Mutter des Königs. Der Friede heißt deshalb auch der **Damenfriede von Cambrai**.

Der Damenfriede von Cambrai in italienischer Perspektive
Der Damenfriede von Cambrai besiegelte den kriegerischen Erfolg Karls V.: Er musste nur auf das Herzogtum Burgund verzichten, das er auch vorher nicht hatte zurückgewinnen können; Franz I. verzichtete auf die Lehnshoheit über Flandern und Artois sowie auf seine Ansprüche in Bezug auf Mailand, Genua und Neapel. Das bedeutete den Verzicht auf künftige Kriegsgründe und damit auf Möglichkeiten, die Herrschaft zu vergrößern. Die französischen Prinzen wurden gegen Lösegeld freigelassen.

Nach dem Friedensschluss mit dem Papst und in der Erwartung des Friedens mit Frankreich konnte Karl daran gehen, seine Krönung vorzubereiten. Als Krönungsort wurde Bologna vereinbart – Rom sah nach der Plünderung noch nicht wieder sehr feierlich aus; außerdem lag Bologna zwar im Kirchenstaat, aber dem Reich nahe, das Karl möglichst bald besuchen wollte. Am 24. Februar 1530, dem dreißigsten Geburtstag des Kaisers, wurde Karl V. schließlich in Bologna gekrönt.

Unmittelbar nach der Krönung kehrte er ins Reich zurück, um auf dem Reichstag zu Augsburg anwesend zu sein. Kaiserliche und päpstliche Truppen übernahmen es gemeinsam, Florenz für die Medici zurückzugewinnen. Das war ein schwieriges Unterfangen nicht nur militärisch und deshalb, weil dabei die republikanische Bewegung niedergeworfen werden musste. Der wieder einzusetzende Herzog von Florenz, Alessandro de' Medici, war wegen seiner Rücksichtslosigkeit allgemein verhasst, und die Florentiner empfanden seine Herrschaft als ihnen aufgezwungen. Aber Karl V. hielt seine Vereinbarung. Nach zehnmonatiger Belagerung kapitulierte Florenz am 12. August 1530. Fortan regierten die Medici als regelrechte Dynastie über Florenz und die umgebende Toscana, bis sie im 18. Jahrhundert ausstarben.

Um seine Herrschaft in Italien für die Zukunft zu sichern, stellte Karl V. in den Jahren nach 1530 in Neapel ein stehendes Heer auf. Für das 16. Jahrhundert war diese Maßnahme höchst ungewöhnlich und bedeutete theoretisch eine ungeheure Machtsteigerung des Monarchen, zumal die Soldaten aus Neapel verhältnismäßig rasch auf jedem Kriegsschauplatz Italiens würden auftauchen können. Allerdings erwiesen sie sich in Italien auch als besonders nötig und nützlich, denn dort war der in Cambrai geschlossene Friede nicht von Dauer. 1535 griffen die Franzosen nach dem überraschenden Tod des Herzogs Francesco Sforza erneut Mailand an; die Küsten des Mittelmeeres wurden fast ständig von Piraten heimgesucht, in Süditalien galt es, Angriffe Chaireddin Barbarossas abzuwehren, die Franz I. zwar nicht offen unterstützte, aber auch nicht ungern sah – sein Freundschaftsvertrag mit den Osmanen war ein offenes Geheimnis. Unter dem Druck der osmanischen Gefahr vermittelte der Papst – inzwischen war es Paul III. (1534–1549) – den Waffenstillstand von Nizza zwischen Habsburg und Valois (17./18. Juni 1538). Der Papst brachte sogar ein Bündnis mit Venedig und dem Kaiser gegen Chaireddin zu Stande, aber die Seeschlacht bei Prevesa (27. September 1538) endete für die Venezianer katastrophal, für die Kaiserlichen jedenfalls unbefriedigend – sie scheinen sich allerdings auch nicht sehr dabei engagiert zu haben.

Das Ergebnis der langen Kämpfe sah trotz der großen Anstrengungen und aller diplomatischen Ränke unspektakulär aus. Karl V. hatte die Vorherrschaft über Italien behauptet, die ihm durch Erbe zugefallen war. Mailand und Florenz waren zwar sozusagen gefährdete Erbstücke; und die Reichsrechte über Venedig hatte Karl nicht wieder zur Geltung bringen können. Aber er hatte sowohl Mailand als auch Florenz im eigenen Machtbereich behauptet, was bei seinem Regierungsantritt noch nicht abzusehen gewesen war. Allerdings hielt der Kaiser seine Herrschaft über Mailand offenbar noch nicht für gesichert. 1540 belehnte er seinen Sohn Philipp mit Mailand – in aller Heimlichkeit, um keine französischen Angriffe zu provozieren. Offensichtlich wollte er Mailand, den Zugang zu Italien von Norden her, möglichst fest in seiner Hand und in der seiner Familie halten.

c) Reich und Reformation

1495	Reichstag zu Worms: Fehdeverbot und „Gemeiner Pfennig"; Einrichtung des Reichskammergerichts
1499	Ausscheiden der Eidgenossenschaft aus dem Heiligen Römischen Reich
1517	Beginn der Reformation: 95 Thesen Luthers zur Ablassfrage
1519	Kaiserwahl Karls V.
1520	Luther verbrennt die Bann-Androhungsbulle
1521	Reichstag zu Worms; Wormser Edikt vom 8. Mai (beschlossen am 26. Mai)
1523	Einrichtung des Reichsregiments. Ritterkrieg
1525	Höhepunkt des Bauernkriegs; „Zwölf Artikel der Bauerschaft in Schwaben"
1529	Zweiter Speyrer Reichstag; „Protestation" der Anhänger Luthers
1530	Augsburger Reichstag; Übergabe der *Confessio Augustana*
1531	Gründung des Schmalkaldischen Bundes (27. Februar)
1532	Nürnberger Anstand (23. Juli)
1546/47	Schmalkaldischer Krieg
1547	Schlacht bei Mühlberg an der Elbe: Sieg des Kaisers (24. April)
1547/48	„geharnischter" Reichstag zu Augsburg; Augsburger Interim
1552	„Fürstenrevolution": Erhebung unter Führung des Moritz von Sachsen gegen den Kaiser; Passauer Vertrag (2. August)
1555	Abdankung des Kaisers für das Reich; Augsburger Religionsfriede

Ähnlich wie in den Niederlanden erforderte auch im Reich die Regierung das Ausbalancieren eines komplizierten Machtgleichgewichts zwischen Kaiser und **Reichsständen**.

Reichsstände

Reichsstände waren die geistlichen und weltlichen Kurfürsten, die Fürsten, geistliche und weltliche, sowie die Reichsstädte.

Kurfürsten waren diejenigen Fürsten, die den König wählen durften. Im 16. Jahrhundert gab es davon sieben, drei geistliche (die Erzbischöfe von Mainz, Köln und Trier) und vier weltliche (König von Böhmen, Kurfürst von Sachsen, Kurfürst von Brandenburg, Pfalzgraf bei Rhein).

Fürsten waren selbstständige Herrscher über ein Territorium. Die (Reichs-)Fürsten hatten nur den Kaiser als Herrn über sich. Bsp.: Erzbischof von Bremen; Fürstabt von Kempten (geistlich), Herzog von Bayern; Landgraf von Hessen (weltlich).

Reichsstädte waren Städte, die nur den Kaiser als Herrn über sich hatten, keinen Landesherrn. Große, bedeutende Reichsstädte des 16. Jahrhunderts waren etwa Nürnberg, Straßburg, Augsburg und Lübeck. Es gab aber auch winzige Reichsstädte wie Weil (heute Weil der Stadt) und sogar Reichsdörfer (d. h. vom Kaiser unmittelbar abhängende Gemeinden ohne Stadtrecht).

Die Kurfürsten und Fürsten – die man zusammen den „fürstlichen Adel" nennt – hatten ihre Stellung seit dem Hochmittelalter immer stärker ausgebaut. Vor allem war es ihnen gelungen – anders als dem niederländischen Adel –, ziemlich eigenständige Territorialherrschaften aufzubauen. Deutsche Fürsten machten ihren Untertanen und der Kirche ihres Landes Vorschriften wie andere spätmittelalterliche Herrscher, viele hatten eigenes Münzrecht, und ihre Politik betrieben sie weitgehend selbstständig, mit einem Mindestmaß an Rücksicht auf die kaiserliche Gewalt.

Das späte 15. Jahrhundert sah einige Versuche der Könige und Kaiser, mehr Herrschaftsbefugnisse beim Reichsoberhaupt und damit beim Hause Habsburg zu konzentrieren. So gründete Kaiser Friedrich III. 1488 den Schwäbischen Bund, ursprünglich ein Kriegsbündnis südwestdeutscher Fürsten und Ritter unter kaiserlicher Führung, das vor allem gegen Bayern und die Schweiz gerichtet war. Der Schwäbische Bund entwickelte sich in gewissem Umfang zu einem Instrument kaiserlicher Politik im Südwesten des Reichs. Maximilian I. unternahm als Reichsoberhaupt ebenfalls Versuche zur stärkeren Herrschaftskonzentration, und auf dem Papier glückten sie ihm sogar: Der Reichstag zu Worms 1495 beschloss das Verbot der **Fehde** und eine von jedem Untertanen – nicht nur von den Ständen – aufzubringende Steuer, den „gemeinen Pfennig".

Außerdem richtete der „Reformreichstag" von Worms (1495) ein oberstes Reichsgericht ein, das Reichskammergericht. Es tagte in den ersten Jahren seines Bestehens an wechselnden Orten (Frankfurt a. M., Worms, Nürnberg, Regensburg, Augsburg, Esslingen), bevor es 1526 einen festen Sitz in Speyer erhielt.

Die Reichsstände hatten zwar das Fehdeverbot, die Steuer und das Reichskammergericht selbst gefordert, weil sie sich davon eine Steigerung ihrer Macht versprachen. Als sich aber herausstellte, dass alle diese Mittel auch dem Kaiser und der Reichsgewalt zugute kamen, zeigten die Stände kein Interesse mehr daran – weder das Fehdeverbot noch die reichsweite Steuer ließen sich durchsetzen. Von den 1495 beschlossenen Institutionen blieb nur das Reichskammergericht erhalten, da die Stände die meisten Beisitzer bestimmen konnten und das Reichskammergericht ein konkurrierendes Gericht zum kaiserlichen „Hofrat" darstellte. Es gab aber keine Organisation, die geholfen hätte, Urteile des Reichskammergerichts auch durchzusetzen.

Fehde

Fehde heißt eine gewaltsame Auseinandersetzung zwischen Fehdeberechtigten, meist Adligen. Die Fehde musste in rechtsverbindlichen Formen „angesagt" werden (durch den Fehde- oder Absagebrief); sie hatte also nichts mit willkürlichem „Faustrecht" zu tun. Sie wurde auch rechtsverbindlich beendet durch Eid und Beurkundung der „Urfehde" (das Wort bedeutet: „das, was erfochten wurde"). Fehden stellten wichtige Mittel adliger Politik dar, wurden aber im 15. Jahrhundert oft zu bloßem Raub oder Schutzgelderpressung missbraucht, weshalb sich vor allem die Städte für das Verbot der Fehde aussprachen.

Besonders hartnäckig wehrten sich die Schweizer (Eidgenossen) gegen die Versuche der Habsburger, die Eidgenossenschaft fester mit dem Reich zu verbinden. Als die österreichische Regierung in Innsbruck auf die Misshandlung eines ihrer Räte durch Schweizer mit militärischen Aktionen reagierte (1499), begannen die Schweizer einen

Krieg, mit dem sie sich faktisch die Unabhängigkeit vom Reich erstritten. Nach grausamen Kriegshandlungen wurde am 21. September 1499 der Friede zwischen den Eidgenossen und dem Reich in Basel besiegelt. Die Eidgenossen wurden zwar aus dem Reich nicht ausdrücklich ausgeschlossen, aber auch nicht als Glieder des Reichs bezeichnet; in den Schweizer Herrschaftsgebieten sollte keine Reichsgewalt gelten oder tätig sein dürfen. Die Städte Basel und Schaffhausen schlossen sich im Jahre 1500 der Eidgenossenschaft an. Den Übertritt von Konstanz konnte Maximilian verhindern.

In der Zeit von 1500 bis 1503 war der Widerstand der Fürsten gegen die Reichsgewalt so stark, dass Maximilian auf jede Machtbefugnis im Reich verzichten musste. Die Reichsstände erkannten den Hofrat, die Regierungsbehörde Maximilians in Innsbruck, nicht als Reichsregierung an und bestanden darauf, eine eigene „Reichskanzlei" zu bekommen. Berthold von Henneberg (1441/42–1504, Erzbischof und Kurfürst seit 1484), als Erzbischof von Mainz „Reichs-Erzkanzler", wollte die Führung dieser Reichskanzlei übernehmen. Er führte die Opposition der Reichsstände gegen die Königsmacht und gegen die Behördenreform an. Auf dem Reichstag in Augsburg im Jahre 1500 setzte er sich durch und erreichte, dass die Regierung des Reichs völlig auf eine von den Reichsständen bestellte Organisation überging, die das „Reichsregiment" genannt wurde. Das ständische Reichsregiment kam aber nicht in Gang, weil sich die Fürsten von ihresgleichen womöglich noch weniger befehlen lassen wollten als vom König. So verlor Erzbischof Berthold bald die Unterstützung der Reichsstände. 1502 musste er das Reichssiegel wieder abgeben, das er bis dahin geführt hatte, das Reichsregiment wurde ganz aufgelöst. Ab 1503 waren die Innsbrucker Behörden wieder für das Reich und Österreich gemeinsam zuständig, wie Maximilian es geplant hatte.

Trotz dieses Erfolges gelang es Maximilian nur sehr allmählich, seine Stellung im Reich und damit auch die Königsmacht wieder zu befestigen. 1505 schlichtete er durch Schiedsspruch eine Erbauseinandersetzung zwischen Pfalz und Bayern, die zu einem Erbfolgekrieg geführt hatte (1503–1505). Ebenfalls 1505 richtete er das Kammergericht wieder ein. Eine weitere Verstärkung der königlichen Macht im Reich brachte der Reichstag in Köln (1512), auf dem die Einrichtung von zehn Reichskreisen beschlossen wurde. Sie sollten gewisse Herrschaftsaufgaben wie die Landesverteidigung, die Sicherung des Landfriedens und die Vollziehung der Kammergerichtsurteile im Namen des Reichs übernehmen. Damit sorgten die Reichskreise in gewissem Umfang dafür, dass die Reichsgewalt einheitlich wirkte und auch auf der Ebene der kleineren Territorialstaaten ankam. Große und reiche Territorialstaaten verfolgten aber auch künftig ihre eigene Politik. Ob sich Anordnungen der Reichskreise in diesen Territorien durchsetzen konnten oder nicht, hing vom Willen und den Interessen der jeweiligen Territorialfürsten ab.

Die Herrschaftskonzentration, die für das Zeitalter typisch ist, vollzog sich im Reich also hauptsächlich auf der Ebene der Territorien. Karl V. versuchte als Kaiser zwar auch, die Politik Maximilians fortzuführen und dem Reich und damit dem Reichsoberhaupt mehr Herrschaftsbefugnisse zu verschaffen. Aber dazu hatte auch er nur wenig Möglichkeiten. Seine Maßnahmen in dieser Richtung stießen sehr schnell auf Widerspruch und Widerstand bei den Fürsten, und wenn er auf seinen Herrschaftsrechten beharrte, zeigten ihm die Fürsten notfalls mit militärischen Mitteln, dass auch ein Kaiser sich nicht ungestraft über fürstliche Rechte hinwegsetzen durfte.

Schon vor seiner Wahl verlangten die Reichsstände von Karl die Unterzeichnung einer schriftlichen Erklärung („Wahlkapitulation"). Darin forderten sie unter anderem, er solle keine Ausländer in wichtige Ämter berufen und Deutsche nicht vor ausländische Gerichte ziehen, wie er es als Kaiser mit so großem Herrschaftsbereich hätte tun können. Sie suchten damit wie andere Mächte der Zeit ihren Herrschaftsbereich gegen Einmischung von oben zu sichern und dadurch zur höchsten und „zentralen" Autorität ihres jeweiligen Territoriums zu werden.

Dem gleichen Zweck dienten Bemühungen der Territorialherren, konkurrierende Rechte kirchlicher Autoritäten (z. B. Rechte des Papstes bei der Besetzung von Bischofsstühlen oder Rechte der Bischöfe in der Rechtsprechung) zu umgehen oder prinzipiell anzufechten. Dazu schien vielen Territorialherren die Reformation eine gute Gelegenheit zu bieten. Die Reformation wurde deshalb bald nach ihrem Beginn zu einer politischen Auseinandersetzung sowohl zwischen Territorialherren und kirchlichen Autoritäten als auch zwischen Kaiser, Papst und Reichsständen.

Bemühungen um eine geistliche und politische Reform (*reformatio*) der Kirche und Erneuerung der Frömmigkeit hatte es in Deutschland und Europa im Spätmittelalter vielfach gegeben. Die **95 Thesen** des Augustinerprovinzials (d. h. Oberen der Ordensprovinz) Dr. Martin Luther (1483–1546) zum Ablass und zum Sakrament der Buße, 1517 veröffentlicht, gaben den diffusen Erneuerungsbestrebungen sozusagen einen Kristallisationspunkt, auch wenn Luthers reformatorisches Programm sich erst allmählich entwickelte.

Anders als frühere Kirchenreform-Programme hatten Luthers Schriften sofort Massenwirkung, weil er sie drucken ließ. Sie wurden bald an anderen Orten nachgedruckt und erreichten Auflagen, die nach Tausenden zählten – für das 16. Jahrhundert ein Massenpublikum. So wurden er und seine Ideen rasch bekannt. Viele Menschen, die mit der Kirche unzufrieden waren oder an ihr litten, erhofften nun von Luther die lang erwartete Kirchenreform. Viele gut ausgebildete jüngere Theologen und andere Wissenschaftler fühlten sich von seinen Ideen angezogen, verbreiteten sie weiter und versuchten, auch die Kirche ihres jeweiligen Territoriums oder ihrer Stadt im Sinne Luthers zu verändern. Zu seinen wichtigen Mitarbeitern in Wittenberg gehörten Philipp Melanchthon (1497–1560) und Johannes Bugenhagen (1485–1558). Frühe Luther-Anhänger waren Johannes Brenz (1499–1570) in Schwäbisch Hall, Martin Bucer (1491–1551) in Straßburg und wahrscheinlich auch Huldrych Zwingli (1484–1531) in Zürich, auf den ein Teil der Schweizer Reformation zurückgeht. Luther wurde durch diese Anhängerschaft, ohne es zunächst gewollt zu haben, Anführer und Autorität einer reformatorischen Bewegung.

95 Thesen

In den 95 Thesen betonte Luther vor allem, dass das Leben eines Christen „eine beständige Buße" (ein ständiges Sich-Bessern) sein soll. Die Thesen richteten sich gegen das vergröberte und materialistische Bußverständnis der Volksfrömmigkeit seiner Zeit, vor allem gegen die Vorstellung, man könne oder müsse für die Sünden der Verstorbenen durch Geldzahlungen genugtun, wie es der Ablassprediger Tetzel behauptet hatte („Sobald das Geld im Kasten klingt, die Seele aus dem Fegefeuer springt"). In den Ablassthesen wandte sich Luther noch nicht gegen den Papst, erst später kam er dazu, die Papstkirche abzulehnen.

1518 begann in Rom auf Anzeige des Dominikanerordens der Ketzerprozess gegen Luther. Er wurde jedoch nicht nach Rom zitiert, wie es dem Ketzerrecht entsprochen hätte, sondern in Augsburg von dem päpstlichen Gesandten (Legaten) Jacob Cajetan (1469–1534) verhört (12. bis 14. Oktober 1518). Das geschah, weil zur gleichen Zeit die Vorbereitungen zur Kaiserwahl sozusagen auf Hochtouren liefen und einigen Streit auslösten. Papst Leo X. aus der Florentiner Familie der Medici wollte die Kaiserwahl

Karls mit allen Mitteln verhindern und hatte ausgerechnet Luthers Landesherrn, den Kurfürsten Friedrich den Weisen von Sachsen (geb. 1463, Kurfürst 1486–1525), als Gegenkandidaten ausersehen. Deshalb wollte der Papst den kursächsischen Theologen zunächst schonen. Aber als Kurfürst Friedrich auf die Kandidatur verzichtete – wahrscheinlich fühlte er sich dem kaiserlichen Amt nicht gewachsen –, ging auch der Ketzerprozess gegen Luther weiter. Eine päpstliche Bulle (gesiegelte Urkunde) drohte ihm den Kirchenbann (Ausschluss aus der Kirchengemeinschaft) an, sollte er die als ketzerisch bezeichneten Stellen in seinen Schriften nicht widerrufen.

Die päpstliche Bann-Androhungsbulle erreichte ihn im Dezember 1520. Zu dieser Zeit aber hatte Luther die Trennung vom Papst innerlich längst vollzogen; er erkannte die päpstliche Autorität nicht mehr an. Deshalb fühlte er sich auch durch die Bulle nicht getroffen: Angeblich auf dem Schindanger zu Wittenberg verbrannte er sie öffentlich zum Zeichen der Missachtung. Daraufhin wurde er vom Papst gebannt.

Nun hätten Kaiser und Reichsstände dem Herkommen gemäß die Reichsacht über Luther verhängen müssen, d.h. den Ausschluss aus der weltlichen, ja der menschlichen Gemeinschaft überhaupt. Doch die Reichsstände verlangten, Luther müsse zunächst vor dem Reichstag gehört werden. In diesem Eingriff in das Verfahren Luther sahen sie eine Möglichkeit, ihrer Unzufriedenheit mit der päpstlichen Politik Ausdruck zu verleihen. Denn der Papst bezog aus dem Reich besonders viele Geldeinkünfte und war schon deshalb bei den Reichsständen nicht gut angesehen. Aber auch gegenüber dem Kaiser trumpften die Reichsstände auf, indem sie in der Sache Luther ein Mitspracherecht forderten. Der Kaiser gestand das zu – wahrscheinlich wollte er es sich so kurz nach dem Antritt seiner Herrschaft im Reich nicht mit ihnen verderben. So erreichten sie, dass Luther auf dem Reichstag zu Worms 1521 erscheinen durfte.

Luther wurde dort zu seiner Lehre befragt und zum Widerruf aufgefordert, den er aber verweigerte. Der Kaiser dagegen bezog in einer eigenhändig abgefassten Erklärung scharf und eindeutig Stellung gegen Luther und verlangte von den Reichsständen, Luther zu ächten. Daraufhin verließen die Anhänger Luthers und einige andere den Reichstag. Nach damaliger Rechtsauffassung bedeutete das, dass sie die Acht nicht wollten und auf ihre Durchsetzung nicht dringen würden. Das Achtdekret gegen Luther, das **Wormser Edikt** vom 8. Mai 1521 (beschlossen am 26. Mai), wurde deshalb nicht Bestandteil des Reichsabschieds, des offiziellen Beschlussprotokolls, sondern wurde ihm angehängt und als „Edikt" aus kaiserlicher Machtvollkommenheit allein erlassen.

Wormser Edikt

Das Wormser Edikt verbot jede Unterstützung Luthers, ja sogar jede menschliche Hilfeleistung ihm gegenüber: Wer ihn beherbergte oder mit Essen und Trinken versorgte, sollte ebenfalls der Acht verfallen. Anhängern und Förderern Luthers wurde die Konfiskation ihrer Güter angedroht. Zugleich verbot das Edikt Besitz und Verbreitung der Schriften Luthers und ordnete an, sie öffentlich zu verbrennen.

Aber die Anhänger Luthers fühlten sich an das Edikt nicht gebunden, ob sie nun Fürsten, Stadtobrigkeiten oder einfache Untertanen waren. Auf dem Rückweg von Worms wurde Luther von Beauftragten des sächsischen Kurfürsten zum Schein entführt und auf die Wartburg gebracht. Dort lebte er in den folgenden Jahren als „Junker Jörg" in relativer Sicherheit. 1522 konnte er sogar zeitweise nach Wittenberg zurückkehren, um seine Vorstellungen von Reformation in den berühmten Invokavitpredigten (benannt nach einem Sonntag vor Ostern im Kirchenjahr) gegen andere Programme zu verteidigen. Die Bücher und Schriften Luthers waren zwar durch das Wormser Edikt offiziell verboten, wurden aber dennoch massenhaft gedruckt und verkauft. Damit scheiterte der erste Versuch des Kaisers, durch sein Machtwort die Einheit der westlichen Kirche zu bewahren.

Das zweite und für den Kaiser noch wichtigere Projekt des Wormser Reichstags war die Einrichtung einer obersten Regierung für das gesamte Reich, des Reichsregiments (siehe **Quelle**). Nach den Vorstellungen des Kaisers sollte es kontinuierlich arbeiten, er erreichte aber nur, dass es als Statthalterregierung für die Zeit anerkannt wurde, in der der Kaiser sich nicht im Reich aufhielt. Das Reichsregiment hatte 21 Mitglieder, von denen vier vom Kaiser bestimmt waren. **Ferdinand I.** als kaiserlicher Statthalter im Reich sollte dem Regiment vorsitzen; die weitere Geschäftsführung sollte turnusmäßig unter den Kurfürsten wechseln.

Ferdinand I. (geb. 1503, gest. 1564) stand beinahe zeit seines Lebens im Schatten des Kaisers. In den Verträgen von Worms (23. April 1521) und Brüssel (7. Februar 1522), die zum Teil geheim waren, wurde Ferdinand von seinem Bruder zum Statthalter im Reich und zum Landesherrn in Österreich mit Vorderösterreich und Tirol sowie Württemberg bestellt. Das strategisch wichtige Elsass sollte nach Ferdinands Tod an Burgund fallen. 1531 wurde Ferdinand Römischer König und damit Nachfolger seines Bruders (Wahl am 5. Januar in Köln, Krönung am 11. Januar in Aachen). Kaiser wurde er (nach der Abdankung seines Bruders) durch förmliche Einsetzung 1558.

Das Reichsregiment wurde zwar gemäß der zwischen Kaiser und Reichsständen vereinbarten Ordnung eingerichtet, hatte aber trotzdem kaum Wirkungen, weil die Fürsten sich weigerten, Anweisungen von ihresgleichen entgegenzunehmen. 1530 wurde das Reichsregiment offiziell aufgelöst.

Aus der Ordnung des Reichsregiments, 21. Mai 1526

Zitiert nach: Zeumer, Karl (Hrsg.): Quellensammlung zur Geschichte der deutschen Reichsverfassung in Mittelalter und Neuzeit (Quellensammlungen zum Staats-, Verwaltungs- und Völkerrecht, Zweiter Bd.), Tübingen 1913, S. 319f. Übersetzung aus dem Frühneuhochdeutschen: E.-B. Körber

§ 8. Und Unser Regiment soll nach Nürnberg gelegt und dort die ersten anderthalb Jahre gehalten werden; und nach dem Ende der anderthalb Jahre sollen Statthalter und Regiment, falls Wir nicht im Reich sind, befugt sein, den genannten Tagungsort den Umständen und Verhandlungspunkten entsprechend zu ändern, wenn sie es alle oder in der Mehrheit für notwendig halten. Auch wenn es wegen ausbrechender Seuchen oder anderer höherer Gewalt notwendig ist, dürfen sie das Regiment verlegen, wie oben gesagt. [...]

§ 11. Für die Beständigkeit dieses Vorhabens wird es auch für notwendig erachtet, dass jeder Kurfürst ein Vierteljahr lang, das zu dreizehn Wochen gerechnet werden soll, persönlich bei gedachtem Statthalter und Regiment sei und Ehre, Nutzen und Bedürfnisse des Heiligen Reichs beraten und betrachten helfe, und dass es so immer von einem Vierteljahr zum anderen unter den Kurfürsten wechseln und gehalten werden soll. Wenn aber einer aus guten Gründen, die er mit seinem offenen Brief und Siegel belegen soll, nicht persönlich kommen kann, dass er dann einen anderen Kurfürsten bitten soll, ihn dieses Mal zu vertreten, oder, wenn er keinen Kurfürsten haben kann, einen anderen Fürsten an seiner Stelle dorthin schicken soll, ein geistlicher einen geistlichen und ein weltlicher einen weltlichen.

Wie in Spanien, so brachen auch im Heiligen Römischen Reich nach der Abreise des Herrschers örtliche und regionale Revolten aus. Sie werden zusammengefasst als „der Ritterkrieg“ und „der Bauernkrieg“. Anders als in Spanien waren es aber keine spontanen Erhebungen. Vielmehr lagen ihnen langdauernde Konflikte zugrunde. Diese Konflikte brachen nun wieder auf, da an der Spitze des Reichs die legitime Autorität nicht sichtbar war, der Herrscher sich nicht im Lande aufhielt.

Die Fehde des Reichsritters Franz von Sickingen (1481–1523) war eine persönliche Angelegenheit und dennoch symptomatisch für die gesellschaftlichen Konflikte im Reich. Die Ritter verloren im Zeitalter der Söldnerheere vielfach ihre hergebrachte Aufgabe als militärische Anführer und damit die Möglichkeit, auf die Politik ihrer Zeit zu wirken. Maximilian hatte versucht, die Ritterschaft zu einer Art von Polizeitruppe zur Wahrung des Landfriedens zu machen; dieses Vorhaben war allerdings am Widerstand der Fürsten gescheitert. Sickingen war ein Reichsritter, das heißt, er war als Ritter Territorialherr und hatte keinen Herrn außer dem Kaiser über sich. Aber das Territorium Sickingens war klein, mit Territorialstaaten wie Sachsen oder auch Hessen nicht zu vergleichen. Als junger Mann hatte er sich zu Maximilians Zeiten einen düsteren Ruf als Raubritter und Schutzgelderpresser (euphemistisch: „Rechtshelfer") erworben. 1523 versuchte Sickingen nun einen anderen Weg zu gehen. Er wollte sich eine größere Territorialherrschaft erwerben und, da er das auf anderem Wege nicht zu erreichen hoffte, sie zusammenrauben. Unter weitläufiger Berufung auf Luthers Ideen begann Sickingen eine Fehde gegen den Erzbischof von Trier, wortgewaltig unterstützt von dem Humanisten Ulrich von Hutten (1488–1523). Zwar interessierte sich Sickingen für die Sache Luthers – er war der Erste, der auf seinem Schloss, der Ebernburg, eine Messe nach lutherischer Art in deutscher Sprache feierte. Seinen Raubplänen allerdings diente die lutherische Reformation nur als Staffage; sein Vorgehen gegen Trier rechtfertigte er mit dem Hass auf die „Pfaffen", der überall verbreitet war, wo es um die Kirche nicht zum Besten stand. Den Fürsten aber erschien sein Vorgehen nicht aus religiösem, sondern aus politischem Grunde provokant; sie wollten den Erzbischof gegen den Raubritter schützen. Sickingen wurde von einem militärischen Bündnis der Fürsten von Trier, Pfalz und Hessen besiegt (April 1523) und starb bald darauf. Erhebungen von Rittern gab es nach ihm nicht mehr; sie begnügten sich entweder mit ihren meist bescheidenen Territorialherrschaften, nahmen in so genannten Ritterkreisen gemeinschaftlich ihre Interessen wahr oder fanden ihren Platz in den werdenden Staaten, das heißt im Fürstendienst, in gelegentlich glänzender, aber abhängiger Stellung.

Zwischen 1524 und 1526 erhoben sich im Südwesten Deutschlands, im Herzogtum Preußen und in Tirol Bauern gegen ihre Grundherren. Auch dieser „Bauernkrieg" war nur der letzte einer langen Kette von Bauernaufständen in einzelnen Regionen des Reichs seit dem 15. Jahrhundert.

Bauernaufstände im Reich 1500–1523

seit 1493	Bauernunruhen unter dem Zeichen des „Bundschuhs", d.h. des bäuerlichen Arbeitsschuhs, im Südwesten Deutschlands
um 1502	Aufstände in Bruchsal und Speyer
1514	Bauernaufstand des „Armen Konrad" in Württemberg
1515	Bauernaufstände in Krain, Untersteiermark und Kärnten

Die unmittelbaren Anlässe des „Bauernkriegs" unterschieden sich von Landschaft zu Landschaft ebenso sehr wie der Rechtsstatus der Bauern in den einzelnen Regionen. Die tiefere Ursache des Bauernkriegs lag in den besonderen Prozessen der Herrschaftsintensivierung in den betroffenen Teilen des Reichs. Viele Landesfürsten verlangten höhere Steuern, um Kriege führen und Söldner bezahlen zu können – so die Landesherrschaft Preußens, der Deutsche Orden unter seinem Hochmeister Albrecht von Hohenzollern (Hochmeister seit 1510/11, Herzog 1525–1568). Grundherren wollten die gute Konjunktur für Agrarprodukte ausnutzen und erhöhten die Abgaben in Naturalien oder auch die Geldabgaben, die sie von den Bauern einzogen. Vielfach suchten die Grundherren auch die Arbeitskraft der Bauern stärker zu beanspruchen und verlangten Dienste, die längst außer Gebrauch gekommen waren. Damit verschlechterten die Grundherren den bäuerlichen Rechtsstatus und verletzten das „alte Recht" der Bauern, das von ihnen verschiedentlich auch als „das göttliche Recht" schlechthin bezeichnet wurde. Die Bauern wehrten sich zunächst „gütlich", das heißt im Wege der gerichtlichen oder schiedsgerichtlichen Auseinandersetzung, dann, als das nichts half, mit Gewalt. Sie schlossen sich in traditioneller Art zu Schwurgemeinschaften zusammen und bildeten bewaffnete Verbände, so genannte Haufen. Adelssitze wurden gestürmt, viele Archive mit ihren Urkunden verbrannt, weil die Bauern vermuteten, dass die Erhöhung der Abgaben und Dienste in diesen Urkunden festgehalten sei. Niedere Adlige schlossen sich den Bauernhaufen an, so etwa Götz von Berlichingen (1480–1562) – heute noch berühmt wegen des deftigen Wortes, das er auf Drohungen des Schwäbischen Bundes ausgestoßen haben soll.

In den neuen Gedanken der Reformation sahen viele Bauernhaufen eine zusätzliche Rechtfertigung für ihr Vorgehen. So verlangten etwa die „Zwölf Artikel der Bauerschaft in Schwaben" (1525) die Abschaffung der **Leibeigenschaft**, weil Christus alle Gläubigen frei gemacht habe.

Da die Bauern wie alle freien erwachsenen Männer in jener Zeit das Recht hatten, Waffen zu tragen, konnten sie Heeresverbände von offenbar bedrohlicher Stärke bilden. Gegen die Bauern des Bodenseegebiets, den so genannten Seehaufen, wagte der Truchsess von Waldburg als Feldherr des Schwäbischen Bundes keine Schlacht, sondern bot ihnen im Vertrag von Weingarten (17. April 1525) ein Schiedsgerichtsverfahren an, wenn sie ihre Verbindung auflösten – was auch geschah. Die Salzburger Bauern errangen einen militärischen Erfolg bei Schladming (3. Juli 1525) zu einer Zeit, als die meisten anderen Bauernhaufen bereits geschlagen waren.

Leibeigenschaft

Leibeigenschaft ist eine besonders belastende Form persönlicher Abhängigkeit. Leibeigene konnten über ihr Leben und ihre Arbeitskraft grundsätzlich nicht frei verfügen. Wie andere Abhängige waren sie ihrem Herrn zu Diensten und Abgaben verpflichtet. Für eine Heirat brauchten sie die Erlaubnis des Leibherrn. Als Kennzeichen der Leibeigenschaft gilt der Todfall, eine Art von Erbschaftssteuer für die Hinterbliebenen eines Leibeigenen, die bis zur Hälfte der Hinterlassenschaft gehen konnte; beim Tod Unverheirateter fiel der gesamte Besitz an den Leibherrn. Oft musste als Todfall das beste Stück Vieh („Besthaupt") abgegeben werden, was arme Familien schwer belastete, da das Zugvieh zum „Betriebskapital" gehörte. Insgesamt hatte die Leibeigenschaft zwar im Südwesten Deutschlands nur geringe wirtschaftliche Bedeutung, bedrückte aber die Bauern dennoch, weil sie ihren Rechtsstatus verschlechterte und sie einengte.

Luther erkannte es zwar als berechtigt an, dass sich die Bauern gegen die Unterdrückung durch ihre Herren wehrten. Aber er wandte sich gegen die politische Instrumentalisierung seiner Lehre, gegen die Verweigerung des Kirchenzehnten – den er für den Unterhalt der Pfarrer seiner neuen Kirchenorganisation bestimmt hatte – und gegen die Anwendung militärischer Gewalt. Aber das Bauernheer scheiterte nicht deshalb, weil ihm Luthers Unterstützung gefehlt hätte, sondern sozusagen an mangelnder Professionalität. Nachdem die Bauern überraschend schnell erste Siege errungen hatten, ließen sie sich überall mit Verhandlungen hinhalten oder auf schiedsgerichtliche Verfahren vertrösten. Zum Teil verließen sie einfach das Heer, um ihre Äcker zu bestellen, während die Herren die Zeit der Waffenstillstände nutzten, um Söldner zu werben. Von diesen Truppen wurden die Bauern schließlich überall militärisch niedergeworfen. Am 12. Mai 1525 siegte der Schwäbische Bund bei Böblingen über die württembergischen Bauern; am 15. Mai schlugen hessische und herzoglich-sächsische Truppen die Thüringer Bauern bei Frankenhausen; am 17. Mai wurden schon entwaffnete Bauern im Elsass von den Truppen des Herzogs von Lothringen überfallen, 18000 Bauern sollen dabei umgekommen sein.

In vielen Herrschaften wurden die Geschlagenen noch überdies wegen Aufruhrs bestraft, auch Städter, die sich den Bauern angeschlossen oder ihren Forderungen zugestimmt hatten. Beispielsweise hatte der Bildhauer Tilman Riemenschneider (um 1460–1531) als Mitglied des Rats von Würzburg dafür plädiert, dass die Stadt keine Soldaten zur Niederschlagung der Bauernaufstände stellen sollte. Nach dem Ende des Aufstandes 1525 wurde Riemenschneider gefoltert. Er überlebte, schuf aber wahrscheinlich keine Bildwerke mehr.

Die Bewaffnung von Bauern wurde nach dem Ende der Bauernaufstände verboten und hatte auch keinen militärischen Zweck mehr, da die Kriege fast überall in Europa mit Söldnertruppen geführt wurden. Der Rechtsstatus der Bauern scheint sich nicht durchgehend verschlechtert zu haben, daran hinderte die Herren die Furcht vor einem zweiten „Bauernkrieg", die lange nachwirkte. Den Territorialherren kam der Bauernkrieg insofern zugute, als sie militärische Stärke demonstrieren und in der folgenden Zeit ihre Steuerforderungen gegenüber den Untertanen leichter durchsetzen konnten. Dem fürstlichen Adel gelang es, alle gesellschaftlichen Veränderungen des frühen 16. Jahrhunderts für die eigene Stellung auszunutzen: das Scheitern des Reichsregiments, den Bauernkrieg und die Reformation.

Es ist heute nicht mehr unbestritten, dass die „Sturmjahre der Reformation" 1525 wirklich zu Ende gingen und die Reformation danach keine Volksbewegung mehr war. Auch nach 1525 konnte die Einführung der Reformation noch von der Bevölkerung einer Stadt erzwungen werden, wie 1529 in Braunschweig. Doch ergriffen nach 1525 eher die Obrigkeiten in Städten und Territorien die Initiative, wenn es um die Reformation ging. In der Schrift „An den christlichen Adel deutscher Nation" hatte Luther die Ansicht vertreten, die Territorialfürsten und Stadtmagistrate sollten die Reform der Kirche in die Hand nehmen, wenn die Bischöfe dazu nicht in der Lage seien. Die Angesprochenen ließen sich das nicht zweimal sagen. Unterstützt von örtlichen Theologen, begannen die Anhänger Luthers unter den Landes- und Stadtobrigkeiten, die Kirche ihres Landes oder ihrer Stadt zu reformieren und neu zu organisieren. Jede Stadt, jedes Land konnte einen eigenen Reformator haben: Johannes Brenz wirkte in Schwäbisch Hall und in Württemberg, Martin Bucer in Straßburg, von dem viele oberdeutsche Territorien beeinflusst wurden. Johannes Bugenhagen entwarf die Kirchenordnung für das Herzogtum Pommern (1534).

Reformatoren, Stadt- und Landesobrigkeiten setzten die Tradition des spätmittelalterlichen Hineinregierens von Landesobrigkeiten in die Kirche („landesherrliches Kirchenregiment") fort und versuchten dabei in gemeinsamer Anstrengung, Luthers Vorstellungen von einer Reformation der Kirche zu verwirklichen. Sie zogen kirchlichen Grundbesitz und anderes Kirchengut zugunsten der weltlichen Obrigkeit ein – das nennt man „Säkularisation" (Verweltlichung). Dann mussten sie aber auch die Versorgung der Pfarrer neu regeln, die Rechtsverhältnisse jetzt erlaubter Pfarrers-Ehen und Pfarrfamilien ordnen und Einrichtungen für die Armen- und Krankenfürsorge schaffen, um die sich bisher die alte Kirche gekümmert hatte. So entstanden die Anfänge lutherischer Landeskirchen. Wenn die neuen Einrichtungen erst über einige Jahre zur Gewohnheit geworden waren, wollten weder die Obrigkeiten noch die Pfarrer der Landeskirchen auf diese Institutionen wieder verzichten. Die Obrigkeiten gewannen durch die Reformtätigkeit mehr Macht und Einfluss, die Landeskirchen Unterstützung und Sicherheit. Auch Fürsten, die sich gegen die Reformation stellten, wie die Herzöge von Bayern, versuchten, die Kirche ihres Landes mit Reformmaßnahmen stärker in den Griff zu bekommen. Die entsprechenden Aufsichts- und Kontrollrechte ließen sich die bayerischen Herzöge vom Papst übertragen, weil die Bischöfe des Landes den Reformkurs nicht mittragen wollten.

Der Kaiser hatte keine Möglichkeit, gegen das landesherrliche Kirchenregiment von Anhängern Luthers einzuschreiten. Auf dem Reichstag zu Speyer 1526 („Speyer I") versuchte Erzherzog Ferdinand, der für seinen Bruder Karl die Regentschaft im Reich führte, alle Reichsstände auf das Wormser Edikt zu verpflichten. Aber er scheiterte und musste in den Formelkompromiss einwilligen, der dann im Reichsabschied formuliert wurde (siehe **Quelle**).

Drei Jahre später, auf dem zweiten Speyrer Reichstag 1529, legte Ferdinand erneut einen Beschlussentwurf vor, der die Durchführung des Wormser Edikts verlangte. Dagegen erklärten die Anhänger Luthers und anderer Reformatoren, sie könnten sich in Glaubensdingen nicht einem Mehrheitsbeschluss beugen. Von dieser „Protestation" (öffentlichen Erklärung) haben die Gläubigen reformatorischer Kirchen bis heute den Namen „Protestanten".

Aus dem Reichsabschied von Speyer 1526
Zitiert nach: Dickmann (Hrsg.), Renaissance, Glaubenskämpfe, Absolutismus, S. 157, Anm. 1.
Übersetzung aus dem Frühneuhochdeutschen: E.-B. Körber

Demnach haben Wir [...] Uns jetzt auf diesem Reichstag hier einmütig geeinigt und Einvernehmen darüber erzielt, dass jeder von uns mit Unseren Untertanen bis zum Konzil oder aber der Nationalversammlung dennoch in den Dingen, die das Edikt angehen könnten, das durch die Kais. Mt. [= Kaiserliche Majestät] auf dem zu Worms abgehaltenen Reichstag ergangen ist, für sich so leben, regieren und es halten soll, wie es jeder gegen Gott und die Kais. Mt. verantworten zu können hofft und glaubt.

Obwohl der Aufbau reformatorischer Kirchenorganisationen vorderhand nicht angefochten wurde, fürchteten die Protestanten, der Kaiser werde sie unter Umständen mit militärischer Gewalt zwingen, zur alten Kirche zurückzukehren. Besonders der Landgraf Philipp von Hessen (geb. 1504, Landgraf von Hessen 1509–1567) wollte ein antikaiserliches Bündnis zustande bringen und dazu Verhandlungen mit den reformierten Städten und Kantonen der Schweiz aufnehmen. Als Voraussetzung dafür wollte er die theologischen Differenzen zwischen Luther und den Schweizer Reformierten der Anhängerschaft Huldrych Zwinglis beilegen. Zu diesem Zweck lud Landgraf Philipp lutherische und reformierte Theologen vom 1. bis 4. Oktober 1529 zum **„Religionsgespräch"** nach Marburg ein.

Marburger Religionsgespräch
Am Marburger Religionsgespräch nahmen teil: auf lutherischer Seite die Theologen Martin Luther, Philipp Melanchthon, Johannes Brenz, Justus Jonas (1493–1555) und Andreas Osiander (1498–1552); auf reformierter Seite Huldrych Zwingli, Martin Bucer, Caspar Hedio (1494–1552) und Johannes Oecolampad(ius) (1482–1531).

Das Gespräch scheiterte vor allem an den gegensätzlichen Auffassungen vom Abendmahl: Während lutherische Theologen darauf bestanden, dass der Leib Christi beim Abendmahl tatsächlich gegenwärtig ist, wollten die reformierten das Brot nur als Zeichen für die Gegenwart Christi verstanden wissen – theologische Gegensätze, die bis heute fortbestehen, aber inzwischen nicht mehr als kirchentrennend angesehen werden. 1529 aber galten sie als so schwer wiegend, dass sie die politische Zusammenarbeit beider entstehenden Konfessionen verhinderten und das große protestantische Verteidigungsbündnis nicht zustande kommen konnte.

1530 kam der Kaiser auf dem Rückweg von der Krönung in Bologna wieder nach Deutschland, wo der Reichstag nach Augsburg einberufen worden war. Dort versuchte Kaiser Karl seinerseits, eine Einigung zwischen den reformatorischen Theologen und denen der alten Kirche zu erreichen. Da Luther als Geächteter nicht auf dem Reichstag erscheinen konnte, sprach und schrieb Philipp Melanchthon für die Wittenberger. Er legte eine um Ausgleich bemühte Bekenntnisschrift vor, die nach dem Ort ihrer Überreichung das Augsburger Bekenntnis (lat.: *Confessio Augustana*) genannt wird. Zwingli übergab ein eigenes Bekenntnis, die *Fidei Ratio* (Rechenschaft über den Glauben). Für die Städte Straßburg, Konstanz, Lindau und Memmingen hatten Martin Bucer und Wolfgang Capito (1478–1541) die *Confessio Tetrapolitana* (Bekenntnis der vier Städte) formuliert. Verhandelt wurde aber nur die *Confessio Augustana*. Die altgläubigen Theologen setzten kein eigenes Bekenntnis auf, sondern verwarfen die *Confessio Augustana* in einer *confutatio* (Zurückweisung). Der Kaiser akzeptierte die *confutatio*, damit galt die *Confessio Augustana* als „widerlegt“. Die *apologia* (Verteidigung), die die Protestanten danach vorlegten, beeinflusste den Diskussionsprozess nicht mehr. Zwar ließ es der Kaiser zu, dass Theologen beider Seiten weitere Verhandlungen führten, um zu einem „Vergleich“ (Ausgleich, Aussöhnung) zwischen den widerstreitenden Überzeugungen zu kommen; und im Gespräch waren die Theologen einander zeitweise sehr nahe. Dennoch konnten sie sich nicht einigen. Die Altgläubigen wollten die traditionelle Rechtsprechung der Bischöfe auch in protestantischen Gebieten bestehen lassen, was die Protestanten ablehnten; die Protestanten forderten, dass beim Abendmahl der Kelch auch den Laien gereicht würde, was die Altgläubigen nicht zugestehen wollten.

Wieder reisten die meisten protestantischen Reichsstände vor der Unterzeichnung des Reichsabschieds ab. Infolgedessen erhielt er ein streng altgläubiges Gepräge. Kaiser und altgläubige Reichsstände forderten die Protestanten auf, zur alten Kirche zurückzukehren, und setzten ihnen dafür eine Frist bis zum April 1531 (das waren etwa sieben Monate, vom ersten Reichstagsabschied vom 22. September 1530 an gerechnet, fünf Monate ab dem zweiten Abschied vom 19. November 1530). Ferner sollten die Protestanten die Kirchengüter zurückgeben, die sie zugunsten der neuen Kirchenorganisation, der Armenfürsorge oder des Territorialvermögens eingezogen (in weltlichen Besitz überführt, säkularisiert) hatten. Die Frist war so kurz bemessen, dass sie zur Regelung der strittigen Besitzfragen nicht ausgereicht hätte, daher ist es unklar, ob Kaiser und altgläubige Reichsstände überhaupt mit der Rückgabe rechneten. Für die Protestanten aber bedeutete der Ausgang des Augsburger Reichstags, dass sie nun ernsthafte Auseinandersetzungen wegen ihres Glaubens und der säkularisierten Güter fürchten mussten. Künftige Übertritte zur Reformation waren erschwert, da sie kraft des Reichsabschieds als Landfriedensbruch geahndet und gerichtlich verfolgt werden sollten. Trotzdem kam es nicht sofort zum Abschluss eines protestantischen antikaiserlichen Bündnisses. Luther äußerte sich zurückhaltend, und viele Fürsten scheuten sich, sich gegen den Kaiser als ihr „natürliches Oberhaupt" zu verbinden, selbst wenn sie sich durch seine Religionspolitik bedroht fühlten. Nur einige schlossen am 27. Februar 1531 in Schmalkalden ein Defensivbündnis gegen den Kaiser, den „Schmalkaldischen Bund". Die wichtigsten unter den „Gründungsmitgliedern" waren Kursachsen, Hessen und die Stadt Straßburg. Bayern schloss mit dem Schmalkaldischen Bund 1531 das „Saalfelder Bündnis", um die Übermacht Habsburgs im Reich zu verhindern. Das wiederum gab Karl die Möglichkeit, den Schmalkaldischen Bund als antikaiserliches Bündnis anzusehen und die Schmalkaldener nicht als religiöse Gegner, sondern als Rebellen zu behandeln. Wahrscheinlich seit den Dreißigerjahren des 16. Jahrhunderts plante er den „Ketzerkrieg" als letztes Mittel, die Protestanten zur alten Kirche zurückzubringen und auf diese Weise seinem kaiserlichen Amt gerecht zu werden, wie er es verstand.

Aber an der Ausführung der Kriegspläne hinderten den Kaiser seine drei anderen wichtigen Gegner, die Osmanen, Frankreich und der Papst. Alle drei fürchteten aus unterschiedlichen Gründen die Macht des Kaisers und suchten ihm so viele Schwierigkeiten wie möglich zu machen, wobei sie sich je nach Interessenlage miteinander verbündeten. 1532 fielen die Osmanen in Ungarn ein und belagerten die Festung Güns (ungarisch: Kőszeg). Zur Abwehr brauchte Erzherzog Ferdinand die Hilfe aller Reichsstände. Deshalb sagte er den Protestanten im so genannten Nürnberger Anstand (frühneuhochdeutsch für „Unterbrechung von Auseinandersetzungen, Waffenstillstand") vom 23. Juli 1532 zu, die Durchführung des Wormser Edikts auf weitere sieben Jahre auszusetzen.

Diese Zusage wurde wegen einer ähnlichen Lage am 19. April 1539 im „Frankfurter Anstand" erneuert. Er sollte für 15 Monate gelten, danach waren weitere Gespräche zwischen den Religionsparteien geplant mit dem Ziel, den Streit zwischen den Konfessionen beizulegen. In den Dreißigerjahren wurde Mailand erneut von Frankreich angegriffen, und Süditalien litt unter den Überfällen Chaireddin Barbarossas, was den Kaiser zum Zug nach Tunis veranlasste. Der französische König Franz I. stand zudem wenn nicht im Bündnis, so doch in freundschaftlichem Verhältnis zu den Osmanen und zu Chaireddin. 1543/44 bot er ihnen sogar den französischen Hafen Toulon als Stützpunkt an, damit die osmanische Flotte dort überwintern könnte. Papst Clemens VII. wahrte zwar diesmal Neutralität in den habsburgisch-französischen Streitigkeiten, aber das wirkte sich indirekt als Begünstigung Frankreichs aus. Waffenstillstände wie der von Nizza 1538 änderten nichts an der grundsätzlichen Schwierigkeit, dass der Kaiser fast immer an mehreren Fronten zugleich Krieg führen musste.

Schließlich hintertrieb der Papst immer noch Karls großes religionspolitisches Anliegen, das Konzil, mit dem der Kaiser die Differenzen zwischen „alter" und „neuer" Kirche beizulegen hoffte. Das Konzil sollte nach den Vorstellungen des Kaisers zuerst die Reform der Kirche beschließen und dadurch die Protestanten besänftigen. Anschließend, so erwartete er, würden sich die theologischen Differenzen leicht beilegen lassen, da sie sich im Grunde auf Äußerlichkeiten bezögen. Clemens VII. und auch sein Nachfolger Paul III. (1534–1549) wollten das Konzil nicht, weil sie fürchteten, dass dort entweder der Kaiser oder die versammelten Bischöfe ihren Einfluss zuungunsten der päpstlichen Stellung geltend machen könnten. Da allein der Papst das Recht hatte, ein Konzil einzuberufen, kam es nicht zustande. Erst als Karl damit drohte, ein deutsches „Nationalkonzil" unter kaiserlichem Vorsitz tagen zu lassen, setzte Paul III. 1537 ein Konzil in Mantua an. Aber König Franz I. weigerte sich, es zu beschicken; der Herzog von Mantua stellte Bedingungen, die der Papst nicht annehmen wollte. Das Konzil wurde erst nach Vicenza verlegt und schließlich 1538 auf unbestimmte Zeit vertagt.

Die Vierzigerjahre brachten Karl seinen politischen und religiösen Zielen so nahe wie niemals vorher, sodass er sogar die Niederlage von Algier (1541) verschmerzen konnte. Im Frieden von Crépy (1544) sicherte er seinen territorialen Besitzstand in den Niederlanden und Italien. In einem geheimen Zusatzartikel, dem Vertrag von Meudon, der am 19. September 1544 zwischen Karl V. und Franz I. persönlich geschlossen wurde, willigte Franz ein, das Konzil zu beschicken, zu dem Karl nun den Papst drängte. Der Papst war dazu aus den genannten Gründen nicht sofort bereit, gab aber nach, weil anscheinend auch Franz I. auf die Seite der Konzilsbefürworter übergegangen war. Um dem Kaiser entgegenzukommen, berief Paul III. das Konzil in eine Stadt des Reichs, nach Trient, ein. Dort begann es am 13. Dezember 1545.

Der Papst erfüllte allerdings die Hoffnungen nicht, die Protestanten und Altgläubige in Deutschland auf das Konzil gesetzt hatten. Er verlangte, die Beschlüsse des Konzils sollten nur mit seiner Billigung gültig sein. Luther schäumte „Wider das Papsttum zu Rom, vom Teufel gestiftet“ (siehe Quelle), und auch einige altgläubige Bischöfe meinten, der Papst dürfe sich nicht zum Richter oder Herrscher über das Konzil machen.

Auch Karl war nicht zufrieden. Denn entgegen seinen Wünschen setzte es Papst Paul durch, dass auf dem Konzil die dogmatischen Fragen parallel zu denen der Kirchenreform behandelt wurden, und zwar ohne Beteiligung der Protestanten. Damit stand am Anfang und im Vordergrund des Konzils die scharfe dogmatische Abgrenzung gegen den Protestantismus.

Offenbar, weil er sich vom Papst im Stich gelassen fühlte, beschloss Karl nun, die Religionsfrage im Reich buchstäblich auf eigene Faust und in seinem Sinne zu lösen. Da das Konzil ihn nicht unterstützte, blieb ihm als eigenes Mittel nur noch der Krieg. Mit Zähigkeit und diplomatischem Geschick hatte Karl es verstanden, auch unter den Schmalkaldenern Verbündete zu gewinnen. Den ehrgeizigen Herzog Moritz von Sachsen (1541–1553) gewann er durch das Versprechen, ihm für seine Kriegshilfe die Kurwürde und Teile des Landes des Kurfürsten von Sachsen zu geben. Philipp von Hessen hatte sich, nicht nur bei seinen Glaubensgenossen, dadurch kompromittiert, dass seine heimliche Bigamie (er hatte zur linken Hand eine Hofdame seiner Frau geheiratet, mit Billigung der Reformatoren) ruchbar geworden war. Karl bot ihm Verzeihung für alles an, was Philipp gegen den Kaiser oder das kaiserliche Recht getan habe – darunter konnte auch seine Ehesache fallen; es ist allerdings nicht sicher, ob Karl von der Doppelehe wusste. Durch sein Angebot verpflichtete sich der Kaiser den energischsten Anführer des Schmalkaldischen Bundes. Dennoch erklärte Karl ausdrücklich, er werde auch gegen Philipp vorgehen, wenn es zu einem Krieg gegen die Protestanten insgesamt käme. Vom Papst erbat und erhielt der Kaiser Söldnertruppen für den bevorstehenden Krieg, ein kleines Korps kam aus den Niederlanden.

Solchermaßen gerüstet, begann Karl V. 1546 den Krieg gegen den Schmalkaldischen Bund. Die Schmalkaldener waren an Zahl überlegen, aber behindert dadurch, dass Sachsen und Hessen das Oberkommando gemeinsam führten und an die schwerfällige Beschlussfassung eines „Bundesrates“ gebunden waren. Sie manövrierten defensiv und anscheinend planlos, sodass sie ihre zahlenmäßige Stärke nicht nutzen konnten. Das kaiserliche Heer errang nach einem überraschenden Übergang über die Elbe bei Mühlberg (24. April 1547) einen vollständigen Sieg über die Schmalkaldener. Kur-

Wider das Papsttum zu Rom, vom Teufel gestiftet
Aus: D. Martin Luthers Werke, Weimarer Ausgabe, Bd. 54, S. 207. Übersetzung aus dem Frühneuhochdeutschen: E.-B. Körber

Denn was braucht man so große Mühe aufs Konzil zu verwenden, wenn der Papst im Voraus beschlossen hat, was auf dem Konzil gemacht oder getan wird, das solle ihm unterworfen sein und nichtig, wenn es ihm nicht recht gut gefalle, und die Macht haben will, alles zu verdammen? [...] So handelt dieser schändliche Laffe Paulus Tertius auch, schreibt jetzt schier zum fünften Mal ein Konzil aus, dass, wer die Worte hört, glauben muss, es sei sein Ernst; aber eh wir uns umsehen, hat er uns Pferdedreck ins Maul getrickst, denn er will ein solches Konzil geben, über das er seine Macht ausüben kann, und alles, was darin festgesetzt wird, mit Füßen treten. Für solch ein Konzil dank' ihm der leidige Teufel, und komme auch niemand hinein als der leidige Teufel, dazu seine Mutter, seine Schwester und seine Hurenkinder, Papst, Kardinäle und was es noch an höllischem Bodensatz in Rom gibt.

fürst Johann Friedrich von Sachsen (1532–1547) wurde auf dem Schlachtfeld gefangen genommen, Philipp von Hessen einige Wochen später, als er nach seiner Unterwerfung unter den Kaiser zu einem Essen geladen und dabei festgesetzt wurde (19. Juni 1547). Der Kaiser führte beide Fürsten als Gefangene mit sich.

In Europa erschien die Macht des Kaisers offenbar bedrohlich groß, vor allem dem Papst. Paul III. zog schon vor der Schlacht bei Mühlberg seine Truppen zurück – was zwar zahlenmäßig nicht ins Gewicht fiel, aber dem Kaiser zeichenhaft sichtbar die Unterstützung entzog. Das Konzil ließ der Papst am 11. März 1547 unter dem Vorwand der Seuchengefahr nach Bologna verlegen. Es verabschiedete dort allerdings keine Dekrete – so sehr wollte Papst Paul den Kaiser doch nicht brüskieren.

Zumindest im Reich fühlte Karl sich nun in der Lage, seine beiden höchsten politischen Ziele zugleich durchzusetzen: die religiöse Einigung und die politische Konzentration seiner Herrschaft. Dass beides seine Aufgabe sei, scheint er für selbstverständlich gehalten zu haben. Er ging dabei aber weit über das hinaus, was das Reich an Vereinheitlichung und Herrschaftskonzentration gewohnt war, und deshalb weckte er Widerstand. Auf dem Augsburger Reichstag 1547/48, dem so genannten geharnischten Reichstag, legte der Kaiser einen religiösen Kompromissvorschlag vor, der als Zwischenlösung (**„Interim"**) bis zum erhofften Konzilsbeschluss gelten sollte. Korrekt, aber seltsam für heutige Ohren, nannten es die Zeitgenossen „die kaiserliche Zwischenreligion".

Augsburger Interim
Das Interim lief im Wesentlichen auf einen Katholizismus mit zwei Zugeständnissen an die Protestanten hinaus: Der Kelch beim Abendmahl sollte auch den Laien gereicht werden, nicht nur dem Priester; und den Priestern sollte die Ehe erlaubt sein. Die Altgläubigen wollten diese Zugeständnisse nicht hinnehmen, einesteils, um der Entscheidung des Papstes oder des Konzils nicht vorzugreifen, andernteils, weil sie eine zu große Steigerung der kaiserlichen Macht befürchteten. So wurde das Interim einseitig nur für die Protestanten in Kraft gesetzt. Diese wiederum lehnten es ab, sowohl wegen der einseitigen Geltung als auch wegen seines altgläubigen Gehalts. Nur Städte, die unter dem unmittelbaren Druck des Kaisers standen wie Augsburg und Nürnberg, führten es ein; in Leipzig wurde unter dem Schein einer Sonderform des Interims weiterhin der protestantische Gottesdienst gefeiert.

Insgesamt schlug die Durchsetzung des Interims fehl, es wurde weithin missachtet. Dass der Kaiser plante, in Deutschland – wie zuvor in Italien – ein stehendes Heer aufzubauen, empfanden sowohl altgläubige als auch protestantische Reichsstände als unerhört. Eine so gewaltige Machtsteigerung des Kaisers wollten sie nicht hinnehmen und weigerten sich, zum Unterhalt des Heeres beizutragen. Der Kaiser musste auf diese Pläne schließlich verzichten. Nur in einigen Städten Süddeutschlands setzte er seinen Willen durch: Zum Teil mithilfe spanischer Söldnertruppen erzwang er die Umbildung der Stadträte, sodass die patrizischen Geschlechter wieder mehr Einfluss bekamen und die Zunfthandwerker zurückgedrängt wurden, unter denen die reformatorische Bewegung oft besonders stark gewesen war. Insgesamt erwies sich der Augsburger Reichstag von 1548/49 für den Kaiser als ein Fehlschlag, obwohl er scheinbar unter günstigen Voraussetzungen begonnen hatte.

Vor allem das Streben des Kaisers nach Herrschaftskonzentration hatte quer durch die entstehenden Konfessionsparteien den Widerstand des reichsfürstlichen Adels geweckt. In Flugschriften ging das Schlagwort um, der Kaiser wolle die „deutsche Libertet" (Freiheit, Unabhängigkeit) zerschlagen und die deutschen Fürsten politisch so entmachten wie den spanischen Adel, sie in spanische „Servitut" drücken. Auch die fortdauernde Gefangenschaft der beiden Fürsten erbitterte ihre Standesgenossen. Schon 1550 bildeten Markgraf Albrecht Alcibiades von Brandenburg-Ansbach (1522–1557), Herzog Albrecht von Preußen und Markgraf Hans von Küstrin (1513–1571) ein Bündnis gegen den Kaiser, bald schlossen sich weitere Fürsten an. An die Spitze des Bündnisses stellte sich schließlich Moritz von Sachsen, der soeben für seine Kriegshilfe die Kurwürde erhalten hatte – wofür ihn die Protestanten als den „Judas von Meißen" schmähten. Vielleicht wollte er durch den erneuten Bündniswechsel verlorenes Vertrauen wiedergewinnen. Das Bündnis wollte den Kaiser durch einen militärischen Angriff zwingen, die beiden gefangenen Fürsten freizulassen und zur Regelung der strittigen Religionsfragen einen neuen Reichstag einzuberufen.

Um sich militärisch zu stärken, schlossen die opponierenden Fürsten am 15. Januar 1552 den Vertrag von Chambord mit dem französischen König Heinrich II. (1547–1559). Sie übergaben ihm – der Form nach zur Verwaltung als „Reichsverweser" im Namen des Reichs – die vier Reichsstädte Metz, Toul, Verdun und Cambrai, was ein widerrechtlicher Akt war, da sie über Reichsgut nicht verfügen konnten. Die drei ursprünglichen Mitglieder des Bündnisses schieden aus, weil sie diesen Akt gegen Kaiser und Reich nicht unterstützen wollten. Der König besetzte die vier Städte im Handstreich, gewährte aber den verbündeten Fürsten sonst keine Unterstützung.

Die „Kriegsfürsten" griffen den Kaiser in Innsbruck an. Da er die nahende Gefahr unterschätzt hatte und völlig ohne Truppen war, musste er nach Villach fliehen. Zu Verhandlungen mit den Kriegsfürsten war er aber nicht bereit. Diese Verhandlungen führte sein Bruder Ferdinand 1552 in Passau. Er sagte ihnen den verlangten Reichstag vertraglich zu. Die beiden gefangenen Fürsten hatte der Kaiser schon zuvor freigelassen. 1553 versuchte er nochmals, Metz zurückzuerobern, wobei er sich von Albrecht Alcibiades mit Truppen unterstützen ließ. Die Belagerung scheiterte allerdings, denn die Festung Metz ließ sich mit den Mitteln damaliger Kriegstechnik nicht erobern.

In den frühen Fünfzigerjahren versuchte Kaiser Karl, eine weiter gehende Nachfolgeregelung für das Reich zu treffen. Daraus lässt sich schließen, dass Kaisertum und Reich in Karls Herrschaft keine Nebenrolle spielten, auch wenn er sich vielleicht inzwischen Spanien stärker verbunden fühlte. In den Erbfolgeplänen behandelte er das Reich allerdings so, als wäre das Kaisertum schon im Hause Habsburg erblich – was es bis dahin weder rechtlich noch faktisch gewesen war. Ferdinand war durch seine Wahl zum Römischen König ohnehin zum unmittelbaren Nachfolger Karls im Kaisertum bestimmt. Nach Karls Vorstellungen sollte auf Ferdinand Karls Sohn Philipp folgen, und danach sah der Kaiser den Wechsel zwischen Angehörigen der spanischen und der österreichischen Linie des Hauses vor, eine Art „Reißverschlussverfahren". Ferdinand aber lehnte diese Regelung ab, weil er seine Linie zu Recht benachteiligt fühlte – sein Sohn Maximilian (geb. 1527) war mit Philipp gleichaltrig und hätte nach dieser Regelung fast keine Chance gehabt, die Nachfolge im Kaisertum anzutreten. Karl konnte seinen Plan nicht durchsetzen; das Kaisertum blieb fortan bei der „österreichischen" Linie von Ferdinands Nachkommen.

An der Lösung der offenen Fragen im Reich hatte Karl ab 1552 keinen Anteil mehr, weil alle Lösungsversuche voraussetzten, dass der Kaiser die aus der Reformation hervorgegangenen „neuen" Kirchen als religiöse und politische Körperschaften hätte anerkennen müssen. Dazu sah er sich nicht imstande, weil er sein Amt als Herrscher – nicht nur als Kaiser – ebenso sehr religiös wie politisch verstand. Aus seinem Herrscheramt leitete er den Anspruch und die Pflicht ab, auch in der Religion verbindliche Weisungen zu erteilen; das bewies er in Spanien ebenso wie im Reich. Dissens in religiösen Fragen erschien ihm daher als Aufbegehren gegen sein Recht als Herrscher und als Verstoß gegen die religiöse und politische Ordnung, die zu wahren ihm aufgegeben war. Den religiösen Dissens als gleichsam dauernde Ordnungswidrigkeit hinzunehmen oder gar zu legalisieren, hätte für Kaiser Karl V. das Scheitern seines herrscherlichen Amtes überhaupt bedeutet. Er dankte wahrscheinlich unter anderem deshalb ab, weil er es nicht mit seinem Amtsverständnis vereinbaren konnte, die Existenz mehrerer christlicher Konfessionen in seinem Herrschaftsbereich zu akzeptieren.

Diesen Schritt, der im Reich zum Frieden zwischen den Konfessionen führte, überließ er seinem Bruder Ferdinand. In einer umfassenden Vollmacht wies Karl ihn ausdrücklich an, auf dem Reichstag, der in Passau vereinbart worden war, nicht auf den Kaiser Rücksicht zu nehmen (siehe **Quelle**).

Brief Karls V. an Ferdinand, Brüssel, 8./10. Juni 1554
Zitiert nach: Kohler, Alfred (Hrsg.): Quellen zur Geschichte Karls V. (Ausgewählte Quellen zur deutschen Geschichte der Neuzeit, Freiherr vom Stein-Gedächtnisausgabe XV), Darmstadt 1990, S. 453; 455.

Monseigneur, mein guter Bruder. [...] Meine Kommissare werden dort [d. h. auf dem kommenden Reichstag] keine andere Funktion haben[,] als Ihnen behilflich zu sein und alles, was man kann, zum Wohle des hl. Reichs beizutragen, ohne sich weiter in die zu bestimmenden und zu beschließenden Agenden [d. h. Punkte der Tagesordnung], was ich ihnen und den besagten Ständen überlasse, einzumischen. Darunter verstehe ich, dass Sie in meiner Abwesenheit als röm. Kg. auftreten[,] und zwar so, wie Sie handeln würden, wenn ich in Spanien wäre. Um Ihnen ehrlich den Grund dafür zu sagen[,] wie es sich unter Brüdern gehört, wobei ich Sie bitte, sich keinen anderen einbilden zu wollen; es ist nur in Rücksicht auf die Religion, weswegen ich die Hemmungen habe, die ich Ihnen mündlich in allen Einzelheiten und ausführlich erklärt habe [...]

Der Reichstag fand 1555 in Augsburg statt. Sein wichtigstes Ergebnis war der nach dem Entstehungsort benannte Augsburger Religionsfriede. Eingebettet in eine umfassende Formulierung des Landfriedens, d. h. des Friedens zwischen den Reichsständen, steht der Paragraph zum Religionsfrieden. Er legte fest, dass kein Stand des Reichs um der Religion willen bedrängt, verklagt oder gar bekriegt werden dürfe. Eine Auseinandersetzung wie der Schmalkaldische Krieg sollte damit künftig ausgeschlossen sein. Daran hielten sich die Reichsfürsten übrigens so konsequent, dass der Friede 65 Jahre lang hielt, länger als jeder andere Friede auf deutschem Boden bis zum heutigen Tag. Alle in Religionsangelegenheiten anhängigen Prozesse wurden sistiert. Die Konfessionenfrage ging fortan nicht mehr, wie Karl V. es gewollt hatte, das gesamte Reich und den Kaiser an, sondern war zur Sache der Reichsstände geworden. Daraus ergab sich das Territorialkirchen-Prinzip, das erst später prägnant formuliert worden ist in dem Satz: *Cuius regio, eius religio* – der Landesherr bestimmt das Bekenntnis seiner Untertanen. Wer sich der landesherrlichen Konfession nicht beugen wollte, sollte nach freiem Verkauf seines Besitzes auswandern dürfen. Das war die erste Formulierung eines „Grundrechts mit Verfassungsrang" für das Heilige Römische Reich (siehe **Quelle**).

Geistliche Fürsten, die Protestanten werden wollten, durften nur für ihre Person konvertieren, mussten aber auf ihre Herrschaft verzichten. Diese Bestimmung des Augsburger Religionsfriedens hieß „Geistlicher Vorbehalt". Er lief darauf hinaus, dass der Besitz der alten Kirche erhalten bleiben und sich an ihrer verfassungsrechtlichen Stellung als Reichskirche sowie an den Sitz- und Stimmenverhältnissen der Konfessionen auf dem Reichstag nichts ändern sollte. Als ein gewisser Ausgleich für den Geistlichen Vorbehalt sagte König Ferdinand zu, dass Ritter, die im Gebiet eines geistlichen Fürstentums lebten und Protestanten waren, bei diesem Bekenntnis bleiben dürften. Diese Zusage, die so genannte *Declaratio Ferdinandea*, gehörte aber nicht zum Reichsabschied, sondern wurde ihm nur angehängt. Die katholischen Reichsstände hielten sie für völlig unverbindlich, stritten aber in der ersten Zeit auch nicht darum. Für die Reichsstädte galt das Gebot konfessioneller Einheitlichkeit grundsätzlich nicht; sie mussten konfessionelle Minderheiten dulden. Umstritten war, ob die Reichsstädte selbst nach dem Religionsfrieden zur Reformation übergehen dürften; darum gab es in der zweiten Hälfte des Jahrhunderts einige Konflikte, z. B. in Aachen.

Auswanderungsrecht nach dem Augsburger Religionsfrieden
Zitiert nach: Zeumer, Karl (Hrsg.): Quellensammlung zur Geschichte der Deutschen Reichsverfassung in Mittelalter und Neuzeit (Quellensammlungen zum Staats-, Verwaltungs- und Völkerrecht, Zweiter Band), Tübingen 1913, S. 346. Übersetzung aus dem Frühneuhochdeutschen: E.-B. Körber

§ 24. Wenn aber Unsere Untertanen oder die der Kurfürsten, Fürsten und Stände, Bekenner der alten Religion oder der Augsburgischen Konfession, es wünschen sollten, wegen dieser ihrer Religion aus Unsern Ländern, Fürstentümern, Städten oder Flecken oder denen der Kurfürsten, Fürsten und Stände des H. [= Heiligen] Reichs mit ihren Frauen und Kindern an andere Orte zu ziehen und sich niederzulassen, so soll jedem von ihnen dieser Ab- und Zuzug sowie der Verkauf ihres Hab und Guts ungehindert zugelassen und bewilligt sein, nach rechtlicher angemessener Ablösung der Leibeigenschaft und Zahlung der Nachsteuer, wie es am jeweiligen Ort von alters her üblich, hergebracht und gehalten worden ist, auch sollen sie es an ihren Ehren und Pflichten in keiner Weise entgelten müssen. Doch soll den Obrigkeiten hierdurch nichts an den hergebrachten Rechten geschmälert oder genommen sein, die sie über Leibeigene haben, sie freizulassen oder nicht.

Der Religionsfrieden galt nur für „Augsburgische Konfessionsverwandte", also Lutheraner. Reformierte in der Nachfolge Zwinglis und Calvins waren nicht ausdrücklich gemeint, aber auch nicht ausdrücklich ausgeschlossen, da sie sich als Anhänger einer 1540 formulierten *Confessio Augustana variata* verstanden und bezeichneten.

Umstritten waren und blieben die von Obrigkeiten eingezogenen und zu weltlichem Gut gemachten („säkularisierten") Kirchengüter. Der Augsburger Religionsfriede legalisierte die Säkularisationen grundsätzlich, mit einer kompliziert formulierten Ausnahme: Der Besitz geistlicher Reichsstände (z. B. der geistlichen Kurfürsten, Reichs-Erzbischöfe oder Reichsabteien) durfte nicht säkularisiert werden, außer wenn das vor 1552 „oder seither" bereits geschehen war (siehe **Quelle**).

Augsburger Religionsfriede, § 19
Zitiert nach: Köpf (Hrsg.), Deutsche Geschichte in Quellen und Darstellung, Bd. 3, S. 478.
Übersetzung aus dem Frühneuhochdeutschen: E.-B. Körber

Weil aber einige Stände [des Reichs] und ihre Vorfahren einige Stifter, Klöster und andere geistliche Güter eingezogen und sie für Kirchen, Schulen, Fürsorgewerke und zu anderen Zwecken verwendet haben, sollen diese eingezogenen Güter in dieses Friedensabkommen eingeschlossen und einbezogen sein, sofern sie nicht zu denen gehören, die dem Reich unmittelbar unterstehen und Reichsstände sind, und sofern die Geistlichen sie zurzeit des Passauschen Vertrags oder seither nicht in Besitz (Possession) gehabt haben, und [es soll in diesen Fällen] bei der [jeweiligen] Anordnung bleiben, wie es jeder Stand mit den erwähnten eingezogenen und [zu anderen Zwecken] verwendeten Gütern gemacht hat, [...]

Beide Konfessionsparteien legten diesen Passus und insbesondere die Worte „oder seither" jeweils in ihrem Interesse aus. Die Protestanten wollten den Zeitraum „seither" in die Zukunft verlängern und sahen Säkularisationen unbegrenzt als rechtmäßig im Sinne des Religionsfriedens an. Die Katholiken sahen über die zwei Worte „oder seither" völlig hinweg und verlangten die Rückgabe aller nach 1552 säkularisierten Kirchengüter. Konflikte gab es also auch nach dem Religionsfrieden. Aber die Streitenden mussten diese Konflikte rechtlich, also friedlich lösen, sodass ein solcher Streit nicht mehr das gesamte Reich beschäftigen musste, sondern nur noch die Konfliktparteien – und ein paar beteiligte Juristen.

Der Augsburger Religionsfrieden brachte also die rechtliche und politische Lösung der konfessionellen Konflikte im Reich, allerdings auf Kosten der religiösen Einheit. Diesen Preis hatte Karl V. nicht zahlen wollen. Der Friede ebnete den Weg für den weiteren Ausbau des Territorialkirchentums, wie es sich in den folgenden Jahrzehnten entwickeln sollte. Der Kaiser wollte diese Entwicklung nicht verantworten und zog sich aus dem Reich zurück. Er nahm an dem Reichstag nicht mehr teil, sondern reiste nach Brüssel, wo er 1555/56 in mehreren Schritten seine Abdankung vollzog. Ferdinand dagegen, obwohl er wie sein Bruder loyal zur alten Kirche stand, fand weniger dabei, sich mit der konfessionellen Spaltung im Reich zu arrangieren. Die Fürsten des Reichs hatte er sich längst durch klugen Respekt vor ihren Rechten verpflichtet. Für den Abschluss des Reichstags glaubte Ferdinand noch den kaiserlichen Rückhalt zu brauchen, deshalb verschwieg er Karls Abdankung, obwohl sie bei Abschluss des Reichstags bereits vollzogen war. Erst nach dem Ende des Reichstags gab Ferdinand sie offiziell bekannt. 1558 setzte ihn eine Versammlung der Kurfürsten in aller Form zum Nachfolger seines Bruders ein.

4. Die österreichischen Erblande, Böhmen, Ungarn und die Osmanen

a) Äußere Konsolidierung des Habsburger Besitzes

1485	Matthias Corvinus erobert Wien
1490	Rücktritt Sigmunds von Tirol (16. März)
	Tod des Matthias Corvinus (6. April)
1491	Friede von Pressburg November): Erbrecht der Habsburger auf Ungarn
1500	Besetzung der Grafschaft Görz
1508–13	Venezianerkrieg: Eroberung einiger venezianischer Besitzungen
1515	Habsburgische Doppelhochzeit
1520–34	Württemberg habsburgisch
1521	Osmanen erobern Belgrad
1526	Schlacht bei Mohács in Ungarn; der größte Teil Ungarns wird türkisch
1529	Türken vor Wien
1540	Tod Johann Zápolyas; sein Sohn wird zum ungarischen König erhoben
1547	Ende des habsburgisch-türkischen Kriegs

„Er erwies sich als Meister jeder Lage, vorausgesetzt, sie erschien hoffnungslos", schrieb Hellmut Diwald über Kaiser Friedrich III. Gegen Ende des 15. Jahrhunderts sahen die politischen Perspektiven für die österreichischen **Erblande** in der Tat hoffnungslos aus.

Erblande
Als Erblande werden diejenigen Teile des Reichs bezeichnet, in denen die Habsburger kraft Erbrechts Landesherren waren.

Wien war 1485 von den Ungarn unter ihrem König Matthias Corvinus (1459–1490) eingenommen worden, Niederösterreich, Steiermark und große Teile Kärntens fielen den Ungarn zu. Auch Tirol drohte den Habsburgern verloren zu gehen, weil Erzherzog Sigmund, Graf von Tirol (1477–1496), ein Vetter Kaiser Friedrichs, sein Land verkaufen wollte, denn er hatte zwar vierzig uneheliche Kinder, aber keinen legitimen Erben. Der Verlust Tirols hätte die Habsburger sehr geschmerzt, denn es war das reichste der verbliebenen Länder, reich durch seine Silber- und Kupfervorkommen. Die übrigen **österreichischen Länder** aber wirkten als Hausmacht eines Kaisers geradezu lächerlich, noch dazu, da einige von ihnen von den Ungarn besetzt waren.

Die österreichischen Länder
Erzherzogtum Österreich unter der Enns; Erzherzogtum Österreich ob der Enns – im 16. Jahrhundert war unklar, ob es sich um „ain Erzherzogtum und zway landt" oder um zwei Erzherzogtümer handelte. Herzogtum Steiermark; Herzogtum Kärnten; Herzogtum Krain; Grafschaft Görz (1500 erworben und zum Teil zu Tirol geschlagen); Grafschaft Tirol; Herrschaften im Breisgau, Sundgau, Schwarzwald und im Elsass; einzelne Herrschaften in Schwaben, z. B. Markgrafschaft Burgau; einzelne Herrschaftsrechte (z. B. Gerichtsbarkeit) in schwäbischen Gebieten.
Neben den Länderbezeichnungen gibt es Bezeichnungen für österreichische Ländergruppen, deren Zusammensetzung aber nicht einheitlich gesehen wurde. Die fünf Länder Österreich ob und unter der Enns, Steiermark, Kärnten und Krain werden unter der Bezeichnung „Niederösterreich" zusammengefasst; Steiermark, Kärnten, Krain und die Grafschaft Görz

können zusammenfassend „Innerösterreich" genannt werden. Für die Herrschaften im Elsass, Sundgau, Breisgau und Schwarzwald bürgerte sich im 18. Jahrhundert die Bezeichnung „Vorderösterreich" ein; vorher hießen sie die „vorderen Lande" oder „Vorlande". Die vorderen Lande und Tirol wurden zusammenfassend „Oberösterreich" genannt. Die Herrschaften in Schwaben und vor dem Arlberg hießen „außer österreichische Lande".

Im 19. Jahrhundert hat man Kaiser Friedrich III. den Spottnamen „des Heiligen Römischen Reichs Erzschlafmütze" verliehen, weil er für geduldiges Zuwarten mehr Geschick gehabt habe als für schnelle Entscheidungen. Wenn man bedenkt, wie mühsam damals Söldnerheere buchstäblich zusammengetrommelt werden mussten und wie viel Geduld es kosten konnte, einen Land- oder Reichstag zu den entsprechenden Geldbewilligungen zu bewegen, wundert man sich nicht mehr so sehr über angebliche Langsamkeit. Wichtiger war, dass der Kaiser wusste, was er wollte und worauf es für ihn ankam. Schrittweise, mit zäher Geduld, befreite er sich und seine Länder aus ihrer hoffnungslosen Lage. Auch Möglichkeiten, die sich kurzfristig ergaben, wusste er dabei zielsicher und nicht gerade „schlafmützig" zu nutzen.

Der Aufstieg begann vielleicht damit, dass es dem Kaiser 1486 gelang, seinen Sohn Maximilian auf dem Reichstag in Frankfurt zum Römischen König und Nachfolger wählen zu lassen. Das stabilisierte seine Herrschaft, obwohl das Reich in den folgenden Jahren eher eine Last als eine Hilfe für die Politik in den Erblanden war. Aber Friedrich und seine Nachfolger sahen die Erblande und das Reich als Einheit, dachten also von vornherein **imperial**.

1490 konnte Maximilian, der künftige Erbe des Hauses, seinen Verwandten Sigmund von Tirol dazu überreden, auf die Herrschaft zu verzichten und damit die Einheit der habsburgischen Länder zu wahren (16. März 1490). Kurz darauf starb König Matthias Corvinus (6. April). Ungarn war ein Wahlreich, der König musste von den Adligen des Landes gewählt werden. Maximilian bewarb sich um die Krone; aber die Stände wählten den König von Böhmen, Władisław (auch Ladislaus oder Wenzel, 1490–1516), weil er sich bereit erklärt hatte, die Königinwitwe Beatrix (?–1508) zu heiraten. Kaiser Friedrich nutzte die Möglichkeit, dass sein Sohn im Lande und ein fähiger Feldherr war. Maximilian eroberte im Herbst 1490 Wien und die übrigen von den Ungarn besetzten Gebiete zurück und stieß sogar nach Ungarn vor, scheiterte aber am Eingreifen des Königs von Polen, Kasimirs IV. (1444–1492). Im November 1491 schloss der Kaiser mit Władisław den Frieden von Pressburg. Kraft dieses Friedensvertrages sagte Władisław zu, falls er ohne Erben stürbe, das ungarische Königtum an Maximilian zu vererben. Das war zwar nach ungarischem Recht nicht möglich, weil der König gewählt werden musste, aber es kam den Habsburgern wohl vor allem darauf an, den Anspruch auf die ungarische Krone anzumelden. Zu diesem Zweck ließ sich Maximilian zusichern, dass er den Titel eines Königs von Ungarn annehmen dürfe. Władisław versprach ferner, sich auch für das Erbrecht der Habsburger in Böhmen einzusetzen – obwohl die böhmischen wie die ungarischen Könige gewählt werden mussten.

Die „imperiale" Devise Friedrichs III.
Als eine Art von Geheimzeichen für die imperialen Vorstellungen Kaiser Friedrichs III. wird seine Devise „AEIOU" angesehen, die man in seinen Aufzeichnungen vielfach findet. Sie wird gedeutet als *Austriae est imperare omni universo* (Es kommt Österreich zu, der ganzen Welt zu befehlen) oder „Alles Erdreich ist Oesterreich untertan". Die Zeitgenossen fanden allerdings auch schon spöttische Deutungen wie „Aller erst ist Oesterreich verloren", anspielend auf die verzweifelte Lage Österreichs vor 1490.

In den nächsten Jahren nutzte Maximilian jede Gelegenheit, das Habsburgerreich oder seine Ansprüche zu vergrößern. Z.B. intervenierte er beim Papst, um zu verhindern, dass Władisław von Böhmen seine bisher kinderlose Ehe scheiden lassen könnte – Maximilian glaubte, dann schneller an das ungarische Erbe zu kommen. Er hatte allerdings keinen Erfolg. 1500 ließ er die Grafschaft Görz besetzen, auf die er nach dem Aussterben des Grafenhauses Erbansprüche hatte. Venedig, das ebenfalls Ansprüche auf Teile der Grafschaft erhob, konnte nicht eingreifen, weil es durch einen Krieg gegen die Türken gebunden war (1497–1503).1505 nutzte Maximilian einen Konflikt in Ungarn, um seine Ansprüche auf den ungarischen Thron zu bekräftigen. Schließlich nahm er in dem langen Krieg gegen Venedig (1508–1513) einige venezianische Gebiete ein und schlug sie Tirol zu.

Im Jahre 1505 war König Władisław schwer krank geworden. In diesem für eine Monarchie kritischen Moment erhob sich eine Gruppe von Adligen unter Führung Johann Zápolyas (1487–1540) gegen den König und erklärte, sie erkenne den Pressburger Vertrag nicht mehr an. Maximilian drang daraufhin nach Ungarn vor, schloss aber rasch Frieden, als Władisław sich erholt hatte. Im Geheimen vereinbarten Władisław und Maximilian 1506 eine Doppelhochzeit zwischen der böhmisch-ungarischen und der Habsburger Dynastie – zu einer Zeit, als der ungarische Thronfolger zwar erwartet wurde, aber noch nicht geboren war. Die Geburt des ungarischen Prinzen Ludwig (1506) löste dann erst recht hektische diplomatische Aktivitäten aus. Denn um die geplante Hochzeit ins Werk setzen zu können, musste Maximilian den diplomatischen Widerstand der polnischen Dynastie der Jagiellonen brechen. Dazu brachte er in langen Verhandlungen eine große europäische Koalition zustande, in der Christian II. von Dänemark (1481–1559, König von Dänemark 1513–1524) ein wichtiger Bündnispartner der Habsburger war. Zur Bekräftigung des Bündnisses erhielt er 1515 eine Schwester Karls V., Isabella (1501–1526), zur Frau.

1515 war auch König Sigismund I. von Polen (1506–1548) mit der Doppelhochzeit einverstanden, und sie konnte *per procurationem* – das bedeutet, in Abwesenheit einiger der vorgesehenen Ehepartner – rechtswirksam geschlossen und öffentlich verkündet werden. Allerdings waren die bei dieser Zeremonie „Verheirateten“ noch Kinder. Ludwig, der spätere König Ludwig II. von Böhmen und Ungarn, heiratete die habsburgische Prinzessin Maria (1505–1558). Für die ungarische Prinzessin Anna (1503–1547) stand der Ehepartner noch nicht fest: Sie sollte entweder Ferdinand oder Karl heiraten. Nur wenn keiner der beiden Brüder dazu bereit wäre, sollte Maximilian selbst mit ihr die Ehe schließen. Beide Ehepaare setzten einander wechselseitig zu Erben ein, falls sie selbst keine Nachkommen hätten. So war das Recht der Habsburger auf das ungarische Erbe in jedem Fall gesichert. Das Schicksal der Prinzessin Anna entschied sich allerdings bald: Da Karl die Hand Annas ausschlug, wurde sie Ferdinand (dem Bruder Karls, dem späteren Kaiser Ferdinand I.) zugedacht. Sie feierten 1521 Hochzeit in Linz.

Eine Arrondierung des Habsburger Territoriums bewerkstelligte Kaiser Karl 1520 – er erwarb Württemberg für die Habsburger. Das kleine und arme Territorium verdankte seine Krise hauptsächlich seinem Landesherrn, dem temperamentvollen und unbeherrschten Herzog Ulrich (1487–1550). Er verbrauchte riesige Summen Geldes, die er zum Teil für Kriege aufwandte, um, wie viele andere Herrscher seiner Zeit, sein Territorium zu vergrößern. 1519 überfiel er die Reichsstadt Reutlingen ohne Kriegsgrund oder Fehdeansage. Dadurch brachte er den Schwäbischen Bund gegen sich auf, den kaiserlichen Kriegsbund im deutschen Südwesten, und wurde im April 1519 militärisch besiegt und vertrieben. Es scheint nicht bekannt zu sein, wer in der Umgebung Kaiser

Karls die Anregung aufbrachte, er solle diese Situation ausnutzen und das Herzogtum Württemberg für die Habsburger einziehen. Jedenfalls griff Karl sofort zu – auch wenn er dafür die Kriegskosten des Schwäbischen Bundes von 210000 Gulden aufbringen, das heißt, von den Augsburger Fuggern leihen musste (1520). Wahrscheinlich hoffte er, durch die Eingliederung **Württembergs** eine bessere Verbindung zwischen den zerstreuten Herrschaften Vorderösterreichs und den übrigen Erblanden herzustellen.

Habsburg und Württemberg
Kaiser Karl wollte das Land noch fester an die Habsburger binden, indem er es 1530 als Lehen an Ferdinand vergab. Herzog Ulrich blieb allerdings auch nicht untätig. 1525 versuchte er, als „Utz Bur" an der Spitze eines Bauernheeres sein Land zurückzuerobern, was ihm aber nicht gelang. Daraufhin sagte ihm Philipp von Hessen Unterstützung zu; und 1534 führte er ihn mit militärischer Hilfe des Schmalkaldischen Bundes in sein Land zurück (Schlacht bei Lauffen am Neckar, 12. Mai 1534). Herzog Ulrich führte sofort die Reformation ein, und sie prägte das Land so stark, dass es bald als „das protestantische Spanien" galt. Rechtlich hielt Herzog Ulrich das Land nur als „Afterlehen" (weiterverliehenes Lehen) der Habsburger, aber diese Lehensabhängigkeit wurde bald wieder vergessen; die Habsburger gaben Württemberg faktisch auf.

König Ludwig II. von Ungarn und Böhmen (1516–1525) regierte glanzvoll und prachtliebend, vernachlässigte aber die Gefahr, die ihm von Angriffen des osmanischen Sultans Süleyman des Prächtigen (1520–1566) drohte. Sein Vorgänger Selim I. hatte sich auf Eroberungen in Zentralasien und Nordafrika konzentriert. Die Eroberung von Belgrad (1521) und Rhodos (1522) war ein Warnzeichen, dass Süleyman die Eroberungspolitik nach Westen wieder aufnehmen würde. Zwar hatte schon Maximilian die gefährdete Grenze zum osmanischen Gebiet in Kärnten und Krain mit Festungen und Vorratslagern ausbauen lassen. Es war aber dennoch zweifelhaft, ob diese Maßnahmen für eine wirkungsvolle Verteidigung ausreichen würden. Weder Ferdinand noch Ludwig II. verfügten über zureichende Geldmittel für einen Krieg. Ferdinand sammelte Söldner zunächst zur Landesverteidigung. Als er 1526 auch die Stände des Reichs um Unterstützung gegen die Osmanen anging, musste er auf dem Speyrer Reichstag die genannten religiösen Zugeständnisse machen. Auch vom Papst erhielten Ferdinand und Ludwig II. militärische Hilfe, da der Krieg gegen die Osmanen damals immer als Christenpflicht aufgefasst wurde. In der Schlacht von Mohács am 29. August 1526 griffen die Christen das osmanische Heer an. Sie glaubten, es nur mit der Vorhut zu tun zu haben; in Wahrheit trafen sie auf ein mehr als dreifach überlegenes osmanisches Heer (70000 gegenüber 20000 Mann) und erlitten eine katastrophale Niederlage. In weniger als einer Stunde waren sie völlig auseinander getrieben. König Ludwig II. kam auf der Flucht ums Leben – angeblich, weil sein Pferd an einem Bach ausglitt und er ertrank; es wurde aber auch berichtet, er sei von einem Mitglied der Familie Zápolya erstochen worden. Da Ludwig keine Nachkommen hatte, beanspruchten Ferdinand und Anna das Erbe Böhmens und Ungarns aufgrund der Erbverträge von 1515.

Diesen Anspruch aber nahmen die Stände Böhmens und Ungarns nicht unwidersprochen hin. Sowohl Böhmen als auch Ungarn waren ja Wahlreiche; die Stände konnten also zu Recht erklären, dass ein Erbvertrag sie nicht binde, wer auch immer ihn ausgehandelt hätte. Überdies waren die Erbverträge zugunsten Habsburgs den Ständeversammlungen nicht ausdrücklich bekannt gegeben worden, die Stände hatten ihnen auch nicht zugestimmt. Daher setzten die Stände eine freie Königswahl an. In Böhmen kandidierten ein bayerischer Herzog und ein französischer Prinz gegen den Habsburger. Aber die Gesandten Ferdinands gewannen die Oberhand durch geschickte Ver-

Stammbaum der Habsburger (österreichische Linie, vereinfacht); fett ausgezeichnet sind die regierenden Kaiser

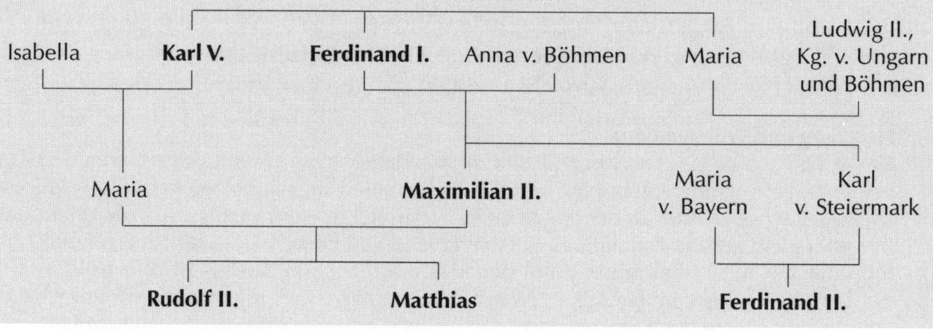

handlung und Bestechung – übrigens mithilfe Fugger'schen Kapitals: Sie versprachen dem Anführer der Opposition, Lew von Rozmitál, seine persönlichen Schulden zu übernehmen, wenn er für Ferdinand stimme. Schließlich fiel die Wahl einstimmig für Ferdinand aus (22. Oktober 1526), und er wurde am 24. Februar 1527 in Prag zum König von Böhmen gekrönt.

In Ungarn wählten die Adligen nach dem Tod König Ludwigs auf einem Reichstag in Stuhlweißenburg den siebenbürgischen Adligen Johann Zápolya zum König (10. November 1526) und krönten ihn mit der Heiligen Stephanskrone. Eine Minderheit entschied sich am 17. Dezember 1526 in Pressburg für Ferdinand. Beide Parteien führten Krieg gegeneinander, der sich erst im folgenden Jahr zugunsten Ferdinands entschied. Am 20. August 1527 nahm er die Stadt Ofen ein, am 3. November empfing er selbst in Stuhlweißenburg die Stephanskrone und übernahm damit als legitimer König das beanspruchte Erbe.

Als König von Ungarn hatte Ferdinand nun für die Verteidigung der Grenze gegen die Osmanen zu sorgen. Das war ein schwieriges und aufwändiges Geschäft. Die Osmanen waren militärisch meist überlegen, weil sie über ein diszipliniertes Berufsheer verfügten, die **Janitscharen**truppe.

Janitscharen
Die Osmanen rekrutierten in unregelmäßigen Abständen begabte Jungen aus den christlichen Balkanvölkern. Dieses Verfahren hieß „Knabenlese" (türk.: *devshirme*). Die Ausgewählten wurden in anatolischen Familien zwangsweise islamisch erzogen und zur Ehelosigkeit verpflichtet. Dafür konnten sie in Armee und Verwaltung des Osmanischen Reichs aufsteigen. Sie bildeten unter anderem die Elitetruppe der so genannten Janitscharen.

Allenfalls die spanische Infanterie, die ebenfalls ein Berufsheer war, kam den Osmanen an Kriegserfahrung gleich. Zudem hatte im osmanischen Heer der Sultan die absolute Kommandogewalt, anders als bei den meisten christlichen Herrschern Europas, die ihren Truppenführern große Selbstständigkeit gewährten, oft auch gewähren mussten, weil die Söldnerführer gleichsam als militärische Subunternehmer tätig waren und die Anwerbung der Söldner vorfinanzierten. Im Gegensatz zum ständigen Heeresaufgebot der Osmanen mussten im christlichen Europa Söldner aus vielen Ländern für jeden Kriegszug einzeln angeworben werden, sodass die Vorbereitung eines Krieges lange dauerte und von vielen Zufällen abhing. Daher riefen die osmanischen Truppen in Mitteleuropa Schrecken hervor, sowohl durch ihre Übermacht als auch durch ihre überraschenden Vorstöße. Gräuelgeschichten und Warnungen vor „dem Türken" kursierten als Flugschriften; und wie in der religiös geprägten Zeit selbstverständlich, wurden die Osmanen auch als Feinde des christlichen Glaubens gefürchtet. Seit ihrem ersten Vorstoß nach Ungarn 1526 betrachteten sie Ungarn als erobertes Gebiet; denn erobert war nach damaliger osmanischer Auffassung alles, was der Huf des Sultanspferdes berührt hatte. Daher unternahmen sie immer wieder Vorstöße in habsburgisches Gebiet und erkannten habsburgische Rückeroberungen nicht an. Die Habsburger mussten deshalb beinahe ständig gegen die Osmanen Krieg führen und sich einen auch nur temporären Frieden durch hohe Tributzahlungen erkaufen. Krieg und Frieden stellten Ferdinand vor beinahe gleich schwere Aufgaben.

Die unmittelbare Grenzverteidigung in Ungarn übernahmen ungarische und kroatische Adlige und Bauern; den Bauern sicherte Ferdinand als Gegenleistung die persönliche Freiheit zu. Für größere militärische Unternehmungen musste er Hilfe erbitten. Von Spanien bekam er sie aus Habsburger Familiensolidarität und deshalb, weil Karl V. den Kampf gegen die Osmanen als Feinde der christlichen Kirche als eine wichtige Aufgabe seines kaiserlichen Amtes ansah. „Türkenhilfe" aus dem Reich musste von den Reichsständen auf Reichstagen erbeten werden, und die Reichsstände ließen sich dafür mit der Erweiterung ihrer Rechte bezahlen. Im frühen 16. Jahrhundert verlangten sie vor allem Zugeständnisse in konfessionellen Fragen. So stehen die meisten konfessionellen Zugeständnisse im Zusammenhang mit der osmanischen Bedrohung. 1529 standen „die Türken" vor Wien; und Ferdinand musste, weil er die Türkenhilfe brauchte, die Protestation auf dem Zweiten Speyrer Reichstag hinnehmen. 1532 nötigte ein erneuter Vorstoß der Osmanen den Kaiser zum „Nürnberger Anstand", der nach Ablauf seiner Befristung auf sieben Jahre 1539 im „Frankfurter Anstand" verlängert wurde. In ähnlicher Weise musste Ferdinand auch seinen Landständen konfessionelle Zugeständnisse machen, weil er auf ihre Militärhilfe und finanzielle Unterstützung angewiesen war. Diese Zugeständnisse wurden nicht schriftlich fixiert, aber Ferdinand duldete es, dass viele Adlige seiner Länder sich der Reformation zuwandten. Sie leisteten zwar in der Regel bereitwillig Hilfe, wenn sie unmittelbar von türkischen Angriffen bedroht waren, sonst aber hielten sie sich so weit wie möglich zurück und versuchten, Geldbewilligungen zu vermeiden oder herunterzuhandeln. Ferdinand bemühte sich nach Kräften vorausschauend um die Landesverteidigung, ließ Waffen, Geschütze und Munition in Zeughäusern sammeln und aufbewahren und Pulvertürme zur Lagerung von Schießpulver bauen. Aber dadurch wurden seine Länder nicht prinzipiell und ständig verteidigungsbereit. Die Landesverteidigung blieb in jedem Kriegsfall eine Sache der Improvisation.

Um das Erbe Ungarns musste Ferdinand noch lange kämpfen, und es blieb den Habsburgern nicht in vollem Umfang erhalten. Nach dem Tod Johann Zápolyas 1540 erhob eine Gruppe ungarischer Adliger seinen Sohn Johann Sigismund Zápolya (1540–1571) zum König. Die Osmanen unterstützten ihn, um ihren Einfluss in Ungarn zu verstärken. Ferdinand wagte einen Krieg, der erst 1547 zu Ende ging. Der Friedensschluss besiegelte einen jedenfalls geografisch-politisch merkwürdigen Zustand Ungarns: Der östlichste Teil (Siebenbürgen) fiel an Johann Sigismund Zápolya, der dafür in ein vasallenähnliches Abhängigkeitsverhältnis zu den Osmanen trat. Der mittlere Teil Ungarns stand unter unmittelbarer Herrschaft der Osmanen. Nur ein schmaler Landstreifen des westlichen Ungarn, der nach heutigen Begriffen von der Slowakei bis Kroatien reichte, blieb den Habsburgern; er hieß fortan das „Königliche Ungarn", weil Ferdinand es als König beherrschte.

b) Innere Konsolidierung

Wie in den äußeren Verhältnissen, so mussten Friedrich III. und Maximilian auch bei der inneren Organisation ihrer Herrschaft von Grund auf neu beginnen. Demgemäß gestaltete sich die „Regierung", die Technik der Herrschaft, zunächst sehr einfach. Der Kaiser behandelte mit seiner Hofregierung zugleich die Angelegenheiten Österreichs und des Reichs. Diese undifferenzierte Organisationsstruktur genügte aber auf die Dauer nicht den vielfältigen Aufgaben des Kaisertums. Maximilian reorganisierte 1497/98 die obersten Behörden für die Erblande und das Reich. Er schuf damit eine Grundstruktur der Verwaltungsorganisation, die bis ins 18. Jahrhundert bestehen bleiben sollte.

Die Zentralbehörde war nach der Behördenreform der Hofrat, er fungierte sowohl als Regierungsbehörde als auch als Gericht. Ihm zugeordnet wurden die Hofkammer, die für die Rechnungs- und Finanzsachen zuständig war, und die Hofkanzlei, die den Schriftverkehr übernahm. Alle diese Behörden saßen in Innsbruck, nur einige Mitarbeiter der Hofkanzlei begleiteten den Kaiser gelegentlich auf Reisen. Der österreichische Hof unter Maximilian war also nur mehr zum Teil ein reisender Hof; **Innsbruck** entwickelte sich zu einer Art von Zentrale oder Hauptstadt.

Neben diesen „zentralen" Behörden gab es solche mit regionaler Zuständigkeit, etwa das „Regiment" für die niederösterreichischen Länder in Wien und ab 1506 das Regiment für Vorderösterreich in Ensisheim. Sie waren aber den Innsbrucker Behörden nicht streng untergeordnet, sondern konnten auch unmittelbar vom Kaiser Aufträge bekommen. So übernahm z. B. das Wiener Regiment Aufgaben in der Habsburger Heiratspolitik im Auftrag des Kaisers, während es sich in Finanzfragen nach den Vorgaben der Hofkammer in Innsbruck richten musste. Die Innsbrucker „Zentral"-Behörden agierten auf drei Ebenen zugleich: Sie waren zuständig für die Reichspolitik des Kaisers, für die Erblande insgesamt und für Oberösterreich regional.

Innsbruck
Von der herausragenden Stellung Innsbrucks unter Maximilian spricht das Lied, das den Abschied von dieser Stadt als Exil interpretiert:
„Innsbruck, ich muss dich lassen / ich fahr dahin mein' Straßen / in fremde Land dahin. / Mein' Freud' ist mir genommen / die ich nit weiß bekommen / Weil ich im Elend [= Ausland, Exil] bin".
Die Vertonung des Liedes von Heinrich Isaac (um 1450–1517) wurde sehr bekannt und diente anderen Liedern als Melodiegrundlage (z. B. „Nun ruhen alle Wälder").

Wie in anderen europäischen Staaten der Zeit, waren es auch für Österreich die Kriege und Kriegsvorbereitungen, die Maximilian nötigten, seit Beginn seiner Regierung stärker auf die unteren Ebenen durchzugreifen und die finanziellen Hilfsquellen seiner Länder auszunutzen. Dabei setzte er sich zuweilen gezielt über ständische Rechte hinweg. Insbesondere von Tirol forderte er hohe Steuern, um seine Italienpolitik verfolgen zu können. Die Summen schrieb er den Ständen zum Teil kurzerhand vor, statt zu verhandeln; wer die Bezahlung verweigerte oder verzögerte, wurde mit noch höheren Steuerforderungen bestraft. Wollten die Stände hohe Geldausgaben vermeiden, blieb ihnen nur noch das Mittel übrig, die Zahlungen zu verschleppen, womit sie den Kaiser gelegentlich in Schwierigkeiten brachten, besonders während des kostspieligen Venezianerkriegs. Große Summen bezog der Kaiser aus dem Kammergut (so nannte man in

Österreich den eigenen Landbesitz der Habsburger) und aus dem Vermögen der Kirche; „Pfaffenhab ist unser Kammergut" soll Maximilian das Verhältnis zur Kirche des Landes fiskalisch beschrieben haben. Außerdem verbesserte Maximilian die Kontrollen im Finanzwesen seiner Länder und führte eine regelmäßige Abrechnung ein. Alle diese Maßnahmen sollten es in höherem Maße als bisher sicherstellen, dass der Reichtum der Länder tatsächlich auch der landesherrlichen Politik zugute käme.

In seinem Testament vermachte Maximilian die Erblande seinen Enkeln Karl und Ferdinand. Allerdings konnte zunächst keiner der vorgesehenen Landesherren das Land selbst besuchen. Karl befand sich erst noch in Spanien, dann zur Kaiserwahl und zum Wormser Tag im Reich. Ferdinand lebte seit seiner unfreiwilligen Abreise aus Spanien in Mecheln am Hof seiner Tante Margarete von Österreich. Um eine respektierte Autorität im Lande aufrechtzuerhalten, arbeitete die Innsbrucker Regierung nach dem Tod Maximilians weiter. Auch die Landstände nahmen einzelne Regierungsaufgaben selbst in die Hand. Sie regelten auf Landtagen die Angelegenheiten des jeweils eigenen Landesteils; durch so genannte Ausschusslandtage, d. h. Versammlungen von Abgesandten einzelner Landtage, versuchten sie untereinander Verbindung zu halten. Zwar bekundeten sie zum Teil ihr Misstrauen gegenüber dem Innsbrucker Regiment; aber die meisten wollten weder die Behörden ablösen, die Maximilian eingesetzt hatte, noch auf Dauer eine ständische Regierung aufrichten, was die Regierungsform völlig verändert hätte.

Kaiser Karl hatte sich bei Antritt seiner Herrschaft noch nicht mit seinem Bruder über die Aufteilung des riesigen Habsburger Länderkomplexes geeinigt. Deshalb übernahm er zunächst auch in den Erblanden die Regierung als alleiniger Landesherr. Er richtete in Augsburg eine „Regierung" für die gesamten Erblande ein. An ihrer Spitze stand Matthäus Lang (1468–1540), der Erzbischof von Salzburg, ein Kardinal von allerdings sehr weltlicher Gesinnung, der schon Maximilian gedient hatte. Die Augsburger Regierung schrieb für die einzelnen Länder der Erblande so genannte Huldigungslandtage aus. Auf ihnen empfing Karl bis 1520 die **Huldigung** aller österreichischen Stände.

Huldigung

Die Huldigung war in der Frühen Neuzeit (wie im Mittelalter) der letzte Teil der förmlichen Erhebung eines Herrschers nach der Wahl (wenn üblich), der Proklamation und der Krönung. Durch die Huldigung erwiesen die unmittelbar Untergebenen, meist die Stände, dem Herrscher die ihm zukommende Ehre und erkannten ihn als Herrscher an. Im Huldigungseid übernahmen sie für sich persönlich und die ihnen Untergebenen die Verpflichtung, ihm treu zu sein und ihm beizustehen. Die Huldigung war also keine bloße Unterwerfung, wohl aber die Aufrichtung eines Rechtsverhältnisses zwischen Ungleichen.

Auch Ferdinand besuchte das Land, das er beherrschen sollte, zunächst nur kurz; denn er wollte sich vor allem mit seinem Bruder über die Aufteilung der Herrschaft einigen. In den Verträgen von Worms (23. April 1521) und Brüssel (7. Februar 1522) setzte Karl seinen Bruder als Landesherrn in den österreichischen Ländern einschließlich der Vorlande und Tirols ein. Diese letztere Vertragsbestimmung sollte allerdings sechs Jahre lang oder bis zur Kaiserkrönung geheim bleiben – sie wurde aber 1525 vorzeitig bekannt gemacht, weil die Tiroler und Vorderösterreicher Ferdinand sonst nicht als rechtmäßigen Landesherrn anerkannt hätten. Ferdinand wurde außerdem Stellvertreter seines Bruders im Reich, in Württemberg und in den elsässischen Besitzungen; letztere sollten nach Ferdinands Tod an Burgund fallen. Den Verträgen lässt sich entnehmen, dass Karl seinem Bruder noch misstraute: Strategisch wichtige Gebiete wie das Elsass und Württemberg wollte Karl stärker kontrollieren und fester mit seinem eigenen Herrschaftsbereich verbinden.

Die Stellung Ferdinands als Landesherr war also bis 1525 noch ungefestigt; einige Stände wussten nicht, wer eigentlich ihr Landesherr sei, und konnten den Eindruck haben, selbst die einzige legitime Autorität im Lande zu sein. Offenbar in dieser Überzeugung hatten die Stände Niederösterreichs die Behörden aus der Zeit Maximilians abgesetzt; Wien hatte unter Führung des Bürgermeisters Dr. Martin Siebenbürger eine eigene ständische Regierung aufgerichtet. Darin lag nach dem Verständnis der Zeit noch nichts Widerrechtliches, denn die Stände waren nicht gezwungen, die Behörden Maximilians weiterarbeiten zu lassen, zumal der letzte Wille Maximilians den Ständen nicht vorgelegt worden war. Die ständische Regierung Wiens hatte aber außerdem landesherrliche Rechte an sich gezogen: Sie hatte das Kammergut, das landesfürstliche Vermögen, für die Zwecke ihrer Politik verwendet, hatte eigene Münzen geprägt und den **Blutbann** verliehen.

Blutbann
Blutbann oder Hochgerichtsbarkeit hieß das Recht der Rechtsprechung und des Strafvollzugs bei Verbrechen, bei denen Blut geflossen war (z.B. Körperverletzung, Totschlag, Mord), sowie bei Vergewaltigung und Diebstahl. Der Blutbann galt als landesherrliches Recht; wenn niederere Gewalten ihn ausübten, musste das Recht vom Landesherrn ausdrücklich verliehen sein.

Diese Kompetenzüberschreitung, die Anmaßung landesherrlicher Rechte, war es, was Ferdinand als Rebellion interpretierte. Als er 1522 – nach der Erbeinigung mit seinem Bruder – endgültig in die Erblande zurückkehrte, ließ er die Anführer der Wiener Vorgänge bestrafen. Martin Siebenbürger und sieben weitere Beteiligte an der ständischen Regierung wurden hingerichtet, vier kamen mit vier Wochen Haft davon, einige gingen ganz straffrei aus, nachdem sie Ferdinand ihrer Loyalität versichert hatten. Ob Ferdinands Urteile – er saß dem Gericht selbst vor – in einem angemessenen Verhältnis zur Schwere des Vergehens standen, ist in der Forschung umstritten. Ferdinand jedenfalls machte deutlich, dass er seine landesherrlichen Rechte nicht beschneiden lassen wollte. Auch blieb er misstrauisch gegen die Einwohner Wiens – er schlug seine Residenz nicht in der Stadt auf, sondern zog nach Wiener Neustadt.

Beim Neuaufbau seines Hofstaats und der Verwaltung ordnete Ferdinand die Landes- und Regionalbehörden stärker der Zentrale zu, als Maximilian es getan hatte, und schuf klarere Verhältnisse der Über- und Unterordnung, wahrscheinlich nach dem Muster Burgunds. Mit der so genannten Hofstaatsordnung vom 1. Januar und 8. Februar 1527 richtete er neben dem „Hofrat“, der zentralen Regierungsbehörde, einen Geheimen Rat ein, der für die Familien- und Außenpolitik zuständig sein sollte. Die regionalen Behörden in Wien und Innsbruck wurden dem Hofrat unterstellt und hießen fortan nicht mehr „Hofräte“, sondern Regierungen. Das Regiment in Ensisheim für Vorderösterreich unterstand der oberösterreichischen Regierung. Dieser dreistufige Aufbau der Verwaltung blieb in Österreich bis ins 19. Jahrhundert in den Grundzügen bestehen.

Am schwierigsten ließen sich, wie stets in der Frühen Neuzeit, die Finanzfragen regeln. Maximilian hatte wegen seiner kriegerischen Außenpolitik einen Berg von Schulden hinterlassen. Die Erben Karl und Ferdinand übernahmen kraft der Erbverträge von 1521/22 je die Hälfte dieser Schulden. Aber auch das war noch so viel, dass Ferdinand 1522 faktisch den Staatsbankrott erklären musste – einige der Schulden wurden mit einem Federstrich „verkleinert“ oder ganz gestrichen. Die Finanzverwaltung übernahm Gabriel de Salamanca (?–1544). Er war offenbar ein geschickter Finanzier; aber im Lande machte er sich wegen seiner rüden Praktiken bald so unbeliebt, dass die Spottverse der Zeit ihm alle denkbaren Übel auf den Hals wünschten. Dass Salamanca sich auf seinem Posten kräftig bereicherte, ist wahrscheinlich, weil es im Dienst der werdenden Staaten der Frühen Neuzeit im Allgemeinen noch keine regelmäßigen Gehaltszahlungen gab. Dennoch wollte Ferdinand nicht auf seinen Finanzier verzichten; er schätzte ihn oder duldete ihn wenigstens, weil er keinen besseren „Geldbeschaffer" finden konnte. Als 1526 die Bauern in Tirol sich erhoben, forderten sie die Absetzung Salamancas. Hinter dieser Forderung stand Nachdruck; denn in Tirol waren die Bauern auch im Landtag vertreten. Sie konnten also als politische Korporation handeln und dem Landesherrn auch opponieren. Um die Unruhe zu dämpfen, entließ Ferdinand seinen Finanzier, allerdings nicht in Unehren.

Mit der Geldbewilligung der Landstände hatte Ferdinand in Österreich ebenso Schwierigkeiten wie sein Bruder im Reich und in Spanien. Die Landstände Österreichs erklärten sich zwar immer wieder prinzipiell bereit, zur Verteidigung der Länder mit Geld und Söldnern beizutragen. Im Einzelfall aber wollten sie ihre Beteiligung so niedrig wie möglich halten und forderten – und erreichten – als zusätzliche Gegenleistung die Duldung ihres protestantischen Bekenntnisses. Oft verweigerten sie die Hilfe, wenn sie nicht unmittelbar betroffen waren, oder meinten, für die Verteidigung des gesamten Staates müsse der Landesherr aufkommen. Diese Argumentation entsprang nicht nur einem „partikularistischen", kleinstaatlichen Denken. Vielmehr erkannten die Stände sehr wohl, dass der Landesherr den Krieg und seine Ausgaben nutzen konnte, um die Verteidigungspolitik stärker in die eigenen Hände zu nehmen. Deshalb wehrten sie sich erbittert und manchmal hinhaltend auch gegen dringende Forderungen des Landesherrn. Sahen sie aber die Gefahr unmittelbar, dann waren sie im Allgemeinen zur Hilfe bereit. Stände der grenznahen Länder versuchten auch, sich untereinander zu verständigen, etwa die Übermittlung von Nachrichten über militärische Bewegungen der Osmanen zu verbessern, oder leisteten einander Hilfe im Verteidigungsfall. Die Stände konnten also durchaus über die Grenzen ihrer Herrschaft hinausdenken. Im Konfliktfall aber war es ihnen häufig wichtiger, ihre Herrschaftsrechte zu bewahren und möglichst der Kontrolle des Landesherrn zu entziehen. Ferdinand seinerseits wollte die Konflikte mit den Ständen nicht zum Äußersten treiben und strebte keine stärkere Kontrolle oder Zentralisierung an. Das Verwaltungssystem, das er aufgerichtet hatte, passte offenbar für die Bedürfnisse der Habsburger Erblande so gut, dass es über Jahrhunderte bestehen blieb.

III. Spanische und deutsche Habsburger in der zweiten Hälfte des 16. Jahrhunderts

1. Der Kampf um die Niederlande und das spanische Engagement in Frankreich

1559	Rückkehr König Philipps II. nach Spanien
ab 1559/61	Bistums- und Kirchenreform
1566	„Bildersturm"
1567	Eintreffen Albas in den Niederlanden
1568	Hinrichtung Egmonts und Hoornes (5. Juni); erster Aufstandsversuch Wilhelms von Oranien
1576	Pazifikation von Gent
1579	Unionen von Arras (6. Januar) und Utrecht (23. Januar): Trennung von Nord- und Südprovinzen
1581	Unabhängigkeitserklärung der nördlichen Niederlande (26. Juli)
1584	Ermordung Wilhelms von Oranien Bündnis Philipps II. mit der französischen katholischen Liga unter Führung der Guise (31. Dezember)
1587	dauerhafte Sperrung der Scheldemündung durch die Nordprovinzen leitet den Abstieg Antwerpens als Handels- und Bankenstadt zugunsten Amsterdams ein
1588	gescheitertes Unternehmen der spanischen Armada gegen England
1589	spanisches militärisches Eingreifen in Frankreich
1598	Frieden von Vervins mit Frankreich (2. Januar); Tod König Philipps II. (13. September)
1604	Ende des spanisch-englischen Kriegs
1609	Waffenstillstand zwischen Spanien und den (nördlichen) Niederlanden

a) Ursachen und Beginn des niederländischen Konflikts

Das Imperium Philipps II. (1556–1598) war nicht weniger ein Vielvölkerstaat, als der Herrschaftsbereich Karls V. es gewesen war. Zwar trug Philipp II. nicht mehr unmittelbar Verantwortung für das Reich – das hatte die österreichische Linie des Hauses unter Ferdinand I. und seinen Nachfolgern übernommen. Dennoch blieb Philipp auch in die Konflikte der österreichischen Habsburger verwickelt. Die Familiensolidarität gebot, dass er im Bedarfsfall die Verwandten mit der kriegsgeübten spanischen Infanterie unterstützte.

Sein Herrschaftsbereich, selbst wenn man von den nicht-europäischen Besitzungen absieht, zeichnete sich noch immer durch Vielgestaltigkeit und große Gegensätze aus. Er umfasste die städte- und bücherreichen Niederlande, die Iberische Halbinsel (ab 1580 mit Portugal), das agrarisch-feudale Süditalien, das reiche, aber stagnierende

Reichslehen Mailand, in etwas weniger fester Verbindung auch Florenz, sowie die Franche-Comté. Philipp stand also im Prinzip, was die Herrschaftstechnik anging, vor den gleichen Schwierigkeiten wie sein Vater Karl. Allerdings versuchte Philipp die Politik der Konzentration und Intensivierung der Herrschaft noch zu verstärken. Damit provozierte er in den Niederlanden zuerst Opposition und dann einen Krieg, der sich zum Unabhängigkeitskrieg entwickeln sollte. Neben widerstreitenden politischen Zielen spielte dabei auch der konfessionelle Gegensatz eine Rolle. Denn sowohl Philipp als auch viele Niederländer sahen ihr politisches Recht eng mit ihrer Konfession verbunden, sodass die Gegensätze unversöhnlich wurden.

In den Niederlanden hatten wie in Kastilien hauptsächlich die Städte die aufwändige Außenpolitik Karls V. finanziert. Trotzdem ging es ihnen wirtschaftlich gut, da die Statthalterinnen Margarete von Österreich (1507–1530) und Maria von Ungarn (1531–1555) allzu hohe Steuerforderungen hatten abwenden können.

Die religiöse Situation in den Niederlanden um die Mitte des Jahrhunderts kann man undurchsichtig nennen. Unter der Decke einer intakten kirchlichen Hierarchie hatten sich reformatorische Bewegungen ausgebreitet, vor allem der **Calvinismus**.

Calvinismus

Calvinismus heißt die reformatorische Richtung, die auf Jean Calvin (1509–1564) zurückgeht. Calvin stammte aus Noyon in Frankreich und hatte Jura studiert, interessierte sich aber sehr für theologische Fragen. Aus Frankreich wegen der dortigen Verfolgung der Protestanten geflohen, verfasste er in Basel das Grundlagenwerk *Institutio Religionis Christianae* (1535). Seit 1541 wirkte er dauerhaft in Genf.

Die Anhänger Calvins bezeichne(te)n sich selbst als „Reformierte"; die Bezeichnung „Calvinisten" hatte oft abwertende Bedeutung. Zu den Grundlagen der Lehre Calvins gehört die Prädestination (Vorherbestimmung): Gott hat die Menschen, die einmal zum Glauben kommen sollen, schon vor aller Zeit dazu bestimmt. Von dieser Sicherheit als „Standpunkt" aus darf der reformierte Christ die Bibel lesen; er soll aber auch seinen Glauben im Alltag der Kirchen- und Stadt- oder Dorfgemeinde bewähren, indem er ein ethisch vorbildliches Leben führt. Daher waren für Calvin die Durchsetzung und Kontrolle eines christlichen Lebensstils (*disciplina*, „Kirchenzucht") sehr wichtig. Ihr dienen die reformierten Gemeindeämter, insbesondere das Amt der Kirchenältesten. Das Reich Gottes, Ziel und Sinn des christlichen Lebens, verwirklicht sich nach Calvin darin, dass die Gläubigen gemäß dem in der Schrift überlieferten Wort Gottes und der „Kirchenzucht" in der Gemeinde leben.

Im 16. Jahrhundert stand der Calvinismus in einer komplizierten Konkurrenz zum Luthertum. Die Anhänger Calvins waren der Ansicht, zwischen ihrer und der lutherischen Kirche gebe es eine grundsätzliche Übereinstimmung in der Lehre, die Differenzen bezögen sich auf unbedeutende Einzelheiten. Deshalb gebrauchten Reformierte oft für beide Konfessionen gemeinsam die Bezeichnung „Protestanten" oder „Evangelische". Nach dem Verständnis Calvins und seiner Anhänger ging die Reformation Calvins allerdings über Luther hinaus, war sozusagen radikaler und brach stärker mir der alten Kirche. Die Lutheraner sahen die Unterschiede zu den Reformierten als grundsätzlich an und erkannten sie nicht als (Mit-)Christen an. Lutheraner lehnten deshalb eine zusammenfassende Bezeichnung für beide Konfessionen ab.

Viele Anhänger gewann in den Niederlanden das Täufertum, eine wenig organisierte Bewegung individualistischer Frömmigkeit, deren Bekenner keine öffentlichen Ämter übernehmen wollten und die Kindertaufe ablehnten. Offiziell galten in den Niederlanden strenge Verordnungen gegen die „Ketzer", aber Verfolgungen gab es nach 1560 fast nicht mehr, da die Niederländer die Ketzergesetze zunehmend als obrigkeitlichen Zwang auffassten und ablehnten.

Philipps Politik der Herrschaftskonzentration in den Niederlanden hatte zwei Ziele. Er wollte erstens das Vermögen seiner Untertanen, besonders der reichen Klöster, stärker zur Finanzierung seiner Außenpolitik heranziehen, und er wollte zweitens die Kirche des Landes auf einen strengen Kurs der Reform in römisch-katholischem Sinne bringen, wie ihn das Konzil von Trient definiert hatte. Beide Ziele hoffte König Philipp durch eine kirchliche Verwaltungsreform zu erreichen. Er teilte das Gebiet der vier großen niederländischen Bistümer in vierzehn kleinere auf und unterstellte alle der Oberherrschaft des Bischofs von Mecheln. Außerdem verlangte der König, alle niederländischen Bischöfe müssten ein Studium der Theologie oder wenigstens des Kirchenrechts absolviert haben. Wer diese Voraussetzung nicht erfüllte, wurde seines Amtes enthoben oder, was auf dasselbe hinauslief, in den Amtsbereich eines neuen Bischofs „inkorporiert". Es versteht sich fast von selbst, dass der König befahl, die Ketzergesetze streng und unnachsichtig durchzuführen.

Mit all diesen Maßnahmen erbitterte Philipp den hohen Adel aus mehreren Gründen. Der Hochadel hatte die Bistümer bisher als Versorgungsinstitut für jüngere Söhne betrachtet, auch wenn sie nicht studiert hatten; denn ein Studium galt weithin noch als unter der Würde eines Adligen. Durch die Reform würden einige Hochadlige weniger Einkünfte beziehen oder sogar ihre Lebensgrundlage verlieren. Darüber hinaus fühlte sich der hohe Adel in seinen Rechten gekränkt; erstens, weil die Reform ohne seine Beteiligung beschlossen worden war, und zweitens, weil die „Reformbischöfe" Sitz und Stimme in den Generalständen haben sollten und dadurch die Position des übrigen Adels schwächten. An die Spitze der Opposition gegen diese Reformen stellten sich Wilhelm von Oranien, genannt „der Schweiger" (1533–1584), Graf Lamoral von Egmont (1522–1568) und Philipps Graf von Hoorne (1518–1568). 1564 konnte die Opposition einen ersten Erfolg verbuchen: König Philipp entließ den mächtigsten der Reformbischöfe, den Kardinal Granvella (1517–1586).

Die Opposition des Hochadels hatte kein eigentlich religiöses Anliegen; es ging ihr hauptsächlich darum, die eigene Position im Staatsrat zu bewahren und „zentralisierende" Eingriffe aus Madrid abzuwehren. Aus diesem Grund forderten die Hochadligen auch die Milderung der Ketzergesetze. Egmont begab sich persönlich nach Madrid (Februar bis April 1565), um Philipp in diesem Sinne zu beeinflussen, und gewann den Eindruck, Philipp werde nachgeben. Seine Statthalterin in den Niederlanden, Margarete von Parma (1559–1567), und der Staatsrat ließen auf Egmonts Bericht hin die Ketzergesetze zwar bestehen, aber nicht durchführen. Philipp jedoch antwortete in Briefen aus seinem Landsitz El Bosque de Segóvia (Oktober 1565) auf das Begehren des Adels scharf ablehnend und befahl die strenge Durchführung der Gesetze (siehe **Quelle**).

Auch Wilhelm von Oranien, der königlicher Statthalter in vier Provinzen (Holland, Seeland, Utrecht und Franche-Comté) war, und einige andere Provinzialstatthalter beschlossen, die königliche Anweisung zu missachten. Dadurch fühlte sich eine Gruppe von niederen Adligen, die Sympathien für den Calvinismus hegte, dazu ermutigt, die ausdrückliche Milderung der Ketzergesetze sowie die Abschaffung der Inquisition (der Sondergerichte zur Ketzerverfolgung) zu verlangen. Am 5. April 1566 übergab eine bewaffnete Abordnung des niederen Adels der Statthalterin eine entsprechende „Supplikation" (Bittschrift). Ein Vertreter der Regierung beschimpfte die Demonstranten als „Bettler" (frz.: *gueux*); sie übernahmen das Schimpfwort „Geusen" als Ehrennamen. Ihr längerfristiges Ziel war, dem Calvinismus öffentliche Anerkennung zu verschaffen, wie es zur gleichen Zeit die **Hugenotten** in Frankreich versuchten.

Hugenotten
Hugenotten werden die französischen Reformierten genannt. Der Name soll auf *huguenots* zurückgehen, eine Verballhornung des Wortes „Eidgenossen" (Schweizer, d.h. Anhänger der Schweizer Reformation Zwinglis und Calvins).

Aus einem Brief Philipps II. an die Statthalterin Margarete von Parma, du bois de Segovia, 17. Oktober 1565
Zitiert nach: Correspondance Française de Marguerite d'Autriche, Duchesse de Parme, avec Philippe II, Tome I, Utrecht 1925, S.102, Datierung 103. Übersetzung aus dem Französischen: E.-B. Körber

Und das [gemeint ist: der Wunsch nach Unterdrückung der Ketzer] gilt auch als Antwort auf das, was Sie mir in Ihrem Brief vom 22. Juli in den Staatsangelegenheiten vorgestellt haben, indem ich nämlich nicht unterlassen kann, Ihnen zu sagen, dass nach dem, was ich über den Zustand gehört habe, in dem sich die Angelegenheiten der Religion dort befinden, es nicht gut ist, etwas zu ändern, sondern dass die Verordnungen (*placcarts*) Seiner Majestät ausgeführt werden sollen, und [ich] denke, die Ursache des Übels, das es gab, und die Ursache dessen, dass es sich so vergrößert hat und so weit fortgeschritten ist, war die Nachlässigkeit, Nachgiebigkeit und Leisetreterei der Richter, wovon ich Ihnen da genauer schreibe, wo ich auf das angekommene lateinische Schreiben antworte.

Margarete glaubte, nachgeben zu müssen, und sagte einen Tag später eine Milderung zu: Die Verfolgung sollte aufhören, aber öffentliche Gottesdienste von Nichtkatholiken dürften nicht stattfinden.

Das genügte weder den Geusen noch den wachsenden reformierten Gemeinden. Viele in der Wirtschaftskrise des Jahres Verarmte hatten sich ihnen angeschlossen, aber auch Menschen, die von den wirtschaftlichen Wandlungen profitiert hatten und ihre Erfahrungen religiös zu deuten suchten. Ähnlich wie ihre französischen Glaubensgenossen hielten die Reformierten Gottesdienste unter freiem Himmel ab, zu denen die Männer bewaffnet erschienen – zu ihrem Schutz, da es die Ketzergesetze ja noch gab, aber auch, um zu zeigen, dass sie für ihre Konfession notfalls kämpfen würden. Außerdem wollten sie Kirchen haben, um auch im Winter Gottesdienst feiern zu können. Im August 1566 kam es schließlich zum „Bildersturm": Lose organisierte „Schlägertrupps" drangen in katholische Kirchen ein, entfernten Heiligenbilder, die den Reformierten als Götzen galten, und andere gottesdienstliche Geräte und verbrannten sie zum Teil. Die Stadtmagistrate taten nichts dagegen – teils, weil sie überrascht wurden, teils, weil ihnen das Vordringen der Reformierten ganz recht war.

König Philipp muss aus den niederländischen Vorgängen geschlossen haben, dass mit der bisherigen Politik relativer Nachgiebigkeit nichts auszurichten sei. Er schickte 1567 den Herzog von Alba (1507–1582), einen kriegserfahrenen Adligen, mit spanischen Truppen in die Niederlande. Alba hatte den Auftrag, die „Unruhen" (*troubles*) zu unterdrücken. Margarete empfand das als unzulässige Einmischung, weil es ihr und dem Staatsrat in der Tat gelungen war, einen ersten Aufstand von Reformierten niederzuschlagen. Als Alba auf hartem Vorgehen bestand und Egmont und Hoorne als Aufrührer verhaften ließ (9. September 1567), dankte Margarete als Statthalterin ab (13. September). Alba setzte in Brüssel einen „Unruhenrat" (*conseil des troubles*) ein, der die Anführer der Unruhen verurteilen und bestrafen sollte. Ähnlich wie die Inquisition in Spanien, arbeitete der Rat ohne Rücksicht auf die Grenzen der Provinzen und setzte sich auch über die Rechte der Städte hinweg. Beispielsweise hatte es bis dahin zu den Rechten der Städte bei einem Gerichtsverfahren gehört, das Vermögen eines Verurteilten einzuziehen, wenn er auf ihrem Gebiet gefasst worden war. Der „Rat der Unruhen" missachtete dieses Recht und machte sich daher die Städte zu Feinden. Im Volksmund wurde er bald der „Blutrat" genannt wegen seiner grausamen und willkürlich erscheinenden Urteile. Wilhelm von Oranien entzog sich der Verurteilung durch Flucht in sein deutsches Stammland Nassau; Egmont und Hoorne wurden am 5. Juni 1568 als Aufrührer hingerichtet.

Oranien hatte zunächst geglaubt, mit Alba paktieren zu können und auf diese Weise einen zweiten Aufstand radikaler Calvinisten zu verhindern. Erst im Exil wandte er sich konsequent gegen die Herrschaft Albas und warb Söldner zum Kampf gegen ihn. Ein erster Versuch Oraniens, mit eilig geworbenen Truppen einen Aufstand zu entfesseln (1568), scheiterte allerdings an Albas militärischem Geschick, erst der zweite (1569) hatte Erfolg.

Denn inzwischen hatte Alba sich in den Niederlanden zunehmend Feinde gemacht, auch wenn die meisten Niederländer wahrscheinlich noch loyal zu König Philipp standen. Zwar setzte Alba seine Wünsche nicht einfach mit militärischer Befehlsgewalt durch, sondern verhandelte mit den Ständen. Aber er konnte sie im Grunde nicht respektieren: Ihre Religion erschien ihm als abscheuliche Ketzerei, ihr Bedürfnis nach Eigenständigkeit war für ihn Rebellion, die man bekämpfen musste. Umgekehrt handelte Alba in den Augen der Niederländer willkürlich, tyrannisch und gottlos, weil er weder die Religion noch die Rechte der Stände achtete. Die spanischen Soldaten galten als fremde Besatzungstruppe ohne Respekt vor der Religion und dem Recht der Niederländer. Deshalb erbitterte es die Stände, als Alba im März 1569 vorschlug, zur Finanzierung der spanischen Truppen eine allgemeine Umsatzsteuer einzuführen.

Steuerpläne Albas

Die neue Steuer sollte bei Grundstücksverkäufen 5%, bei allen übrigen Verkäufen 10% (*de tiende penning*) betragen. Nachdem die Stände sich dagegen heftig gewehrt hatten, milderte Alba die ursprüngliche Regelung. Der Zwischenhandel wurde von der Steuer ausgenommen; sie sollte also nur noch beim letzten Verkauf vom Händler an den Verbraucher erhoben werden. Außerdem sollte die Gesamthöhe vorab festgelegt werden, wie es in Spanien bei der *alcabala* üblich war.

Obgleich Alba seine Steuerpläne in Verhandlungen mit den Ständen modifizierte, wehrten sich die Hauptbetroffenen heftig. Die finanzkräftigen Adligen, die von der Steuer am stärksten belastet sein würden, opponierten in der Ständeversammlung; die kleinen Händler, deren Waren die Steuer verteuert hätte, schlossen aus Protest ihre Läden. Alba musste die Pläne des *tiende penning* schließlich fallen lassen; die Steuer wurde nie eingezogen. Aber der Unmut über Alba und das spanische Regiment erreichte einen Höhepunkt. In dieser Lage konnte Oranien die Niederländer unter der Parole vereinigen, die spanischen Truppen aus dem Lande zu vertreiben. Der Krieg, der „Oorlog", der 1568 mit dem militärischen Unternehmen eines einzelnen Edelmannes begonnen hatte, breitete sich im Lande aus und wurde zum Krieg der Niederländer gegen Spanien.

b) Eingreifen fremder Mächte

Dieser Krieg zog sich über insgesamt 80 Jahre hin (1648 durch den Friedensvertrag von Münster beendet), weil keine Seite der anderen eindeutig überlegen war. Die Spanier hatten die geübteren Soldaten, oft die besseren Feldherrn, aber sie waren als fremde Macht verhasst und suchten sich durch Plünderungen und Terror schadlos zu halten, sooft ihr Sold ausblieb – und das kam häufig vor. Die Niederländer hatten das Gefühl, sich für ihre Interessen und ihr Land zu wehren; sie kannten sich im Lande besser aus, und besonders die Nordprovinzen Holland und Seeland ließen sich mit ihren Deichen und Kanälen mit damaliger Militärtechnik nicht einnehmen. Vom Stolz und Freiheitsbewusstsein der Niederländer zeugt die Gründung der Universität Leiden mitten im Krieg im Jahre 1575. Sie hatte großenteils reformierte Lehrer und katholische Studenten und erhielt das selbstbewusste Motto *Libertatis praesidium* (Bollwerk der Freiheit).

Benachbarte Mächte ergriffen rasch die Möglichkeit, in den Niederlanden zugleich Glaubensgenossen zu helfen und Spanien Schwierigkeiten zu machen. Französische Hugenotten und die englische Königin Elisabeth I. unterstützten die Aufständischen zunächst verdeckt und ab 1585 offen, der reformierte Pfalzgraf Johann Casimir (1543–1592) schickte Söldner.

Weil die militärische Lage fast immer ein labiles Gleichgewicht war, versuchten beide Kriegsparteien, ihre Position durch politische und konfessionelle Werbung zu verbessern. Zunächst schienen Wilhelm von Oranien und die Protestanten unüberbietbar im Vorteil. Sie waren nicht entscheidend zu schlagen, da sich die Seeprovinzen nicht erobern ließen, und es einigte sie ihr gemeinsames Ziel, die fremden Truppen zu vertreiben. Die Politik Albas scheint uneinheitlich: Neben Milde gegenüber unterworfenen Städten standen fürchterliche Gemetzel wie in Mecheln (1572) und Haarlem (1573). Grausamkeiten der spanischen Söldner wurden in Flugschriften und Flugblättern verbreitet und erbitterten die Niederländer nur noch mehr gegen die spanischen Truppen. König Philipp hätte die Niederländer gern mit stärkeren militärischen Kräften unterworfen. Er konnte das aber nicht, weil er zur gleichen Zeit mit dem Krieg im Mittelmeer gegen die Osmanen und mit einem Moriskenaufstand in Spanien beschäftigt war. Also änderte er seine niederländische Politik und setzte auf Ausgleich. Alba wurde 1573 abberufen und durch den neuen Statthalter Don Luis de Requesens (1573–1576) ersetzt.

Alba nach seiner Abberufung
Alba kehrte nach Madrid zurück und geriet dort zwar zunehmend unter Druck seiner Gegner am Hof, blieb aber Mitglied des Staatsrates. Erst 1578 wurde er vom Hof verbannt, wahrscheinlich weil König Philipp sich von den rivalisierenden Hofparteien unabhängig machen wollte. 1580 bei der Eroberung Portugals brauchte der König ihn wieder; Alba leitete den Feldzug, der die Erwerbung sicherte. Er blieb in Portugal und starb dort Ende des Jahres 1582.

Nach Requesens' plötzlichem Tod im März 1576 übernahm zunächst der Staatsrat die Regierungsgewalt, wurde aber von den Ständen von Brabant kollektiv verhaftet (4. September). Nachdem spanische Soldaten im November die Stadt Antwerpen brutal geplündert hatten, konnte Oranien die Stände aller Provinzen auf das gemeinsame Ziel verpflichten, die spanischen Truppen zu vertreiben. In der von ihm vermittelten so genannten Genter Pazifikation (8. November 1576) wurde dieses Kriegsziel formuliert und zugleich sowohl Protestanten als auch Katholiken die freie Religionsausübung zugesichert.

Die Genter Pazifikation hielt allerdings nicht lange. Das lag vor allem an der Religionspolitik der reformierten Provinzen Holland und Seeland. Anstatt nur Religionsfreiheit für sich zu fordern, versuchten die Stände dieser Provinzen im Verein mit reformierten Predigern, die reformierte Konfession zur allein herrschenden zu machen. Wilhelm von Oranien setzte außerdem durch Demonstrationen von „Leuten von der Straße" die Stadtregierungen (Magistrate) unter Druck. Von dieser Religionspolitik fühlten sich die Stände der südlichen Provinzen eher abgestoßen und wollten lieber katholisch bleiben. Diese Chance nutzte Philipps inzwischen eingesetzter neuer Statthalter, Alessandro Farnese (1578–1592). Er verhandelte mit den Südprovinzen, und sie versprachen in der Union von Arras (6. Januar 1579), katholisch zu bleiben und die spanische Herrschaft anzuerkennen. Die Nordprovinzen unter Führung Hollands und Seelands schlossen sich wenige Tage später (21. Januar 1579) zur Union von Utrecht zusammen und beschlossen, den Kampf gegen die Spanier fortzusetzen. 1581 erklärten sie förmlich ihre Unabhängigkeit von Spanien unter Berufung auf die in Europa seit langem geläufige Vertragstheorie. Sie interpretiert Herrschaft als einen Vertrag zwischen Regierenden und Regierten, einen Vertrag, der auch gelöst werden kann, wie es die Niederländer in ihrer Unabhängigkeitserklärung formulierten (siehe **Quelle**).

Aus der Unabhängigkeitserklärung der nördlichen Niederlande, 26. Juli 1581
Zitiert nach: Scherrinsky, Harald/Wulf, Walter (Hrsg.): Das Zeitalter der Reformation und der Glaubenskämpfe (Geschichtliche Quellenhefte 5), Frankfurt am Main/Berlin/Bonn 1958, S. 50.

Ein Volk ist nicht um des Fürsten, sondern ein Fürst um des Volkes willen geschaffen; denn ohne das Volk wäre ja kein Fürst. Er ist dazu da, dass er seine Untertanen nach Recht und Billigkeit regiere und sie liebe wie ein Vater seine Kinder, dass er treu walte, wie ein Hirt über seine Herde. Behandelt er sie aber nicht so, sondern bloß wie Sklaven, dann hört er auf, ein Fürst zu sein und ist ein Tyrann. Die Untertanen aber haben das Recht, nach gesetzlichem Beschluss ihrer Vertreter, der Stände, wenn kein anderes Mittel mehr übrig ist, wenn sie durch keine Vorstellung ihrer Not irgendeine Versicherung der Freiheit für Leib und Gut, für Weib und Kind, von dem Tyrannen erwerben können, diesen zu verlassen.
Unter dem Vorwand der Religion hat der König von Spanien eine Tyrannei einzurichten versucht und, ohne auf irgendeine Vorstellung des Landes zu achten, dessen Privilegien verletzt, den Eid gebrochen, den er auf deren Erhaltung geschworen. Und so erklären denn die Gemeinstände jetzt den König von Spanien verlustig jeden Anspruchs auf die Herrschaft in den Niederlanden; sie erkennen ihn von nun an nicht mehr als ihren Landesherrn an; sie entbinden hiermit alle Amtsleute, Obrigkeiten, Herren, Vasallen und Einwohner von dem einst Philipp II. von Spanien geleisteten Eid des Gehorsams und der Treue.

Aus niederländischer Perspektive war das die Unabhängigkeitserklärung eines neuen Staates, aus spanischer der „Abfall der Niederlande", den Philipp nicht hinnehmen wollte. Er und seine Nachfolger setzten alles daran, die verlorene Provinz zurückzugewinnen. Zunächst hatte Philipp dabei Erfolg. 1584 wurde Wilhelm von Oranien, wahrscheinlich auf Philipps Geheiß, in Delft ermordet, und Philipps Statthalter in den südlichen Niederlanden, Alessandro Farnese, nahm den Nordniederländern nach und nach alle ihre Eroberungen wieder ab. Zeitweise widerstanden nur noch Holland und Seeland. Der Kampf flammte aber immer wieder auf, weil die Spanier nicht siegen konnten und sich durch rigide Rekatholisierung und durch Gewalttaten vor allem meuternder Soldaten immer wieder unbeliebt machten. Flugschriften trugen solche Terrorakte der Spanier in die Welt hinaus und bauten die *leyenda negra* auf, das düstere Bild, das man sich fast überall in Europa von Spanien machte.

Die nördlichen Niederlande gingen durch eine sehr schwierige Zeit. Nach der Ermordung Wilhelms von Oranien suchten sie nach Persönlichkeiten, die politisch und militärisch die Führung des neuen Staates übernehmen und ihm Truppen und Geld zuführen könnten. Zuerst wurde der Bruder des Königs von Frankreich in Aussicht genommen, Franz Herzog von Anjou.

Dieses Projekt stand im Zusammenhang europaweiter politischer und konfessioneller Kalkulationen. Seit dem Tode Heinrichs II. (1559) bemühten sich die französischen Hugenotten, öffentliche Anerkennung für ihr calvinistisches Bekenntnis zu erreichen. Im Regentschaftsrat, der für die unmündigen Könige Franz II. (1559/60) und Karl IX. (1560–1574) amtierte, kam es bald zum Streit um die politische und konfessionelle Linie des Landes. Die Partei der Guise wollte sich außenpolitisch an Spanien binden und im Innern streng die katholische Reform im Sinne des Trienter Konzils durchsetzen. Dagegen strebten entschiedene Protestanten wie Admiral Gaspard de Coligny (1519–1572) und Louis Prince de Condé (1530–1569) eine konsequent antihabsburgische Politik an, wenn möglich im Bunde mit protestantischen Kräften wie den Niederlanden, England und den deutschen protestantischen Territorien. Die politischen Auseinandersetzungen waren deshalb von Anfang an mit konfessionellen vermischt und luden sich mit religiöser Energie auf. Adlige und Nichtadlige sahen sich gezwungen, in dem Streit Partei zu ergreifen. In dieser Situation politischer Spannung löste ein blutiger Zwischenfall im Januar 1562 (das Blutbad von Vassy) eine Reihe von Kriegen aus, die zusammenfassend als **Hugenottenkriege** bezeichnet werden. Sie dauerten bis 1598 an und machten das Land unfähig zu einer einheitlichen Außenpolitik.

Wichtige Ereignisse der Hugenottenkriege

1562 „Blutbad von Vassy“: Beginn der Auseinandersetzungen
1572 Bartholomäusnacht (24. August)
1588 König Heinrich III. lässt zwei Brüder Guise töten (23. Dezember)
1589 Ermordung Heinrichs III. (1. August)
1593 Krönung Heinrichs IV.
1598 Toleranzedikt von Nantes: Die Hugenotten erhalten das Recht zur freien Religionsausübung (außer in Paris) und so genannte Sicherheitsplätze zu ihrer Verteidigung. Ende der Hugenottenkriege

Die französischen Könige mussten, schon um handlungsfähig zu bleiben, zwangsläufig eine ausgleichende Politik verfolgen, denn sie waren zwar katholisch, aber erklärte Feinde der Habsburger. Deshalb bemühte sich besonders die Königinmutter Katharina von Medici (1519–1589) um die Aussöhnung der Konfessionen. Anfangs stand sie fast allein, dann wurde sie von einer wachsenden Partei, den so genannten **Politiques**, unterstützt. Den Abschluss ihres Friedenswerkes sollte die Hochzeit zwischen der katholischen Schwester des Königs, Margarete von Valois (1553–1615), und einem führenden Protestanten, Heinrich von Navarra (1553–1610, dem späteren König Heinrich IV.), bilden.

Zu dem Fest im August 1572 waren besonders viele Hugenotten nach Paris gekommen. Zufall, Massenpanik oder bewusste Provokation vonseiten der katholischen oder der hugenottischen Radikalen löste das Massaker der „Bartholomäusnacht“ aus, dem Tausende von Menschen beider Konfessionen zum Opfer fielen. Die konfessionellen Auseinandersetzungen, die Katharina von Medici hatte verhindern wollen, brachen mit neuer Gewalt wieder auf.

Politiques

Politiques (Politiker, Staatsmänner) nannten sich französische Adlige und Bürger, denen der Zusammenhalt der Monarchie wichtiger war als die Wahrung eines konfessionellen Standpunktes. Sie plädierten z. B. in Flugschriften dafür, das Königtum solle eine Institution für alle Franzosen sein, auch für die Hugenotten, und sich nicht als ausschließlich konfessionell katholisch orientiert verstehen.

Katharina von Medici wurde lange Zeit für die Urheberin des Massakers der Bartholomäusnacht gehalten. Die Forschung nimmt das heute nicht mehr an, weil das Massaker den Absichten Katharinas zuwiderlief, den konfessionellen Frieden zu erhalten. Sichere Beweise gibt es für keine der kontroversen Auffassungen, da die entscheidenden Besprechungen des Hofes nicht schriftlich überliefert sind.

Vereinfachter Stammbaum der französischen Königshäuser Valois und Bourbon. Fett ausgezeichnet sind die regierenden französischen Könige

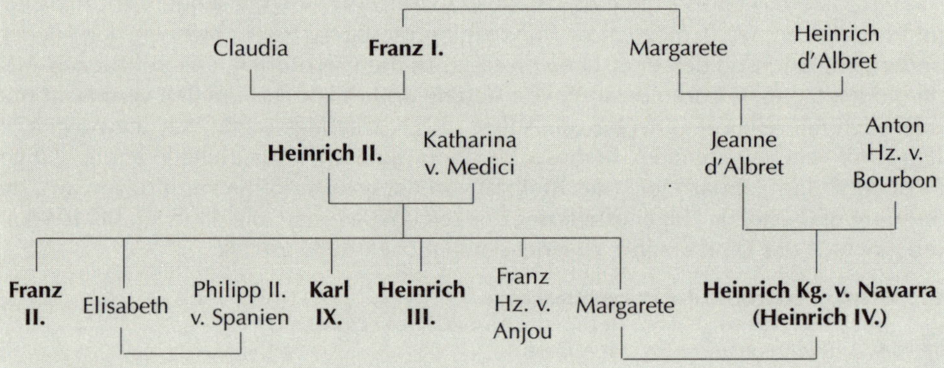

König Heinrich III. (1574–1589) versuchte, im Bund mit seiner Mutter Katharina von Medici die Politik der Aussöhnung fortzusetzen, sowohl im Innern des Landes als auch nach außen. Er war deshalb auf die spanienfreundliche Partei der Guise nicht gut zu sprechen und näherte sich Vorstellungen der Hugenotten an, ein großes antispanisch-reformiertes Bündnis zwischen Frankreich, England und den Niederlanden zustande zu bringen. Dieses Bündnis sollte durch die Heirat des Herzogs Franz von Anjou (des Königsbruders, 1555–1584) mit der englischen Königin Elisabeth I. abgesichert werden. Franz wäre nach Heinrich III. der Nächste in der französischen Thronfolge gewesen; und die Heirat, verbunden mit Franz' Herrschaft in den Niederlanden, hätte dem Calvinismus und einer Politik gegen Spanien großartige Perspektiven eröffnet.

Allerdings scheiterte der Plan. Erstens wollte Elisabeth überhaupt nicht heiraten – aus dem dynastisch unklugen Entschluss *to live and die a virgin*. Zweitens wusste König Philipp von Spanien zumindest von den Eheplänen, ahnte wahrscheinlich die dahinterstehende gegen ihn gerichtete Bündnispolitik und suchte sie mithilfe der Guise nach Kräften zu hintertreiben. Wahrscheinlich unterstützte er die Guise seit längerem verdeckt. Am Silvestertag 1584 schloss er mit ihnen ein förmliches Bündnis mit dem Ziel, Frankreich auf die spanische politische Linie zu bringen. Drittens wurde nichts aus allen Plänen, da Herzog Franz 1584 überraschend starb.

Nun schickte Königin Elisabeth ihren Günstling Robert Dudley Earl of Leicester

(1532/33–1588) in die Niederlande. Er konnte sich aber nicht mit dem Hochadel des Landes verständigen und reiste 1586 wieder ab. So wurden die nördlichen Niederlande „Republik gewissermaßen aus Versehen" (E.W. Zeeden). Sie hatten allerdings auch Glück. Denn in dem noch nicht zwanzigjährigen Sohn des ermordeten Wilhelm „des Schweigers", Moritz von Oranien (1567–1625), erwuchs ihnen ein militärisches und politisches Führungstalent. 1585 übernahm er die Statthalterschaft und das Kommando über die niederländischen Truppen. Seine Soldaten ließ er als einer der Ersten die notwendigen Handgriffe sehr genau und Zeit sparend üben, also **exerzieren**. Das verschaffte ihm Vorteile, da er schneller manövrieren und die Spanier gelegentlich überraschen konnte.

Exerzieren
Der eigentliche Erfinder des Exerzierens war König Erik XIV. von Schweden (1560–1568). Er übte mit diesem Verfahren das schwedische Bauernheer, damit es den vorwiegend deutschen Söldnern im Nordischen Krieg (1563–1570) Paroli bieten konnte. Moritz von Oranien hat von den Erfahrungen Eriks aber wahrscheinlich nicht gewusst.

Gegen das militärische Geschick Moritz' konnte Philipp auch die südlichen Niederlande nur mit Mühe halten. 1587 erlitt die Handelsstadt Antwerpen einen schweren Schlag, als die Nordprovinzen die Mündung der Schelde abriegelten, sodass der Hafen nicht mehr angelaufen werden konnte und allmählich versandete. Antwerpen verlor dadurch seine führende Stellung als Handelsstadt an Amsterdam. Doch Philipp weigerte sich, den Verlust der nördlichen Niederlande in einem Friedensvertrag anzuerkennen. Weil er sie militärisch nicht besiegen konnte, wollte er zumindest den Nachschub unterbinden, den sie aus England bekamen. Dieses Ziel versuchte er zunächst eher passiv zu erreichen, indem er mit England wenn nicht gute, so doch erträgliche Beziehungen pflegte. Kleine Unstimmigkeiten wurden diplomatisch beigelegt. Zum militärischen Eingreifen sah sich Philipp erst genötigt, als die Hinrichtung der katholischen Königin von Schottland, Maria Stuart (1542–1587), offene Feindschaft signalisierte.

Maria Stuart hatte sich mit dem protestantischen Adel ihres Landes überworfen und war zu ihrer Verwandten Elisabeth von England geflohen. Elisabeth wiederum hatte sie jahrelang in Haft gehalten, um weitere politische Verwicklungen zu vermeiden. Als Elisabeth unter dem Druck des englischen Staatsrats und des Parlaments schließlich 1587 Maria Stuart hinrichten ließ, nahm Philipp das zum Anlass, unmittelbar gegen England Krieg zu führen. Die Armada (Kriegsflotte) sollte die Engländer in einer Seeschlacht besiegen, sodass Spanien dem Gegner die Friedensbedingungen diktieren könnte. In Philipps Kriegsplan war darüber hinaus die Landung in England vorgesehen, aber wahrscheinlich nicht die Eroberung des Landes. Sie wäre militärisch nicht zu bewerkstelligen gewesen und hätte eine dritte Front an der Grenze zum calvinistischen Schottland eröffnet, was auch Philipp sich nicht hätte leisten können.

Das Unternehmen der Armada misslang aus mehreren Gründen. Für den ersten trug Philipp selbst die Verantwortung. Er hatte nämlich seinen Kriegsplan darauf aufgebaut, dass die Armada aus den Niederlanden Verstärkung erhalten sollte. Die Spanier verfügten aber an der niederländischen Küste über keinen Hafen mehr, der hochseetüchige Schiffe hätte aufnehmen können. Der Statthalter Alessandro Farnese hatte zwar Mannschaften bereitgestellt und wollte sie auf kleinen Schiffen zur Armada stoßen lassen. Aber auch das misslang, weil die Nordniederländer mit ihren Schiffen die Küste kontrollierten und blockierten. Auch konnte die spanische Flotte nicht wie geplant in den Ärmelkanal eindringen, sondern wurde schon davor von englischen Kriegsschiffen zur Schlacht gestellt. Die Engländer siegten nach heftigem Kampf schließlich dadurch, dass sie brennende Schiffe auf die spanische Flotte zutreiben ließen und sie damit ins offene Meer zurückjagten.

In England wurde der „Sieg" über die Armada als großer Erfolg und Begründung der englischen Überlegenheit zur See gefeiert. Aber militärisch war das Unternehmen von geringer Bedeutung. Die Spanier brachten wahrscheinlich zwei Drittel ihrer Schiffe in den Heimathafen Cadiz zurück und verfügten noch über so viel Soldaten und Geld, dass sie den Krieg gegen England weiterführen konnten, wenn auch sozusagen auf kleiner Flamme und in einer ständigen Pattsituation. Doch blieben die spanischen Auseinandersetzungen mit England ein Nebenkriegsschauplatz. Philipps Hauptinteresse galt den Niederlanden, die er unter allen Umständen behaupten wollte.

Für die spanische Politik in den Niederlanden wirkte es sich jedoch negativ aus, dass Philipp 1590 seinen besten Feldherrn, Alessandro Farnese, vom niederländischen Kriegsschauplatz abzog – der Historiker John Lynch zweifelt wegen dieser Maßnahme sogar an Philipps politischem Verstand. Aus Philipps Perspektive erschien es aber zu dieser Zeit offensichtlich aus konfessionellen wie aus politischen Gründen notwendig, in Frankreich einzugreifen. Dort war 1589 der auf Ausgleich bedachte, aber schwache König Heinrich III. ermordet worden, kurz nachdem er selbst die Anführer der Guise-Partei hatte erstechen lassen. Er hatte keine Kinder, und der nächste mögliche Nachfolger, Heinrich, König von Navarra, war reformiert. Diese Thronfolge wollte Philipp unbedingt verhindern – im Interesse der katholischen Konfession und der spanischen Macht, die ihm offenbar unzertrennlich erschienen. Deshalb meldete er selbst Ansprüche auf die französische Königswürde an mit der Begründung, dass er mit einer französischen Prinzessin verheiratet gewesen war, nämlich in dritter Ehe mit Elisabeth von Valois (1545–1568), der Tochter König Heinrichs II. von Frankreich. Als eine Art von Alternativvorschlag brachte Philipp außerdem die Kandidatur seiner Tochter Isabella Clara Eugenia (1566–1633) ins Spiel, deren Mutter Elisabeth von Valois gewesen war. Nach französischem Recht, dem so genannten salischen Recht der Thronfolge (*loi salique*), waren beide Kandidaturen nicht zulässig, denn die französische Krone konnte nur in männlicher Linie vererbt werden. Aber König Philipp kam es nur darauf an, dass kein Protestant auf den französischen Thron käme. Für dieses Ziel opferte Philipp die nördlichen Niederlande faktisch auf, denn ohne den fähigen Feldherrn Farnese hatten die Spanier dem militärischen Geschick Moritz´ von Oranien nichts entgegenzusetzen.

Schließlich scheiterte auch Philipps französischer Plan – wenn es je ein fester Plan und nicht nur ein Verzweiflungsschritt gewesen war. Schuld an diesem Scheitern waren zwei Politiker, die je auf ihre Weise mit Philipp über Kreuz lagen, nämlich König Heinrich von Navarra und Papst Clemens VIII. (Papst 1592–1605). Dieser Papst war zwar als Parteigänger der Spanier auf den Stuhl Petri gelangt, wollte sich aber aus der spanischen Bevormundung lösen. Heinrich von Navarra wiederum sah, dass er als Protestant keine Chancen auf den französischen Thron hatte, und ließ in Rom sondieren, ob er wieder in die katholische Kirche aufgenommen werden könne. 1593 erreichte er dieses Ziel und gewann rasch Anhänger, da er nach dem salischen Recht der legitime Thronerbe war. Am 27. Februar 1594 wurde er in Chartres gekrönt.

Philipp hatte nun keinen politischen Grund mehr für sein Engagement in Frankreich. Trotzdem ließ er seine Truppen im Lande, offenbar ohne ein klares politisches oder militärisches Ziel. 1598 schloss er Frieden in Vervins. Es war ein Friede ohne Gewinne und Verluste, auf dem Stand von Cateau-Cambrésis (1559). In der Auseinandersetzung mit Frankreich war es Philipp nur gelungen, seinen Besitz zu halten, nicht, ihn zu vergrößern. Im gleichen Jahr 1598 starb König Philipp.

Philipps Sohn und Nachfolger Philipp III. (1598–1621) schließlich war an außenpolitischen Abenteuern so wenig interessiert wie überhaupt an politischer Tätigkeit – den „faulsten König der spanischen Geschichte" nennt ihn Lynch. Philipp III. schloss mit England 1604 Frieden, mit den Niederlanden 1609 allerdings nur einen Waffenstillstand, weil er die nördlichen Niederlande nicht endgültig aufgeben wollte. Doch an der politischen und konfessionellen Lage änderte der Waffenstillstand nichts. Der südliche Teil der Niederlande blieb spanisch und katholisch. Die nördlichen Niederlande bildeten eine Republik. Als Staatsbezeichnung wurde in der europäischen Politik der Name „Generalstaaten" üblich, nach der Benennung der Ständeversammlung als „Staaten Generaal". Dieser neue Staat hatte zwar viele katholische Einwohner, doch war das Reformiertentum dort die dominierende Konfession („Öffentlichkeits"-, aber nicht Staatskirche). Die politischen Verhältnisse entschieden sich mit dem Waffenstillstand zwar nicht offiziell, aber de facto, ebenso die konfessionellen – sie haben sich im Wesentlichen bis heute nicht verändert.

2. Ausbau und Grenzen des spanischen Imperiums

a) Spanien

König Philipp II. und auch seine Nachfolger verfolgten hauptsächlich imperiale, nicht spanisch-nationale Ziele. Alle spanischen Könige mussten ständig Weltpolitik betreiben, ihr Weltreich und die außenpolitischen Verwicklungen aller Teile dieses Reichs gleichzeitig im Blick behalten. Philipp versuchte das, indem er sich von den Regenten der verschiedenen Reichsteile briefliche Berichte liefern ließ. Auch seine Entscheidungen formulierte er schriftlich und führte eine umfangreiche Korrespondenz. Deshalb nennt man seinen Regierungsstil „bürokratisch" (von frz. *bureau*, eigentlich: „Tuch" auf dem Schreibtisch). Auf diese Weise konnte Philipp seine Maßnahmen in den verschiedenen Reichsteilen am besten aufeinander abstimmen, ohne sich weit von seiner Residenz zu entfernen – er reiste zwar auch noch umher, aber hauptsächlich in Spanien, nachdem er seine Residenz 1559 aus Brüssel nach Spanien zurückverlegt hatte. Die „bürokratische" Art zu regieren war aber sehr schwerfällig, vor allem, weil diplomatische Briefe zu Wasser und erst recht zu Land Monate brauchen konnten, um ihr Ziel zu erreichen. Außerdem wurden Briefe oft von politischen Gegnern abgefangen; die Diplomaten versuchten sich abzusichern, indem sie den gleichen Brief mehrfach abschickten und gegebenenfalls ihre Briefe chiffrierten. Beide Maßnahmen hatten nicht immer Erfolg. Aufgrund der widrigen Verkehrsverhältnisse blieben die Regenten der Reichsteile oft lange Zeit ohne Instruktionen. Dann geschah entweder tatsächlich nichts, oder die Regenten mussten auf eigene Verantwortung entscheiden, was wie in den Niederlanden zu Unstimmigkeiten mit Spanien führen konnte. Auch aufgrund dieses schwerfälligen, aber für das Weltreich wohl unumgänglichen „bürokratischen" Regierungsstils hat Philipp in Spanien den Beinamen „el Prudente" (der Kluge, aber auch der Vorsichtige) erhalten.

In Spanien blieb das Regierungssystem in den Grundzügen bestehen, das sich unter Karl V. herausgebildet hatte. Die einzelnen Reichsteile wurden durch Vizekönige regiert, in den Städten sorgten die Corregidores für die Durchsetzung des königlichen Willens. Die großen Ausgaben für die kriegerische Außenpolitik finanzierten hauptsächlich die kastilischen Städte durch zwei Arten von Steuern: den *servicio*, den die Cortes als einmalige Zahlung bewilligten, und die *alcabala*, eine Umsatzsteuer, deren Höhe vorab festgelegt wurde und die von Städten und Dörfern abgeliefert werden musste. Beide Steuerarten mussten von der Ständeversammlung, den Cortes, bewilligt werden, an der in Kastilien nur die Städte teilnahmen. Vom Adel besorgte sich der König Geld durch den Verkauf von Ämtern und durch Anleihen; auch den Kirchenbesitz zog er zur Finanzierung der spanischen Politik heran. Vom Wert der Edelmetalle, die aus den amerikanischen Kolonien kamen, erhielt der König das „königliche Fünftel" (*quinto real*). In den Vierzigerjahren waren die Silbervorkommen in den Anden im heutigen Bolivien entdeckt worden und wurden mithilfe indianischer Zwangsarbeiter ausgebeutet. Spanisches Silber galt in Europa geradezu als Synonym für Reichtum, ebenso wie die Gewürze Pfeffer und Zimt von den portugiesischen Molukken. Allerdings gingen die Silbertransporte nur unregelmäßig ein, viele wurden unterwegs im Atlantik abgefangen. Englische Piraten, vor allem Francis Drake, erwarben sich dabei ihren kriegerischen Ruhm. Das Silber, das Spanien aus Amerika bezog, kam also nur zum Teil in Spanien an. Den größten Anteil an der Finanzierung der spanischen Politik hatten wahrscheinlich schon damals die Kaufmannschaft und die Banken. Venezianische, Genueser und spanische Kaufleute sowie die Fugger gaben Philipp Kredit. Die spanische Außenpolitik erwies sich aber für die Banken als so ruinös, dass die meisten Bankiers früher oder später lieber auf die Rückzahlung ihrer Außenstände bei Philipp verzichteten, als ihm weiterhin Kredit zu gewähren. Nur Spanier kreditierten ihren König noch bis zum Ende seiner Regierung. Denn das meiste Geld, das die spanische Krone einnahm, musste sie sofort wieder ausgeben, vor allem für die Söldner, die in den vielen Kriegen in spanischen Diensten kämpften. Nach neueren Erkenntnissen war nicht eine importierte Inflation für den späteren Niedergang Spaniens verantwortlich, sondern hauptsächlich die kostspielige kriegerische Außenpolitik.

Spanien stand allerdings nicht allein mit seiner kritischen Wirtschaftslage. Fast alle Länder Europas erfuhren in der zweiten Hälfte des 16. Jahrhunderts Verteuerungen der Lebensmittel, manchmal Hungerkrisen, die wahrscheinlich noch verschärft wurden, weil durch die Intensivierung von Pferdezucht (für militärische Erfordernisse) und Schafweide (für den Wollexport, weniger für die Fleisch- und Milcherzeugung) die Anbaufläche für Getreide zurückging. In Spanien, aber auch in England, wurde besonders viel Ackerland zu Weide gemacht, weil spanische wie englische Adlige Wolle zur Tuchherstellung in die Niederlande exportierten. Aber Preissteigerungen und Mangel an Kredit trafen die spanische Wirtschaft besonders schwer: Dreimal im Laufe seiner Regierungszeit musste König Philipp den Staatsbankrott erklären (1557, 1575, 1596). Dabei wurden die spanischen Auslandsschulden nicht gestrichen, sondern in langfristige Verbindlichkeiten umgewandelt, also sozusagen nur verschoben. Manche Historiker wundern sich darüber, dass die Wirtschaft Spaniens und ganz Europas im späten 16. und frühen 17. Jahrhundert überhaupt noch funktionierte. Doch man muss bedenken, dass alle Höfe Europas neben den Geldeinkünften auch über Naturaleinnahmen (z. B. Abgaben in Getreide und anderen Lebensmitteln) verfügten, die in den Rechnungsbüchern nicht auftauchten, und dass im alltäglichen Wirtschaftsleben Tausch und Naturalleistungen immer noch eine größere Rolle spielten als Geld, Verkauf und Kredit. Das Wirtschaftsleben brach in der lang dauernden Krise nicht zusammen, aber die Menschen wurden ärmer, in ganz Europa. Im Rückblick erschien das frühe 16. Jahrhundert als „die gute alte Zeit", von der nur noch die Redensart blieb.

Abgesehen von der undurchschaubaren und immer labilen Wirtschaft, versuchte Philipp, im Innern seine Herrschaft im neuzeitlichen Sinne zu verfestigen, so weit das in Spanien möglich und noch nötig war. Sein Hof reiste nicht mehr umher wie der Karls V., sondern wurde im jetzt zur Hauptstadt aufsteigenden Madrid gewissermaßen sesshaft. Ab 1563 ließ der König in der Nähe des Dorfes **El Escorial** („Abraumhalde") ein Schloss bauen, das dann nach dem Dorf benannt wurde.

El Escorial
Das Bauprogramm des Schlosses inszenierte geschickt zugleich Königsmacht und katholischen Heiligenkult. Mit dem Bau weit außerhalb der Hauptstadt ging der König buchstäblich auf Distanz zu seinen Untertanen. Das Schloss enthielt ein Kloster, das dem Heiligen Laurentius geweiht war. Sein Heiligentag ist der 10. August; an diesem Tag hatte Philipp II. 1557 bei St. Quentin seinen ersten militärischen Sieg gegen die Franzosen errungen.

Die Regierungsgeschäfte führte er hauptsächlich mithilfe von „Sekretären" aus dem niederen Adel, vereinzelt auch aus dem Bürgertum. Sie konnten ihm gegenüber kein eigenes Recht auf politische Mitwirkung geltend machen wie hohe Adlige und ihn deshalb auch nicht unter Druck setzen. Damit stellte der König sicher, dass er die Entscheidungen allein fällte. Nur nach strengen Regeln hatten die Sekretäre überhaupt Zutritt zum König, oft verkehrte er auch mit ihnen nur indirekt durch schriftliche Anweisungen aus seinem Arbeitszimmer, dem Kabinett. Von dieser Technik leitet sich der Ausdruck „Kabinettsregierung" für eine Politik strenger Geheimhaltung her.

Philipps Verhältnis zu den Ständen Kastiliens kann man als zwiespältig bezeichnen. Seit 1539 bestanden die Ständeversammlungen Kastiliens nur noch aus Städtevertretern, die gegenüber dem König kaum mehr ein Recht auf eigenständige Politik geltend machen konnten. Theoretisch nahm ihnen der König auch noch die letzten Rechte. 1555 dekretierte er, der König könne die Beschlüsse früherer Cortes nach Willkür für ungültig erklären, was die ständischen Mitbestimmungsrechte völlig zunichte gemacht hätte. In der Praxis aber konnte er auf die Steuerbewilligungen der Städte nicht verzichten, auch wenn die Steuern nur einen kleinen Teil der gesamten königlichen Einnahmen ausmachten. Er konnte daher auch den kastilischen Städten nicht einfach seinen Willen diktieren, sondern musste mit ihnen verhandeln. Die Stände Aragóns behandelte er glimpflicher und ließ ihre verhältnismäßig hohe Selbstständigkeit bestehen. Der Grund dafür lag wahrscheinlich in der Armut des Königreichs Aragón: Es lieferte so geringe Finanzerträge, dass der Aufwand nicht lohnte, einen stärkeren königlichen Zugriff womöglich gegen den Widerstand der Stände durchzusetzen.

b) Die Konflikte mit England

Die außenpolitische Lage der Iberischen Halbinsel hatte sich gegenüber der Zeit Karls V. um einiges verändert. Frankreich konnte Spanien militärisch keine Konkurrenz mehr machen, denn der französische Adel rieb sich in den Hugenottenkriegen auf, und das Königtum konnte den streitenden Adelsparteien gegenüber nur zeitweise eine selbstständige Politik durchsetzen. Philipp unterstützte aus machtpolitischen Gründen und aus für ihn selbstverständlicher konfessioneller Loyalität die katholische Partei der

Guise, sie hatte aber keinen Einfluss auf seine Entscheidungen. Mit größerer Sorge betrachtete Philipp die Entwicklung in England.

Nach dem Tod Maria Tudors (1558), die von der protestantischen Publizistik wegen ihrer gewaltsamen Rekatholisierungspolitik den Beinamen „die Blutige" erhalten hatte, schlug Königin Elisabeth I. von England die Richtung eines Staatskirchentums eigener Prägung (Anglikanismus) ein. Es behielt viele katholische Riten bei, nahm in der Theologie aber mehr und mehr reformiertes Gedankengut auf. Allmählich verschlechterten sich die Beziehungen zwischen England und Spanien. Die Gründe dafür lagen aber nicht in der Konfessionsverschiedenheit – Elisabeth bemühte sich, trotz ihrer eigenwilligen Kirchenpolitik nicht den Verdacht Philipps zu wecken; und Philipp sah das Land bis etwa 1570 offiziell als katholisch an. Englische Aktivitäten beeinträchtigten jedoch die Verbindung zwischen Spanien und den Niederlanden erheblich: Englische Piraten störten die Transporte spanischer Waffen nach den Niederlanden und niederländischen Geldes nach Spanien; Ende der 60er-Jahre kam es sogar zu einem kurzen Handelskrieg, wobei Spanien und England wechselseitig gegnerische Schiffe beschlagnahmten. Königin Elisabeth legte die Auseinandersetzung zwar mit diplomatischem Geschick bei und gewährte den Aufständischen in den Niederlanden offiziell keine Unterstützung. Sie gestattete aber den von See her operierenden so genannten **Wassergeusen**, in englischen Häfen Schutz zu suchen, wodurch sie den niederländischen Aufstand eben doch am Leben hielt.

Wassergeusen

Wassergeusen wurden Piraten genannt, die gegen die spanische Herrschaft in den Niederlanden kämpften oder ihr Schwierigkeiten zu machen suchten. „Geusen" heißen sie in Anlehnung an den Schimpf- und Ehrennamen der niederländischen niederen Adligen, die 1566 die Milderung der Ketzergesetze verlangt hatten. Die Wassergeusen schadeten der spanischen Herrschaft und unterstützten die Aufständischen. Die Piraterie-Unternehmungen waren aber unkoordiniert; und manche Wassergeusen standen auch nicht eindeutig auf der Seite der Aufständischen, sondern führten eher ihren Privatkrieg gegen Spanien.

Elisabeth bemühte sich offensichtlich, sich aus dem niederländischen Konflikt möglichst herauszuhalten – was auch daran lag, dass sie für ihre Zeit erstaunlich gut wirtschaften konnte und kein Interesse daran hatte, ihr Geld für ungewisse Kriege auszugeben. Allerdings erlaubte sie englischen Freiwilligen, sich in den Niederlanden zu engagieren; und auch die Piraterie-Unternehmungen Francis Drakes duldete sie wenigstens stillschweigend. Die Situation trieb also auf einen Konflikt zu, auch wenn beide beteiligten Mächte ihn so geringfügig wie möglich erscheinen lassen wollten. Noch verstärkt wurde die Spannung zwischen Spanien und England durch die Ereignisse um Maria Stuart.

Maria Stuart, katholische Königin aus der Familie der Guise, hatte 1561 die Regierung in Schottland übernommen. Der schottische Adel, der das politische Leben dominierte, war großenteils calvinistisch. Für ihre Person erreichte Maria die Duldung des katholischen Glaubens, kam aber mit dem schottischen Adel nicht zurecht. Als die Königin sich nicht eindeutig von dem Mord an ihrem Mann Henry Stuart Lord Darnley (1545–1567) distanzierte, machte sie sich in den Augen der Adligen als Herrscherin unmöglich. Sie besiegten sie militärisch und nahmen sie gefangen (1567). Maria Stuart gelang es, zu fliehen; sie suchte Schutz und womöglich militärischen Beistand bei ihrer Verwandten Elisabeth von England. Diese aber fürchtete außenpolitische Verwicklungen und ließ Maria ebenfalls gefangen nehmen und in immer strengerer Haft halten.

Aus konfessionellen wie politischen Gründen war das katholische Europa alarmiert. Philipp II. hätte es wahrscheinlich im Interesse des Katholizismus wie der spanischen Weltmacht begrüßt, wenn statt Elisabeths die katholische Maria Stuart oder ihr Sohn Jakob (1566–1625, seit 1567 König Jakob (James) VI. von Schottland) die Herrschaft in England übernommen hätte. Aber zugleich wollte Philipp ein einigermaßen gutes Verhältnis zu England bewahren, damit Elisabeth keinen Vorwand bekäme, die Niederländer zu unterstützen. Die treibende Kraft der diplomatischen Aktionen gegen England scheint Papst Pius V. (1566–1572) gewesen zu sein. 1570 exkommunizierte er Elisabeth förmlich, was bedeutet, dass er sie (jetzt erst) offiziell als nicht mehr katholisch ansah. Dadurch erschien ihre Herrschaft in den Augen der Katholiken illegitim. Die Exkommunikationsbulle forderte also die englischen Katholiken indirekt auf, ihre Königin zu stürzen. Elisabeth reagierte mit Katholikenverfolgungen, dachte aber nicht daran, Maria selbst anzutasten, wohl weil Elisabeth in diesem Falle Krieg mit Spanien befürchtete, auf den sie nicht vorbereitet war. Philipp selbst weigerte sich, die Exkommunikationsbulle in Spanien zu veröffentlichen, legte also immer noch Wert auf gute Beziehungen zu Elisabeth. Seine Agenten in London hielten es aber offenbar in der gespannten Lage für zwingend, zugunsten der katholischen Maria Partei zu ergreifen. Spanische Agenten waren an mehreren Versuchen beteiligt, Maria Stuart zu befreien und sie anstelle Elisabeths auf den englischen Thron zu bringen. Aber alle diese Versuche wurden entdeckt und vereitelt.

1586 tauchten schließlich Briefe auf, in denen Maria die Putschversuche billigte – ob die Briefe gefälscht und ihr untergeschoben waren, ist bis heute nicht geklärt. Nun leitete Elisabeth auf Druck ihres Staatsrats doch einen Prozess gegen Maria Stuart ein. Nach damaligem Rechtsverständnis hatte Maria den Tod verdient, weil sie anscheinend zweifelsfrei an den Komplotten zum Sturz Elisabeths beteiligt gewesen war. Das englische Parlament bestätigte das Todesurteil. Elisabeth suchte sich von diesem Urteil möglichst zu distanzieren – sie blieb dem Prozess demonstrativ fern und weigerte sich wochenlang, den Hinrichtungsbefehl zu unterzeichnen, schließlich ließ sie ihn unterschrieben liegen. Er wurde von einem Unbekannten weitergeleitet und die Hinrichtung ohne Wissen der Königin vollstreckt.

Elisabeth hatte wohl aus mehreren Gründen gezögert. Sie wollte sich nicht an einer Königin vergreifen, da königliches Blut als unverletzlich galt. Sie hätte mit dem Nachbarkönigreich der Schotten lieber in gutem Einverständnis gelebt – einmal, weil die Mehrheit des schottischen Adels protestantisch war wie sie selbst, zum andern, weil Maria Stuart ebenfalls aus der Familie der Tudor stammte und Marias Sohn, König Jakob (James) VI. von Schottland, auf jeden Fall nach Elisabeth den englischen Thron erben würde, denn sie war unverheiratet und ohne Nachkommen. Schließlich und wohl zuvörderst fürchtete sie Krieg mit Spanien. In der Tat nahm Philipp II. die Hinrichtung Maria Stuarts zum Anlass für das Flottenunternehmen der Armada 1588.

Die spanische Armada war damals die stärkste Flotte Europas; dennoch scheiterte das Unternehmen. Schon 1587 hatte Francis Drake einen Teil der noch im Aufbau befindlichen Flotte im Heimathafen Cadiz überrascht und vernichtet. In den Niederlanden konnten die Spanier keinen Nachschub aufnehmen, weil feindliche Schiffe die Küste kontrollierten. Schließlich wurde die Armada von den englischen Brandschiffen mehr vertrieben als im Kampf besiegt. Philipp konnte zwar bis 1597 seine Kriegsflotte wieder aufbauen und ließ sie auch ein zweites Mal in Richtung England auslaufen. Aber sie wurde in der Nähe des Ärmelkanals durch einen Sturm zerstreut. Nach diesem Misserfolg schleppte sich der spanisch-englische Krieg nur noch hin, weil keine Seite von ihm Vorteile erwartete. 1604 wurde er durch Waffenstillstand beendet.

c) Die Handelswege über Atlantik und Mittelmeer

Die Seewege über den Atlantik hatten für Europa und für das Imperium Philipps II. in der zweiten Hälfte des 16. Jahrhunderts hervorragende Bedeutung. Über diese Routen hatte sich bis 1550 ein Handelsverkehr etabliert, der besonders hohe Gewinne einbrachte: der Handel mit dem Silber der Anden, mit Sklaven aus Westafrika und Zuckerrohr aus der Karibik. Schon zu Beginn der spanischen Entdeckungs- und Eroberungsfahrten, nämlich 1493, war der Atlantik (aufgrund der päpstlichen Bulle *Inter cetera*) in eine spanische und eine portugiesische Einflusssphäre aufgeteilt worden. Infolgedessen beherrschten spanische und portugiesische Seefahrer den gewinnträchtigen Handel. Sie hatten fast das Monopol für die begehrten Luxusgüter Zucker, Pfeffer und Zimt. Die meisten dieser Waren wurden über die spanisch-niederländische Hafenstadt Antwerpen weiterverkauft.

Infolgedessen bedeutete es für Philipp II. einen sehr großen Machtzuwachs, dass er 1580 Portugal dem spanischen Imperium einverleibte. Denn damit erwarb er nicht nur den bisher noch nicht spanisch beherrschten Teil der Iberischen Halbinsel, sondern auch die portugiesischen Garnisonen in Nordafrika sowie die Kette portugiesischer Handelsstützpunkte entlang der gesamten Küste Afrikas und bis Goa (Indien), Macao (vor der Küste Südchinas) und zu den Molukken im Pazifik. Die Annexion Portugals machte eigentlich erst Philipp zu dem Herrscher, in dessen Reich „die Sonne nicht unterging", wie man Karl V. nachgesagt hat. Welche Motive Philipp dazu brachten, auch noch Portugal beherrschen zu wollen, ist unbekannt. Simples Verlangen nach Landbesitz könnte eine Rolle gespielt haben, es galt in der damaligen Politik auch als legitim. Außerdem hatte Philipp als Sohn der portugiesischen Prinzessin Isabella und (verwitweter) Ehemann einer Portugiesin Erbansprüche auf den portugiesischen Thron, die er geltend machen konnte, wenn sich Gelegenheit dazu bot. Die Gelegenheit kam ziemlich unerwartet, und Philipp nutzte sie.

Der noch junge König Sebastião von Portugal (geb. 1554) war auf einem Feldzug gegen Marokko in der Schlacht von Alkazar-Kebir (auch Alkazar-Quivir) am 4. August 1578 gefallen. Sein Nachfolger wurde der Erzbischof von Lissabon, Enrique (1512–1580); er hatte, um König zu werden, in den weltlichen Stand übertreten müssen. König Enrique war kinderlos und zum Zeitpunkt seiner Thronbesteigung nach damaligen Begriffen ein alter Mann. Philipp verhandelte seit 1579 mit dem portugiesischen Adel um die Nachfolge. König Enrique und der Adel unterstützten Philipps Erbansprüche. Aber bei Klerus und Kirchenvolk galt er als „fremder" Herrscher, sie lehnten ihn ab. Als Enrique am 31. Januar 1580 starb, erhob Dom Antonio, Prior von Crato (1531–1595), ein Bastard der königlichen Familie, Ansprüche auf den Thron Portugals. Philipp musste seinen Erbanspruch also militärisch durchsetzen. Zu diesem Zweck ließ er den Herzog von Alba aus der Verbannung zurückrufen und beauftragte ihn, ein Heer zu sammeln und das Land für Spanien zu erobern. Alba fand kaum Widerstand – vor allem wohl deshalb nicht, weil die meisten kriegserfahrenen Adligen Portugals auf dem Feldzug in Marokko ums Leben gekommen waren. Am 25. August 1580 entschieden die Spanier das Gefecht um Lissabon für sich; Dom Antonio hielt sich noch eine Zeit lang im Land versteckt, dann floh er nach Frankreich. Alba führte ein Jahr lang eine Art Übergangsregierung; denn Philipp selbst kam wegen einer Epidemie erst 1581 nach Portugal. Bis 1583 hielt er sich dort auf, um seine Herrschaft zu sichern. Wie es üblich war, beließ er dem annektierten Königreich seine eigene Ständeversammlung, respektierte ihre Rechte und verpflichtete sich, nur Portugiesen zu Amtsträgern in Portugal zu ernennen. Portugal blieb ein Reichsteil Spaniens bis 1640.

Mit der Erwerbung Portugals hatte Philipp auch das portugiesische Kolonialreich gewonnen, und infolgedessen wurde die wirtschaftliche Übermacht iberischer Kaufleute auf den Handelswegen über den Atlantik erdrückend. Die Kaufmannschaft im übrigen Europa duldete dieses Quasi-Monopol nur höchst ungern, wagte aber nicht, es durch gezielte Piraterie zu brechen. Nur englischen Piraten gelang es, den Spaniern auf dem Atlantik zumindest ernsthafte Schwierigkeiten zu machen. Anstatt sich wie die meisten Korsaren auf Küstenschifffahrt zu beschränken, wagte es Francis Drake, den Atlantik zu überqueren und die Hafenstädte im spanischen Südamerika anzugreifen. Dabei hatte er es umso leichter, als die Spanier mit Angriffen von außen nicht gerechnet und ihre Städte kaum befestigt hatten. Drakes so genannte Weltumsegelung in den Jahren 1577 bis 1580 war in Wahrheit ein Seeraub-Unternehmen großen Stils, das ihm ungeheure Beute einbrachte. Königin Elisabeth I. von England (1559–1604) wollte sich zuerst von dem Unternehmen distanzieren; dann aber gewährte sie ihm sogar gewissermaßen staatliche Anerkennung, indem sie Drake unmittelbar nach seiner Rückkehr auf seinem Schiff zum Ritter schlug. Der acht Jahre später – wenn auch mit wenig ritterlichen Mitteln – errungene Sieg über die spanische Armada war für die Engländer nicht nur politisch von Bedeutung, sondern vor allem auch „psychologisch". Er gab ihnen das Gefühl, dass sie den Spaniern Konkurrenz machen und sie sogar schlagen konnten und dass sich die Anstrengung des seemännischen und wirtschaftlichen Konkurrenzkampfs mit Spanien lohnte. Wenige Jahre später formierten sich die Gegenmächte gegen das spanisch-portugiesische Handelsmonopol auf dem Atlantik. 1599 wurde die englische Ostindische Kompanie gegründet, 1602 die niederländische „Vereinigte Ostindische Kompanie". Beide waren von den jeweiligen Regierungen geförderte private Kaufmannsgesellschaften. Sie setzten sich vor allem das Ziel, das Gewürzmonopol der Portugiesen zu brechen und eigene Handelskontakte nach Ostasien und Indien aufzubauen. Im Laufe des 17. Jahrhunderts sollte ihnen das auch gelingen. Die Gewinne aus dem Gewürzhandel waren so hoch, dass die Aktionäre der Niederländisch-Ostindischen Kompanie auch dann auf ihre Rechnung kamen, wenn die Herren des Vorstandes einen Teil des Kompaniekapitals in die eigenen Taschen leiteten.

Gegenüber den abenteuerlichen, gefährlichen, aber auch gewinnträchtigen Atlantikfahrten nahm sich die Schifffahrt auf dem Mittelmeer konventioneller aus. Handel und Piraterie basierten vorwiegend auf Küstenschifffahrt, die zahlreichen Inseln dienten als Orientierungs- und Stützpunkte. Vor allem der für den Alltag wichtige Getreidehandel der Mittelmeer-Anrainer lief über diese Schifffahrtslinien, daneben gab es den immer noch bedeutenden Handel Venedigs mit dem Orient im östlichen Mittelmeer (Levantehandel) sowie einen Sklavenhandel muslimischer und christlicher Piraten. Für Spanien lebenswichtig waren die Seewege im westlichen Mittelmeer. Über sie wurde Spanien mit Getreide aus Neapel und Sizilien versorgt. Die spanischen Garnisonen in Nordafrika trieben zwar Handel mit den umwohnenden Arabern und Berbern, mussten aber die meisten Lebensmittel und gelegentlich sogar Holz und Steine für den Festungsbau sowie Waffen aus Spanien beziehen. Diese Garnisonen (*presidios*) waren also fast vollständig auf die Versorgung über die Schifffahrt im Mittelmeer angewiesen. Die spanische Macht war, so könnte man sagen, im westlichen Mittelmeer besonders verletzlich, und das wurde ausgenutzt. Piraten aller Mittelmeer-Anrainer konnten die Versorgung des spanischen Imperiums stören; es entwickelte sich eine Art von ständigem Wirtschaftskleinkrieg, der ohne formelle Kriegserklärungen oder Friedensschlüsse das ganze Jahrhundert hindurch und noch darüber hinaus andauerte.

Besondere Sorge machte es allerdings der spanischen Weltmacht – aus ebenso sehr wirtschaftlichen wie religiösen Gründen –, dass die Osmanen in der zweiten Hälfte des 16. Jahrhunderts immer mehr Stützpunkte im Mittelmeer gewinnen konnten. 1565 eroberten sie Tripolis von den Johannitern (Maltesern), 1566 Chios und Naxos und 1570 Zypern von Venedig. Das alarmierte schließlich nicht nur Spanien, sondern auch den Papst. Beide schlossen mit Venedig ein Bündnis, das wegen der Beteiligung des Papstes eine „Heilige Liga" genannt wird. Gemeinsam konnten sie die türkische Flotte am 7. Oktober 1571 bei Lepanto schlagen – das Kommando führte ein unehelicher Sohn Karls V., Don Juan d'Austria (1547–1578).

Die Seeschlacht von Lepanto gilt als „psychologisch" wichtiger Erfolg: Es war das erste Mal, dass ein Bündnis christlicher Mächte die osmanische Seemacht geschlagen hatte. Ihr eigentliches Kriegsziel aber erreichte die Heilige Liga nicht: Sie konnte die Osmanen nicht aus Zypern vertreiben. Auch fiel sie fast sofort nach dem Sieg wieder auseinander, denn Venedig verließ die Liga am 7. März 1573 und schloss einen Sonderfrieden mit den Osmanen, um den Levantehandel nicht zu gefährden. Die Osmanen setzten denn auch ihre Eroberungspolitik fort. 1574 konnten sie den Spaniern Tunis in Nordafrika wegnehmen (13. September). Erst 1578 schlossen die Osmanen Waffenstillstand, um für einen Krieg mit den Persern den Rücken frei zu haben. Dieser Vertrag wurde immer wieder verlängert, sodass im Mittelmeer für den Rest des Jahrhunderts relative Ruhe herrschte.

Für Philipp II. und Spanien hatten die „maurischen" Angriffe auch eine innenpolitische Dimension. Er fürchtete, die Seeräuber könnten Unterstützung von den spanischen Morisken bekommen. Karl V. hatte den Morisken des früheren Königreichs Granada 1526 für vierzig Jahre die Freiheit von der Inquisition zugesagt. Diese Frist hielt Philipp ein, aber keinen Tag länger. Durch ein Edikt vom Neujahrstag 1567 ließ König Philipp die arabischen Bräuche der Morisken verbieten. Sie durften ihren Kindern keine arabischen Namen mehr geben und sollten innerhalb von drei Jahren die arabische Sprache aufgeben. Badehäuser nach arabischer Sitte wurden geschlossen.

Die Morisken versuchten zunächst, über die Milderung des Edikts zu verhandeln. Da das nicht gelang, brach am Weihnachtstag 1567 in Granada ein Aufstand aus, der sich rasch zu einem grausamen Krieg entwickelte (1568–1570). Tatsächlich wurde der Aufstand von Nordafrika aus unterstützt, aber die Hilfe konnte das Schicksal der Morisken nicht bessern. Einige wanderten nach Nordafrika aus, die übrigen ließ Philipp 1571 ins Landesinnere deportieren, in langen Märschen ohne Rücksicht auf Menschenleben. Die Auswanderung vieler tüchtiger Handwerker soll zur spanischen Wirtschaftskrise nicht unerheblich beigetragen haben. Auch die in Spanien gebliebenen Neuchristen wurden aber von ihrer Umgebung noch mit Misstrauen betrachtet, zumal sie sprichwörtlich viele Kinder hatten. 1609 ordnete König Philipp III. die endgültige Vertreibung aller Morisken aus Spanien an; es ist aber unklar, ob tatsächlich alle Muslime Spanien verließen oder konvertierten. Zumindest das spanische Hofzeremoniell rechnete noch im 17. Jahrhundert mit der Möglichkeit eines *bautismo de Moro* (Taufe eines Muslims) und sah dafür eine prunkvolle Inszenierung vor.

3. Das Reich: Religionsfriede und Konfessionenkonflikte

a) Reichspolitik im Zeichen von Konfessionenkonflikten und Religionsfrieden

Die Geschichte des Reichs in der zweiten Hälfte des 16. Jahrhunderts lässt sich nicht als einheitlicher Prozess erzählen, schon deshalb nicht, weil das Reich konfessionell gespalten blieb. Der Augsburger Religionsfriede von 1555 hatte diesen Zustand gewissermaßen legalisiert, auch wenn die Konfessionsparteien sich über die Verbindlichkeit des Friedens stritten. (Die Katholiken sahen ihn oft nur als erzwungene Not- und Übergangslösung an, während die Lutheraner dazu neigten, ihn als verbindliches „Reichsgrundgesetz" zu interpretieren.) Im Augsburger Religionsfrieden wurde, so könnte man sagen, die Konfessionsverschiedenheit reichsrechtlich zur Kenntnis genommen, wenn auch nicht anerkannt.

Das hinderte die Konfessionsparteien nicht daran, ihre jeweilige Lehre bei den Anhängern ihrer eigenen und fremder Konfession energisch zu propagieren, dabei schärfer zu profilieren und gegen andere abzugrenzen. So stand das späte 16. Jahrhundert im Reich ganz im Zeichen der konfessionellen Auseinandersetzungen, in denen Vermittlungsversuche immer schwieriger und schließlich ganz unmöglich wurden. Zwar fehlte es nicht an solchen Versuchen. Vor allem Kaiser Ferdinand I. (1556/58–1564) bemühte sich mehrmals, zwischen den Reichsständen eine konfessionelle Verständigung zu erreichen. Aber er scheiterte, weil keine der Konfessionsparteien bereit war, von dem einmal gewonnenen Standpunkt abzurücken. Die Katholiken wiesen insbesondere darauf hin, dass das Konzil von Trient noch nicht abgeschlossen sei und sie seinen Beschlüssen nicht vorgreifen dürften. Außerdem protestierte der Papst energisch gegen die Versuche einer religiösen Einigung nur für das Reich, weil die Katholiken des Reichs sich dann von der übrigen katholischen Kirche trennen, also ein Schisma (eine Kirchenspaltung) hervorrufen würden. 1557 scheiterte in Worms ein Verständigungsgespräch an innerprotestantischen Differenzen: Die strengen Anhänger Luthers, die sich selbst Gnesiolutheraner (echte Lutheraner) nannten, wollten oder konnten sich nicht mit einer Gruppe von Theologen einigen, die in einigen Punkten den Calvinisten entgegenkommen wollte. Die Gnesiolutheraner verließen den Tagungsort, ehe das Gespräch begonnen hatte, worauf die katholischen Theologen es für sinnlos erklärten, überhaupt zu verhandeln. Allmählich genoss der konfessionelle Standpunkt Vorrang vor allen Verständigungsversuchen. Die Angehörigen aller Konfessionen – Katholiken, Lutheraner, Calvinisten – fühlten sich in ihrem Gewissen dem Standpunkt ihrer Konfession verpflichtet und wollten nicht davon abweichen. Zwar mühten sich Einzelne noch, im Geist des Humanismus eine gewissermaßen vorkonfessionelle Frömmigkeit zu bewahren. Zu ihnen gehörte anscheinend auch Kaiser Maximilian II. (1564–1576). Aber für die Anhänger der entstehenden Konfessionskirchen war eine solche Haltung schon an sich verdächtig. Ihnen schien es religiös geboten, einen konfessionellen Standpunkt einzunehmen und ihn zu verteidigen. Auch die Politik, sofern sie als religiöse Aufgabe gesehen wurde, richtete sich deshalb immer stärker nach konfessionellen Maßstäben.

Die Verschränkung von Politik und Religion und die Verhärtung der konfessionellen Fronten entsprach sozusagen der europäischen Norm in der zweiten Hälfte des 16. Jahrhunderts. In den meisten Staaten Europas entwickelte sich in den konfessionell akzentuierten Machtkämpfen so etwas wie eine Staatskonfession: Die Konfession, der das Herrscherhaus anhing, wurde geschützt, propagiert, verteidigt und gefördert. In der Regel konnten nur Angehörige der obrigkeitlich geförderten Konfession hohe Stellungen und besondere Vertrauensposten erhalten. Anderskonfessionelle wurden äußerstenfalls geduldet – Duldung ist die Grundbedeutung des Wortes „Toleranz“ –, öfter jedoch zur Annahme der Staatskonfession gezwungen oder vertrieben. All das geschah im Namen der neuen, für richtig gehaltenen Konfession, aber auch in dem spezifisch neuzeitlichen Bemühen, auch auf geistigem Gebiet „Einheit durch Standardisierung“ zu erreichen.

Im Reich als Ganzem konnte sich keine einheitliche Staatskonfession durchsetzen, weil der Augsburger Religionsfriede nur den Territorialobrigkeiten die Befugnis zugeschrieben hatte, das Bekenntnis ihrer Untertanen zu bestimmen. Die Habsburger konnten zwar, wenn sie wollten, als Landesherren katholische Politik betreiben, nicht aber als Kaiser im Reich, jedenfalls nicht gegenüber den Lutheranern. Der Calvinismus war dem Buchstaben des Religionsfriedens nach nicht reichsrechtlich geschützt. Das führte zu Spannungen, als die Pfalz in den Sechzigerjahren des Jahrhunderts zum Calvinismus überging. Der Kaiser wollte die Pfalz im äußersten Fall sogar militärisch zwingen, die calvinistische Reformation aufzugeben. Aber Vorhaben dieser Art scheiterten vor allem am Widerstand Kursachsens. Die sächsischen Kurfürsten, obwohl selbst streng lutherisch, wollten gegen die Pfalz nichts unternehmen lassen, weil sie glaubten, der Kaiser und die katholische Reichstagsmehrheit würden sonst versuchen, den Protestantismus insgesamt auszulöschen und damit die Reformation rückgängig zu machen. Auch die reformierten Pfalzgrafen entschärften die Konfliktsituation, indem sie sich als **„Augsburgische Konfessionsverwandte“** darstellten.

Augsburger Konfessionsverwandte

„Konfessionsverwandte“ bedeutet eigentlich einer Konfession „Zugewandte“, ihre Bekenner und Anhänger. Wenn Reformierte sich als „Augsburgische Konfessionsverwandte“ bezeichneten, beriefen sie sich auf die 1540 unter Beteiligung Melanchthons ausgearbeitete *Confessio Augustana variata* (veränderte Augsburgische Konfession). Luther hatte an dieser Konfession nichts auszusetzen gehabt; nach Luthers Tod waren aber Lehrstreitigkeiten über sie ausgebrochen, vor allem zwischen den Gnesiolutheranern und der Richtung, die eher Kontakt zu den Reformierten suchte. Die Anhänger dieser vermittelnden Richtung wurden nach Philipp Melanchthon die „Philippisten“ genannt. Die *variata* galt als „philippistisch“, den Reformierten entgegenkommend, weshalb die Reformierten keine Schwierigkeiten sahen, sich auf sie zu berufen.

Die lutherischen Reichsstände hatten kein Interesse daran, aus dem theologischen Gegensatz zwischen Lutheranern und Reformierten ein Politikum zu machen. Die Reformierten genossen also faktisch den Schutz des Religionsfriedens, obwohl zumindest die Lutheraner zwischen ihrer eigenen Konfession und der reformierten grundsätzliche theologische Unterschiede sahen und sie nicht als „Konfessionsverwandte“ anerkennen wollten. So etablierte sich faktisch das Nebeneinander von drei Hauptkonfessionen im Reich, dem römischen Katholizismus, dem Luthertum und dem Calvinismus. Kaiser Maximilian II. (1564–1576) sah es als seine Hauptaufgabe und offenbar als besonderen Ruhmestitel seiner Regierung an, dass er nicht eine einzige Konfession als die von Reichs wegen geforderte durchzusetzen versuchte, sondern sich als Wahrer des Religionsfriedens und als Kaiser beider (durch den Religionsfrieden geschützten) Konfessionen begriff. So formulierte er es in einem Brief an den kaiserlichen Feldherrn Lazarus von Schwendi (siehe **Quelle**).

Die meisten Reichsfürsten der zweiten Hälfte des 16. Jahrhunderts teilten Maximilians Überzeugung, es sei wichtiger, den Frieden zwischen den Konfessionen zu bewahren, als einen konfessionellen Standpunkt als den allein gültigen durchzusetzen.

Kaiser Maximilian II. an Lazarus von Schwendi, 12. Okt. 1569, Wien, Mainzer Erzkanzlerarchiv, Reichstagsakten 55, fol. 260 verso
Zitiert nach: Luttenberger, Kurfürsten, Kaiser und Reich, S. 9. Übersetzung aus dem Frühneuhochdeutschen: E.-B. Körber

Unsererseits haben wir niemandem Ursache gegeben, uns zu misstrauen, und wollen das auch ferner nicht, [denn] weil der Allmächtige uns in seiner Milde zugleich die kaiserliche Verwaltung und Regierung zugewandt hat [...] und wir [= der Kaiser] schließlich das oberste weltliche Haupt der Christenheit insgesamt sind und damit, kraft göttlicher Zuwendung, regierender römischer Kaiser zugleich der katholischen und der Bekenner der Augsburgischen Konfession sowie der Kurfürsten und Fürsten Augsburgischer Konfession ebenso wie katholischer, so gehört es sich auch, dass wir nicht nur einer Partei wie der anderen das gleiche Recht wahren, sondern auch beiden väterliche Gnade und Liebe zukommen lassen ohne jede Parteilichkeit.

Die meisten hatten den Schmalkaldischen Krieg erlebt und den Augsburger Religionsfrieden mitverantwortet. Man nennt diese Generation darum auch die „Friedensfürsten". Nun wollten sie um konfessioneller Fragen willen weder den mühsam errungenen Religionsfrieden aufs Spiel setzen noch gar einen zweiten Konfessionenkrieg riskieren. Deshalb trugen sie in den Versammlungen der Kurfürsten und im Reichstag die konfessionellen Meinungsverschiedenheiten nicht bis ins Grundsätzliche aus, sondern überdeckten sie durch Kompromissformeln, z. B. bei der Wahlkapitulation für Maximilian II., in der das Versprechen des Kaisers, die katholische Religion und Kirche zu schützen, so formuliert wurde, dass es auch für Protestanten akzeptabel war. Situationen, die zu konfessionellen Frontstellungen führen konnten, suchte vor allem Kursachsen zu entschärfen. Die sächsischen Kurfürsten erhielten der Pfalz den Schutz des Religionsfriedens, auch als sie reformiert wurde. Versuchten aber die Pfalzgrafen, das Reich zu einer entschiedenen Parteinahme etwa für die Calvinisten der Niederlande zu bewegen, dann legte sich Kursachsen ebenfalls ins Mittel und brachte den Vorschlag zu Fall. Im Mittelpunkt aller Bemühungen um eine gemeinsame Reichspolitik stand der Ausgleich, der Friede zwischen den zwei und später drei Hauptkonfessionen im Reich.

Eine gemeinsame Außenpolitik von Kaiser und Reich war unter diesen Umständen nur sehr eingeschränkt möglich. Denn hätte sich das Reich – wie es die Historiker des 19. Jahrhunderts für wünschenswert hielten – in die konfessionell getönten Machtkämpfe Europas im späteren 16. Jahrhundert eingemischt, dann hätte es als Ganzes konfessionell Partei ergreifen müssen – etwa in den Niederlanden auf spanischer und damit katholischer oder auf calvinistischer Seite. Eine solche Parteinahme ließ sich auf Reichsebene nicht durchsetzen, weil immer die jeweils Anderskonfessionellen dagegen opponierten. Daraus folgte, dass sich das Reich aus den konfessionellen und politischen Konflikten der anderen europäischen Mächte heraushalten musste und nicht einmal da etwas erreichen konnte, wo sein Besitzstand unmittelbar bedroht war. So scheiterten z. B. alle Versuche, von Reichs wegen die Übergriffe spanischer und niederländischer Truppen auf Reichsgebiet zurückzuschlagen, weil das nach Überzeugung der Zeitgenossen eine konfessionelle Parteinahme bedeutet hätte. Der größte Verlust für das Reich ergab sich allerdings nicht unbedingt aus konfessionellen Frontstellungen; es war der Verlust Livlands.

Livland war ein loser Verbund aus fünf Herrschaften, deren mächtigster der livländische Zweig des Deutschen Ordens war, eines geistlichen Ritterordens. In der zweiten

Hälfte des Jahrhunderts geriet Livland sozusagen ins Visier der mächtigeren umliegenden Ostsee-Anrainerstaaten, weil seine Herrschaft wenig zentriert war und daher schwach erschien. 1557 suchten sich die livländischen Herrschaften gegen Angriffe zu sichern, indem sie einen Bündnisvertrag mit Polen abschlossen, den Vertrag von Pozwol. Dieser Vertrag widersprach einem früheren, den sie mit Russland (dem Großfürstentum Moskau) abgeschlossen hatten. Das gab dem russischen Zaren Iwan IV. „dem Schrecklichen" (Groznyj, eigentlich: dem Gestrengen oder Gerechten, 1553–1584) den Vorwand, Livland 1558 mit militärischer Macht anzugreifen. Die Ordensritter erwiesen sich als hoffnungslos unterlegen und wurden in der Schlacht von Ermes (2. August 1560) völlig aufgerieben. Die bedrängten Städte und Landschaften Livlands wandten sich an verschiedene europäische Mächte um Hilfe: Die Stadt Reval und die Ritterschaft der Landschaften Harrien und Wierland (heute Estland) unterstellten sich im Juni 1561 der Herrschaft Schwedens; die Herzogtümer Ösel und Kurland akzeptierten die Oberhoheit eines dänischen Prinzen, des Herzogs Magnus von Holstein (1540–1583). Der Ordensmeister Gotthard Kettler (1517–1587) nahm 1561 einen Teil des früheren Livland von Polen zu Lehen, während der andere Teil unmittelbar an Polen fiel. Den lutherischen Städten im polnischen Livland wurde vertraglich zugesichert, dass sie lutherisch bleiben dürften. Daher bewahrte das Baltikum lange Zeit eine besondere konfessionelle Struktur: Die führenden Geschlechter der Städte, meist deutscher Sprache, waren lutherisch, während Esten und Letten katholisch blieben oder es später wurden.

Einige Hilfegesuche hatten livländische Stände auch an das Reich geschickt, aber von dort kam keine Hilfe – es fehlte an Geld, aber auch an dem Willen, ein so weit entferntes Gebiet beim Reich zu halten. Die Stadt Riga konnte sich noch bis 1581 selbstständig behaupten; sie war die nördlichste Reichsstadt. Dann musste sie sich Polen unterwerfen.

Eine gemeinsame, einheitliche Außenpolitik konnte das Reich nur dort treiben, wo es auch einen einheitlichen politischen Willen gab, das heißt, wo konfessionelle Unterschiede keine Rolle spielten. Das war der Fall bei der Abwehr der Osmanen. Sie galten als der gemeinsame Feind aller Christen, unabhängig von ihrer Konfession; und Reichsstände aller Konfessionen fanden sich in der zweiten Hälfte des Jahrhunderts immer wieder bereit, hohe „Türkensteuern" zu bewilligen. Wenn auch die Kaiser als Landesherren der österreichischen Erblande die Hauptlast der Verteidigung trugen, so galt doch der Beitrag zur Türkenabwehr als gemeinsame Reichsaufgabe und wurde auch geleistet. Die „Türkensteuern" wurden von den Territorialherren eingezogen, wobei sie das Recht hatten, einen Teil des eingesammelten Geldes für eigene Belange zu behalten. Verständlicherweise nutzten die Territorialherren diese Möglichkeit nach Kräften aus; die „Türkensteuern" wurden zum Mittel, bei den Untertanen eine regelmäßige Steuer durchzusetzen, die es bis dahin nicht gegeben hatte. Denn eine Steuer zur Abwehr des „gemeinen Feindes der Christenheit", wie es in vielen Türken-Flugschriften hieß, konnte ein christlicher Untertan schon aus religiöser Pflicht nicht verweigern. Die Pfalzgrafen, die der kaiserlichen Politik sehr kritisch gegenüberstanden, meinten zwar des Öfteren, die Habsburger malten die Türkengefahr nur an die Wand, um in Wahrheit Geld für ihre eigenen Interessen zu erhalten. Aber auch die Pfalz beteiligte sich an der „Türkenhilfe", weil sie nach allgemeiner Meinung das gesamte Reich anging.

b) Konfessionsbildung und konfessionelle Politik in den Territorien des Reiches

Das Reich war also außenpolitisch nicht völlig „enthaltsam“ oder „selbstgenügsam“. Aber als konfessionell uneinheitliches Staats- oder vielmehr Staatengebilde hatte es nur sehr eingeschränkte Möglichkeiten einer gemeinsamen Außenpolitik. Auch im Innern konnte es aufgrund des Augsburger Religionsfriedens keine einheitliche Staatskonfession durchsetzen, nicht einmal Versuche dazu unternehmen, wie es sozusagen dem europäischen Normalfall entsprochen hätte. Im Reich hatten allein die Territorialherren die Möglichkeit, eine konfessionelle Politik zu treiben, wie sie in jener Zeit für gut und richtig gehalten wurde. Eine solche Politik stand im Dienst sowohl der Festigung einer Konfession als auch der Konzentration der Herrschaft, wobei oft nicht zu entscheiden ist, welches das übergeordnete und welches nur ein abgeleitetes Interesse war.

Der Augsburger Religionsfriede führte deshalb – vielleicht ohne dass die Beteiligten es unmittelbar wollten – zu einem Schub von „Staatsbildung“ auf der Ebene der Territorialstaaten. Mithilfe der bis zum Friedensschluss etablierten Konfession und unter Berufung auf sie nahmen die Territorialobrigkeiten, d. h. Landesfürsten und einige Stadtmagistrate, neue Befugnisse für sich in Anspruch oder nutzten ihre überkommenen Möglichkeiten mit neuer Energie, um die jeweilige Territorialkonfession durchzusetzen und damit zugleich die eigene Herrschaft zu konzentrieren und zu festigen. Sie setzten Pfarrer und Lehrer ein und kümmerten sich um die Ausbildung der zukünftigen. Für besondere Vertrauensstellungen wurde der Eid auf die jeweilige Konfession verlangt, so z. B. für Ärzte, Universitätslehrer, Apotheker und Hebammen. Schulgründungen sollten die jeweilige Konfession den kommenden Generationen einschärfen. In katholischen Territorien erwarben sich die Mitglieder des Ordens der **Gesellschaft Jesu**, die Jesuiten, besondere Verdienste als Lehrer an Schulen und Universitäten.

Die Gesellschaft Jesu

Die Gesellschaft Jesu (lat. *Societas Jesu, SJ*) wurde 1539 von dem baskischen Edelmann Ignatius von Loyola (1491/92–1556) gegründet. 1540 bestätigte Papst Paul III. ihre Ordensstatuten. Kennzeichen des Ordens ist neben den drei mönchischen Gelübden von Armut, Keuschheit und Gehorsam ein besonderes Treueversprechen gegenüber dem Papst, das allerdings nur eine besondere Klasse von Ordensmitgliedern ablegt, die so genannten Professi. Die Jesuiten waren und sind nicht wie andere Mönchsorden zu gemeinsamem Leben (Chorgebet, Klausur) verpflichtet. So konnten sie in sehr flexibler Art viele Aufgaben der katholischen Reform im Sinne des Trienter Konzils übernehmen, z. B. in der Lehre an Schulen und Hochschulen, in der Seelsorge, der Politikberatung (als Beichtväter) und in der Mission.

Die obrigkeitlichen Maßnahmen zielten darauf, die jeweilige Landeskonfession für alle Einwohner verbindlich zu machen. Mithilfe zahlreicher Vorschriften sollte sie im Alltagsleben verankert werden. Den meisten Einwohnern musste man allerdings überhaupt erst die Grundlagen des Christentums beibringen, weil es um die religiöse Bildung und um die Lese- und Schreibkenntnisse des Kirchenvolkes vielfach schlecht stand.

Neben konfessionellen und kirchlichen Belangen wie Gottesdienstzeiten, Kirchenlieder, Katechese (religiösem Unterricht) und Armenversorgung wurden in den obrigkeitlichen „Landesordnungen“ auch Fragen der Lebensführung in Alltag und Festzeiten geregelt. Besondere Anordnungen verboten das Fluchen und Schwören – wahrscheinlich mit wenig Erfolg –, setzten den standesgemäßen Höchstaufwand für Festmähler und Feiertagsschmuck fest – denn Alltagsessen und Alltagskleidung waren meist ohnehin kärglich – und bestimmten zuweilen auch Löhne im Handwerk und Preise von Gewerbeerzeugnissen. Die obrigkeitlichen Festlegungen setzten sich allerdings nicht von allein durch, sondern nur dann, wenn die „Nachbarn" im Haus und in der Kirche darauf achteten, dass die Norm auch eingehalten wurde. Im Zusammenwirken von obrigkeitlicher Anordnung und alltäglicher sozialer Kontrolle setzten sich auf diese Weise jeweils regionaltypische Lebensformen durch. Diesen Vorgang bezeichnet man als Sozialdisziplinierung (der Begriff betont allerdings mehr die obrigkeitliche Perspektive). Er lief der „Herrschaftsverdichtung" seit dem Spätmittelalter ungefähr parallel. Auch die jeweilige Territorialkonfession setzte sich erst in einem jahrhundertelangen Prozess durch. Im Verlauf dieses Prozesses entstanden an das Bekenntnis (die Konfession) gebundene Identitäten, weshalb man den Prozess **„Konfessionsbildung"** oder **„Konfessionalisierung"** nennt. Wer mit der obrigkeitlich verordneten Konfession nicht einverstanden war, musste (nach damaligem Rechtsverständnis: durfte) auswandern, was dazu führte, dass während des gesamten 16. Jahrhunderts im Reich viele Flüchtlinge aus konfessionellen Gründen unterwegs waren.

Konfessionsbildung/Konfessionalisierung
Einige Forscher (z. B. Reinhard, Schindling) unterscheiden begrifflich zwischen „Konfessionsbildung" und „Konfessionalisierung". Dann bezeichnet „Konfessionsbildung" einen kirchengeschichtlichen Vorgang im engeren Sinne, die Entstehung der Bekenntniskirchen; als „Konfessionalisierung" wird dagegen der umfassende Prozess der konfessionellen Prägung des gesamten Lebens bezeichnet. E. W. Zeeden fasst noch beide Prozesse unter dem Begriff „Konfessionsbildung" zusammen.

Insgesamt führten die Reformanstrengungen dazu, dass obrigkeitliches Handeln in bisher ungewohnter Weise auf die unteren Ebenen durchdrang und auch die einfachen Leute, das „Volk", erfasste. Korporationen aus eigenem Recht, etwa die Zünfte, wurden stärker beaufsichtigt, und die Obrigkeiten regierten ihnen mehr hinein als früher. Darin bestand der Schub an „Verstaatlichung", den das 16. Jahrhundert im Reich mit sich brachte.

Die „innere" Geschichte des Reichs lässt sich deshalb am besten begreifen, wenn man den Blick auf Einzelterritorien richtet und beobachtet, wie ihre Politik konfessionell geprägt wurde, und zwar sowohl im Inneren, im Verhältnis der Landesherrschaft zu ihren Untertanen, als auch nach außen, im Verhältnis zu anderen Territorien und Staaten. Das soll im Folgenden an je einem Beispiel für die drei Hauptkonfessionen geschehen, nämlich dem katholischen Bayern, dem lutherischen Erzbistum Magdeburg und der reformierten Kurpfalz.

Die bayerischen Herzöge gehörten zu jenen Landesherren, die seit Beginn der Reformation konsequent gegen Luther und seine Anhänger vorgingen. Vor allem wollten sie der reformatorischen Bewegung dadurch die Spitze abbrechen, dass sie die Kirche des Landes reformierten und die Pfarrer auf Sittenstrenge und Treue zur alten Kirche verpflichteten. Für die bayerischen Herzöge vertrug sich diese Politik durchaus mit gelegentlicher Distanz zum Kaiser und zu den Päpsten der Zeit; denn am meisten lag den Herzögen daran, eine einheitliche Landeskirche unter herzoglicher Kontrolle zu schaffen. Herzog Albrecht V. (1550–1579) verfolgte dafür eine Politik, in der taktisches Entgegenkommen und konfessionelles Durchgreifen abwechselten, ohne dass er das Grundprinzip aus den Augen verlor, Bayern bei der alten Kirche zu halten. Diese Politik eignete sich auch dazu, die Kontrolle der Untertanen zu verstärken.

In den Fünfzigerjahren des Jahrhunderts, als das Trienter Konzil noch nicht abgeschlossen war, gab es unter den bayerischen Adligen eine starke Bewegung, die für die

Reform der alten Kirche eintrat und dabei einige Veränderungen im Sinne Luthers übernehmen wollte. Diese Adligen empfahlen z.B., die Ehe für Priester zuzulassen und den Kelch beim Abendmahl auch den Laien zu reichen. Diese Forderungen entsprachen dem, was das Interim unter Karl V. festgelegt hatte. Auf dem Landtag von Ingolstadt 1563 spitzte sich der Konflikt noch zu, eine Gruppe von Adligen forderte offen die Zulassung der Augsburger Konfession, also des Luthertums, in Bayern. Der Herzog geriet unter Druck, denn der Landtag drohte ihm, die herzoglichen Schulden nicht zu übernehmen, wenn die konfessionellen Forderungen nicht erfüllt würden.

Der Herzog reagierte darauf mit einer Politik, die im Kleinen den Adligen entgegenkam, im Grundsätzlichen aber hart blieb. Das Begehren nach Zulassung des Luthertums schlug er ab, versprach aber die „Kelchbewegung" zu unterstützen – was er auch tat. Sogar beim Papst trat er dafür ein, Priesterehe und Laienkelch zuzulassen, mit der Begründung, dies sei die einzige Möglichkeit, Bayern bei der alten Kirche zu halten. Zugleich suchte er die entschiedenen Lutheraner unter den Adligen um ihren politischen Einfluss zu bringen. 1563 gelang ihm das durch einen politischen Prozess.

Es ging um zwei lutherische Adlige, die in Bayern über Grundbesitz verfügten und im Landtag saßen, gleichzeitig aber auch Reichsritter bzw. Grafen waren, sodass sie in ihrem Territorium eine selbstständige Politik betreiben durften. Als sie in diesen reichsunmittelbaren Territorien das Luthertum einführten, konnte der bayerische Herzog nichts dagegen unternehmen, obgleich er es natürlich nicht gerne sah. 1563 aber fing er Briefe des Reichsritters ab, in denen der bayerische Herzog und seine Beamten heftig angegriffen wurden. Daraufhin machte der Herzog beiden Adligen den Prozess wegen Majestätsbeleidigung. Der Prozess förderte nichts Erhebliches zu Tage, wirkte aber auf die übrigen Lutheraner Bayerns so abschreckend, dass sie nicht mehr wagten, sich zu ihrer Konfession offen zu bekennen. Auch die „Kelchbewegung" schlief ein; und als Bayern 1564 ein päpstliches Schreiben erhielt, das dem Land ausdrücklich Priesterehe und Laienkelch zugestand, war die Frage in den politischen Debatten nicht mehr aktuell. Durch den Prozess hatte der Herzog sich sozusagen als zentrale Autorität der bayerischen Landeskirche durchgesetzt; und in den folgenden Jahren brachte er die bayerische Kirche konsequent auf nachtridentinisch-katholischen Kurs (s. katholische Reform in Bayern).

Katholische Reform in Bayern
Ab 1568 mussten alle Professoren der Ingolstädter Universität den Eid auf die Beschlüsse von Trient leisten, ab 1569 auch alle Lehrer, Geistlichen und Beamten. Im gleichen Jahr wurde ein Zensurmandat auf der Grundlage des Trienter Index (Verzeichnisses verbotener Bücher) erlassen. 1570 richtete der Herzog einen „Geistlichen Rat" als oberste Behörde für Schul- und Kirchenwesen ein, der Kontroll- und Strafbefugnis hatte. 1571 wurde der Laienkelch verboten.

Sein Nachfolger Wilhelm V. der Fromme (1579–1597) führte das Werk seines Vaters zielstrebig fort. Er vor allem war es, der auch die bayerische Außenpolitik, das Verhältnis zu anderen Fürsten des Reichs, nach den Maßstäben des nachtridentinischen Katholizismus auszurichten suchte. Dahinter stand selbstverständlich auch das Bestreben, die Position der eigenen Familie, der Wittelsbacher, im Reich zu verbessern. Konfessionelle Konfliktlagen nutzte Bayern konsequent für die Steigerung der eigenen Macht und der der Familie aus. Die erste Chance dazu bot der so genannte Kölner Krieg 1583.

Der Erzbischof von Köln, Gebhard Truchsess von Waldburg (Erzbischof 1577–1583), hatte sich 1582 entschieden, Protestant zu werden – nicht aus religiösen Gründen, sondern um ein adliges Stiftsfräulein heiraten zu können. Sein geistliches Kurfürstentum wollte er aber trotzdem behalten. Das war nach dem Geistlichen Vorbehalt nicht möglich und reichspolitisch besonders deshalb brisant, weil ein protestantischer Erzbischof von Köln bedeutet hätte, dass die Mehrheit der Kurfürsten protestantisch geworden wäre und der nächste Kaiser ein Protestant hätte sein können. Es war der Papst, Gregor XIII., der in dieser Situation dem bayerischen Herzog riet, einen Gegenkandidaten aus dem eigenen Hause zu präsentieren, nämlich den Bischof von Freising, Lüttich und Hildesheim, Ernst von Wittelsbach (Erzbischof 1583–1612). Nach den Richtlinien von Trient hätte er nicht vorgeschlagen werden dürfen, denn die Anhäufung mehrerer Bischofsämter war nicht zulässig. Aber die religiösen Bedenken traten zurück hinter den politischen Absichten: Der Geistliche Vorbehalt sollte durchgesetzt, ein protestantisches Kaisertum verhindert werden – und die Wittelsbacher Hausmacht konnte dabei kräftig gewinnen. Papst und Kaiser setzten den Erzbischof ab; **Domkapitel** und Landtag des Erzbistums Köln erklärten ihm den Krieg und wählten 1583 Ernst von Wittelsbach zum neuen Erzbischof.

Domkapitel
Das Domkapitel ist die zur Bischofswahl berechtigte Versammlung der Kleriker, die zum Dom (der Bischofskirche) gehören.

Nur Pfalzgraf Johann Casimir sagte dem abgesetzten Erzbischof Gebhard militärische Unterstützung zu, löste sein Heer aber bald wieder auf. Die Generalstaaten versagten sich ihm, und auch die deutschen Protestanten wollten ihm nicht beistehen, um nicht den Religionsfrieden insgesamt zu gefährden. So setzte sich Ernst von Wittelsbach mit leichter Mühe durch. Gebhard konnte nur noch ohnmächtig in Flugschriften gegen seine Amtsenthebung protestieren. Schließlich zog er sich auf seine Pfründe in Straßburg zurück. Wittelsbach dagegen behielt bis 1761 ein faktisches Besetzungsrecht für den Bischofssitz von Köln.

Der Kölner Krieg löste mittelbar auch Streit im Bistum Straßburg aus, den „Straßburger Kapitelstreit". Im Kölner Krieg waren außer Gebhard drei weitere hochrangige Kleriker exkommuniziert worden, die zugleich über Pfründen (Besitz oder Einkünfte) im Bistum Straßburg verfügten. Diese Pfründen zog der Straßburger Bischof ein, weil eine Pfründe nach Kirchenrecht nur einem amtierenden Kleriker zusteht – was die Exkommunizierten nicht sein konnten. Im Straßburger Domkapitel aber saßen auch protestantische Domherren. Das war zwar nach Kirchenrecht weder richtig noch überhaupt möglich, kam aber trotzdem vor; denn die Domherrenstellen in der Kirche des Reichs wurden seit Generationen an die jüngeren Söhne des Adels vergeben, die auf diese Weise eine Versorgung erhielten. Diese Sicherheit, man könnte auch sagen dieses Privileg, wollten die Adelsfamilien auch dann nicht aufgeben, wenn sie protestantisch geworden waren; und dieser Zustand wurde von Kaiser und Reich geduldet, weil er dazu diente, den Status der adligen Familien zu erhalten, und niemandem daran gelegen war, diesen Status zu verschlechtern.

Die protestantischen Domherren Straßburgs erhoben Einspruch gegen die Einziehung der Pfründen und wurden darin vom lutherischen Straßburger Stadtrat unterstützt. Der Streit polarisierte das Domkapitel, es entstanden zwei konfessionelle Parteien, die beide versuchten, ihre Position möglichst zu verbessern. So konnten sie sich nicht mehr darüber einigen, wer nach dem Tod eines Domherrn dessen Stelle einnehmen sollte, es kam zu einigen Doppelbesetzungen, und schließlich wurden 1592 zwei konkurrierende Bischöfe gewählt, ein protestantischer, Kurfürst Johann Georg von Brandenburg (Kurfürst 1571–1598), und ein katholischer, Karl Herzog von Lothringen (1543–1608, Herzog seit 1545). Es gab auch kriegerische Auseinandersetzungen, an denen sich Bayern aber nicht beteiligte, weil der Herzog hoch verschuldet war. Der Streit zwischen den konkurrierenden Bischöfen blieb jahrelang unentschieden, schließlich erhielt der Kardinal von Lothringen 1598 vom Kaiser die Belehnung mit den Regalien (den vom Kaiser zu vergebenden Rechten) des Bistums Straßburg. Damit war der Geistliche Vorbehalt dort wie in Köln durchgesetzt worden: Protestantische Reichsbischöfe sollte es nicht geben.

Unmittelbaren Gewinn hatte Bayern davon, dass ihm die Vollstreckung der Reichsacht an der Reichsstadt Donauwörth übertragen wurde. Die Stadt war lutherisch mit einer winzigen katholischen Minderheit. Als es zu Zusammenstößen zwischen den Konfessionen kam, war der Stadt 1605 schon einmal die Reichsacht angedroht worden. 1607 verhängte sie der Kaiser aufgrund eines Beschlusses des Reichshofrats. Herzog Maximilian von Bayern (1597–1651) vollstreckte die Acht, indem er die Stadt besetzte. 1609 übertrug ihm der Kaiser den Besitz von Donauwörth als Pfand, bis die Stadt die Exekutionskosten bezahlt hätte. Da sie dies nicht konnte, wurde sie faktisch dem bayerischen Staat eingegliedert.

Die Geschichte des Erzbistums Magdeburg illustriert einige weitere verfassungsrechtliche Probleme, die mit der Konfessionalisierung im Reich zusammenhingen. Magdeburg war wie Köln ein geistliches Fürstentum, der Erzbischof von Magdeburg war aber kein Kurfürst, sondern gehörte auf dem Reichstag dem Fürstenrat an. Das Domkapitel, die Versammlung der zur Bischofswahl berechtigten Kleriker, hatte 1566 den Protestanten Joachim Friedrich von Brandenburg (1546–1608, Administrator 1566–1598) zum Bischof gewählt. Nach dem Geistlichen Vorbehalt hätte er das Amt nicht antreten dürfen; und weder Kaiser noch Papst bestätigten die Wahl, fochten sie aber auch nicht ausdrücklich an. Joachim Friedrich war also Landesherr; aber er nannte sich nicht Bischof, sondern „Administrator des Erzbistums Magdeburg" und ließ sein Stimmrecht im Fürstenrat ruhen – wohl, um nicht eine katholische Reaktion zu provozieren. In der Folgezeit entwickelte sich Magdeburg zur Hochburg der Gnesiolutheraner, jener Richtung des Luthertums, die sich besonders eng und streng an Luthers Lehre halten wollte und kein Entgegenkommen gegenüber den Reformierten duldete. Der bedeutendste Theologe der Gnesiolutheraner war Matthias Flacius gen. Illyricus (1520–1575), produktiv als theologischer Schriftsteller – er veröffentlichte unter anderem die erste Kirchengeschichte aus lutherischer Sicht – und vor allem kompromisslos in seinen Streitschriften gegen alle, die nach seiner Ansicht von der reinen lutherischen Lehre abwichen. Unter anderem seinetwegen erhielt Magdeburg in der protestantischen Welt den ehrenden Beinamen „unseres Herrgotts Kanzlei". Flacius rief aber auch viel Streit mit Theologen eher vermittelnder Richtung hervor.

Um künftigen Lehrstreitigkeiten vorzubeugen, unterzeichneten 1577 Kursachsen, Brandenburg und Kurpfalz die so genannte **Konkordienformel** (*formula concordiae*).

Konkordienformel/Konkordienbuch
In der Konkordienformel hielt eine Gruppe lutherischer Theologen ihre Übereinstimmung in der Glaubenslehre fest und bestimmte, dass die *Confessio Augustana* in ihrer unveränderten Form (*CA invariata*) sowie weitere Bekenntnisschriften als Grundlage ihrer Konfession gelten sollten. Zusammen mit diesen Bekenntnisschriften wurde die Konkordienformel 1580 als Konkordienbuch veröffentlicht.

Der Administrator Joachim Friedrich machte sie für Magdeburg als Lehrgrundlage verbindlich. Seine Instruktion für die Kirchenvisitation, die obrigkeitliche Überprüfung von Pfarrern, Lehrern und Kirchengemeinden, macht deutlich, wie sehr Luthers Lehre und die Bekenntnisschriften mit „Gottes Wort“ schlechthin identifiziert wurden. Sie steht aber auch beispielhaft für die Bemühungen vieler – nicht nur lutherischer – Obrigkeiten, die als richtig erkannte Lehre durchzusetzen und tatsächlich allen Untertanen nahe zu bringen (siehe **Quelle**).

Aus der Instruktion für die Kirchenvisitation des Administrators des Erzbistums Magdeburg, Joachim Friedrich von Hohenzollern, 25. Mai 1583

Zitiert nach: Sehling, Emil (Hrsg.): Die evangelischen Kirchenordnungen des XVI. Jahrhunderts, Erste Abtheilung. Sachsen und Thüringen, nebst angrenzenden Gebieten. Zweite Hälfte, Leipzig 1904, S. 422. Übersetzung aus dem Frühneuhochdeutschen: E.-B. Körber

Vor allem [sollen die Pfarrer] die Bibel, die unveränderte Augsburgische Konfession, ihre Apologie, die Schmalkaldischen Artikel, den Großen und den Kleinen Katechismus Luthers, insbesondere aber die Konkordienformel nicht nur fleißig lesen und in den Kopf aufnehmen, sondern auch nach ihrer Richtschnur ihre Predigten halten, alle Verfälschungen und Sekten, die darin etwa verdammt werden und ihr entgegenstehen, für sich meiden und fliehen sowie bei ihren Zuhörern strafen. […]

Drittens, dass sie den Katechismus Luthers am Sonntagnachmittag fleißig unterrichten, auch jedes halbe oder Vierteljahr wiederholen und die jungen Menschen selber abhören, ebenso, dass in allen Kirchen eine einheitliche Lehrart beim Katechismus eingehalten werde.

Viertens ist es höchst nötig, dass sie von den hochwürdigen Sakramenten Christi, der Taufe und dem heiligen Abendmahl, nicht anders lehren noch anders damit umgehen, als wie es Christus selbst angeordnet und eingesetzt hat und wie in den Katechismen Luthers und in der Konkordienformel davon gelehrt wird, damit in diesen hohen Gottessachen nicht jeder seinem Gutdünken folge, nichts Abergläubisches hinzusetze oder sonst etwas befolge, das Ärgernis erregt.

Der Administrator wollte aber nicht nur im Innern seines Territoriums die reine lutherische Lehre durchsetzen, sondern auch das Gewicht Magdeburgs und des Luthertums in der Reichsverfassung erhöhen. Deshalb verlangte er auf dem Reichstag in Augsburg 1582 Sitz und Stimme auf den Reichstagen als Landesherr des Erzbistums Magdeburg, so wie es einem katholischen Erzbischof zugestanden hätte. Wäre diesem Verlangen stattgegeben worden, dann hätte das Reich offiziell die protestantische Landesherrschaft über ein Erzbistum anerkannt; der Geistliche Vorbehalt wäre aufgehoben gewesen, und das Stimmenverhältnis der Konfessionen im Fürstenrat hätte sich zugunsten der Protestanten verschoben. Darum lehnten die Katholiken den Magdeburger Antrag ab – ebenso sehr aus Treue zum Augsburger Religionsfrieden wie aus konfessionellem Eigeninteresse. Kursachsen wiederum wollte wegen dieses „Magdeburger Sessionsstreits“ nicht den gesamten Religionsfrieden gefährden und unterstützte den Administrator nicht. Joachim Friedrich wehrte sich zwar noch eine Weile, musste aber schließlich nachgeben und auf Sitz und Stimme im Fürstenrat verzichten.

Der „Magdeburger Sessionsstreit“ hatte ein kurzes, aber wichtiges Nachspiel. Sechs Jahre später nämlich, 1588, beanspruchte der Administrator wiederum wie ein Reichsbischof einen Sitz in der so genannten **Visitationskommission** für das Reichskammergericht.

Visitationskommission
Die Visitationskommission war ein Organ der Reichsstände, das Urteile des Reichskammergerichts als Revisionsinstanz überprüfen sollte. Sitz und Stimme in dieser Kommission wechselten turnusmäßig unter den Reichsständen.

Auch das suchten die katholischen Mitglieder der Kommission zu verhindern mit dem Argument, der Kaiser habe die Wahl des Administrators nicht bestätigt. Weil sich die Mitglieder der Kommission über diese Streitfrage nicht einigen konnten, brach die Kommission auseinander; sie trat nie mehr zusammen. Damit war ein wichtiges Organ der Reichsjustiz faktisch nicht mehr vorhanden; die rechtliche Lösung von Konflikten, auch zwischen den Konfessionen, wurde schwieriger.

Die Reformierten genossen zwar nicht dem Buchstaben nach, aber faktisch den Schutz des Religionsfriedens – nur deshalb konnten die Kurfürsten von der Pfalz ihren Übergang zur Lehre Calvins überhaupt durchsetzen. Die calvinische war für die Kurpfalz eine „zweite" Reformation, denn das Land war unter den Kurfürsten Friedrich II. (1544–1556) und Ottheinrich (1556–1559) lutherisch geworden; die Institutionen einer lutherischen Landeskirche aber waren bei Ottheinrichs Tod noch nicht überall eingeführt. Der nächste Kurfürst, Friedrich III. (1559–1576), trat zur Lehre Calvins über, zog gezielt Reformierte an seinen Hof und vertrieb alle Prediger, die den Wechsel zu der neuen Lehre nicht mitmachen wollten. Sehr schnell folgten die Gesetze aufeinander, die das Leben der Gemeinden nach den neuen Maßstäben Calvins regelten. Im Juli 1563 wurde eine Eheordnung verabschiedet – denn die Ehe galt damals als dem Kirchenrecht zugehörig –, im November die Kirchenordnung. Sie enthielt auch die Lehrgrundlage der neuen Kirche, den Heidelberger Katechismus. Zwei reformierte Theologen hatten ihn erarbeitet, Zacharias Ursinus (1534–1583) und Kaspar Olevianus (1536–1587). Sie werden einer vermittelnden Richtung zugerechnet und hatten Berührungspunkte mit dem Luthertum; dennoch wurde der Heidelberger Katechismus bald zum allgemein anerkannten Unterrichts- und Glaubensbuch für die reformierten Gemeinden im Reich. Die so genannte Kirchenratsordnung von 1564 etablierte dann die für reformierte Kirchen typische Kirchenzucht: Pfarrer, Lehrer und einfache Gemeindeglieder sollten in Lehre und Lebensführung regelmäßig überprüft und nötigenfalls auch gestraft werden. Nach der Auffassung Calvins steht die Straf- und Disziplinargewalt der „Gemeinde" zu, worunter die Kirchengemeinde, aber auch die Stadt- oder Dorfgemeinde verstanden werden konnte. Zwingli, der andere große Gründer reformierter Gemeinden, hatte sogar ausdrücklich gefordert, dass der Stadtrat die Kirchenzucht übernehmen sollte. Diesem Modell schloss sich die Kurpfalz zunächst an; die Kirchenzucht wurde der Landesherrschaft überlassen. Eine so genannte Zuchtordnung von 1570 bestimmte, dass einzelne Personen aus den Gemeinden, aber auch aus der lokalen Verwaltung die Überprüfung der Gemeindeglieder übernehmen sollten. Die Strafgewalt lag bei der Obrigkeit allein, sogar in Fällen, die nach heutigem Rechtsverständnis eindeutig kirchliche Belange betrafen. So stand die Entscheidung über den Bann (den Ausschluss vom Abendmahl oder sogar die Verstoßung aus der Gemeinde), ausschließlich dem Landesherrn zu.

Von der Selbstständigkeit der Einzelgemeinde, die für die westeuropäischen Reformierten etwa in den Niederlanden, Frankreich und Schottland so typisch war, blieb unter diesen Umständen so gut wie nichts übrig. Es entstand eine calvinistische Landeskirche, deren Geschäfte in enger Verflechtung religiöser mit politischen Belangen geführt wurden. Die oberste Kirchenbehörde, der Kirchenrat, war mit drei Theologen und drei gelehrten *Politici* besetzt, die der Landesherr berief. Er behielt sich in den wichtigsten kirchlichen Angelegenheiten die alleinige Entscheidung vor. Zwar galt er nicht wie im Luthertum als oberster Bischof (*summus episcopus*, daher: landesherrliches Summepiskopat); aber die Stellung des reformierten Landesherrn kam der bischöflichen doch sehr nahe.

Für den Alltag der Menschen brachte wahrscheinlich das Bilderverbot die meisten Neuerungen. Im reformierten Christentum wird das alttestamentliche Gebot, sich „kein Bildnis noch irgendein Gleichnis" von etwas Heiligem zu machen, als zweites der Zehn Gebote besonders ernst genommen. Bildliche Darstellungen von Gott, Christus oder den Heiligen gelten als heidnisch, in der Sprache des 16. Jahrhunderts: als „Götzenbilder"; selbst Kreuze sind in vielen reformierten Gemeinden bis heute verpönt. Die folgende Anordnung des Pfalzgrafen Friedrich III. beweist nicht nur seinen reformatorischen Eifer, sondern zeigt auch, wie viel als „Götzenwerk" beseitigt werden sollte und dass das alltägliche Leben noch viel stärker von Bildern und bildlichen Darstellungen geprägt war, als wir heute für selbstverständlich halten (siehe **Quelle**).

Befehl des Pfalzgrafen Friedrich III. an seine Amtleute betreffend die Abschaffung des Kirchenschmucks, 3. Oktober 1565

Zitiert nach: Sehling, Emil (Hrsg.): Die evangelischen Kirchenordnungen des XVI. Jahrhunderts, Bd. 14, Kurpfalz, Tübingen 1969, S. 429. Übersetzung aus dem Frühneuhochdeutschen: E.-B. Körber

Von Gottes Gnaden Friedrich Pfalzgraf bei Rhein, Erztruchsess und Kurfürst etc.
Liebe Getreue. Obwohl der verstorbene hochgeborene Fürst [...] Pfalzgraf Ott Heinrich, Kurfürst, seligen Angedenkens, und wir vielfach den Befehl in alle Ämter unseres Kurfüstentums, der Pfalzgrafschaft bei Rhein, haben ausgehen lassen, die Abgötterei überall abzuschaffen, so sehen wir doch täglich, dass an manchen Orten noch viel Abgötterei bestehen geblieben ist, z. B. Altäre, Ölberge, Götzenwerk [Heiligenbilder], Kruzifixe in den Kirchen und auf den Straßen sowie vor den Kirchen, ebenso Sakramentshäuschen, Taufsteine, Weihwasserkessel und mehr solches Götzenwerk. Weil wir nun einmal nach dem Befehl Gottes die Abgötterei durchaus zu vernichten gedenken, so befehlen wir euch mit Ernst hiermit, [...] alles oben genannte Geschmeiß, das noch in und außerhalb der Kirchen an seiner alten Stelle steht, rasch auf angemessene Art so zu vernichten, dass es auf ewige Zeiten nicht mehr zur Abgötterei gebraucht werden kann, zudem [sollt ihr] die Wände und Löcher gut wieder glatt streichen und übertünchen lassen. [...] Was aber an Chorröcken, Messgewändern, Alben, Chorkappen und anderem Ornat vorhanden ist, das verteilt unter arme Leute oder gebt es für Gott an Spitäler und anderes [...].

Da der nächste Kurfürst Ludwig VI. (1576–1583) ein orthodoxer Lutheraner war, musste das Land laut den Bestimmungen des Augsburger Religionsfriedens wieder lutherisch werden. Kurfürst Johann Casimir (1583–1592) führte den reformierten Gottesdienst wieder ein und setzte die Reformation im Sinne Calvins endgültig durch. Infolge der schnellen Konfessionswechsel hatte das Pfälzer Kirchenvolk bis zum Ende des Jahrhunderts unklare Vorstellungen davon, was es eigentlich glauben sollte. Die Kurfürsten aber waren nun entschieden reformiert und versuchten auch ihre Außenpolitik im Reich und außerhalb danach auszurichten.

Anders als etwa Kursachsen und die meisten lutherischen Reichsstände legten es die reformierten Pfalzgrafen nicht darauf an, den Religionsfrieden unter allen Umständen zu bewahren. Wichtiger war ihnen der konfessionelle Gesichtspunkt: Sie wollten dem Vordringen oder Wiedererstarken des Katholizismus etwas entgegensetzen und den Calvinismus in jeder Hinsicht fördern. Für Pfalzgraf Johann Casimir bedeutete das, dass er eine vom Reich teilweise unabhängige Außenpolitik trieb. Er unterstützte militärisch die Calvinisten, wo er konnte, z. B. schickte er Söldner in die Niederlande und nach Frankreich. Im Reich wollte er eine dezidiert antikatholische Politik durchsetzen. Deshalb mischte er sich in den Kölner Krieg ein und versuchte, allerdings erfolglos, die Zahlung der Türkensteuer an den Kaiser zu verhindern. Ebenso erfolglos endeten seine Versuche, den Geistlichen Vorbehalt zu Fall zu bringen. Der Pfalzgraf scheiterte am Widerstand Kursachsens, dem der konfessionelle Friede wichtiger war. Anstatt wie Kursachsen die konfessionellen Gegensätze, besonders zum Katholizismus, zu übertünchen und unter der Decke zu halten, bezog Johann Casimir klar Stellung in konfessionellen Konflikten, und seine Vorschläge zielten darauf, die nichtkatholischen Konfessionen und besonders den Calvinismus zu stärken. Im Reich drang Johann Casimir allerdings damit nicht durch, die lutherischen Reichsstände wollten den Konfrontationskurs nicht mittragen. Als der nächste Pfalzgraf, Friedrich IV. (1592–1610), die antikatholische Politik in rechtlichen Auseinandersetzungen fortzusetzen versuchte, – im so genannten Vierklosterstreit und der Debatte um Donauwörth – , sprengte er damit die wichtigsten Institutionen des Reichs.

Die vier Klöster, um die es im „Vierklosterstreit" ging, lagen in der Markgrafschaft Baden-Durlach, der Grafschaft Öttingen, der Reichsritterschaft Hirschhorn und der Reichsstadt Straßburg. Die vier Klöster waren nach dem Augsburger Religionsfrieden, also widerrechtlich, säkularisiert worden. Dagegen wehrten sich die Oberen der Klöster mit einer Klage vor dem Reichskammergericht. Sie bekamen Recht, aber die betroffenen Herren weigerten sich, dem Urteil Folge zu leisten, und verlangten die Revision des Urteils. Eine ordentliche Revisionsinstanz gab es aber seit dem Ende der Visitationskommission 1588 nicht mehr. Sozusagen aushilfsweise verwies der Regensburger Reichstag von 1597/98 das Urteil an den **Deputationstag**.

Im Jahre 1600 lag das Urteil dem Deputationstag zur Revision vor. Nach den Bestimmungen des Religionsfriedens hätte der Deputationstag ebenfalls gegen die protestantischen Säkularisierer entscheiden müssen. Pfalzgraf Friedrich IV., Mitglied des Deputationstags, wollte das verhindern und erklärte, nur ein neuer Reichstag könne über die Revision des Urteils beschließen. Als dieses Argument nicht durchdrang, verließ Friedrich zusammen mit den Vertretern von Kurbrandenburg und Braunschweig-Wolfenbüttel den Deputationstag, sodass er beschlussunfähig wurde. Damit gab es keine Revisionsinstanz für Urteile des Reichskammergerichts mehr; und da sich beim Reichskammergericht ohnehin schon zahllose Prozessakten unerledigt stapelten, funktionierte die Reichsjustiz nur noch sehr schleppend oder gar nicht. Zwar gab es noch ein zweites Gericht mit reichsweiter Zuständigkeit, den Reichshofrat; er war aber ein kaiserliches Gericht mit ausschließlich katholischen Richtern, während das Reichskammergericht paritätisch besetzt gewesen war. Der Pfalzgraf hatte, indem er die Revisionsinstanzen lahm legte, möglicherweise dem Protestantismus im Reich einen schlechten Dienst erwiesen.

Deputationstag
Der Deputationstag war eine Tagung ständischer Abgeordneter aus den Reichskreisen, auf der die beim Reichstag nicht erledigten Geschäfte behandelt werden sollten. Folgende Reichsstände konnten Vertreter zum Deputationstag schicken: die Kurfürsten (außer Böhmen), Österreich, Würzburg, Münster, Bayern, Jülich, Hessen, Weingarten, Fürstenberg sowie zwei Städte; 1559 wurden dazu Nürnberg und Köln bestimmt. Ab 1570 kamen Burgund, Braunschweig-Lüneburg, Pommern und Konstanz hinzu. Der Deputationstag verhandelte zum Teil wie der Reichstag in Kurien, teilweise aber auch „interkurial".

Zuletzt brach auch noch der Reichstag entlang konfessioneller Fronten auseinander, allerdings nicht nur aufgrund einer Pfälzer Initiative, sondern in der Debatte über das Vorgehen Bayerns gegen Donauwörth. Obwohl die Stadt nur pfandweise im Besitz Bayerns war, also Reichsstadt blieb, unterdrückte Maximilian dort den lutherischen Gottesdienst, was ein Bruch des Religionsfriedens war. Auf dem Regensburger Reichstag von 1608 machten die lutherischen Stände allerdings eher Verfahrensfehler zum Thema: Der kaiserliche Reichshofrat hätte in einer konfessionellen Streitfrage nicht entscheiden dürfen; auch die Übertragung der Achtvollstreckung an Bayern sei rechtlich nicht zulässig gewesen, weil eigentlich der Schwäbische Kreis diese Aufgabe hätte übernehmen müssen. Die Protestanten verlangten die erneute Bestätigung des Religionsfriedens. Das wollten die katholischen Stände nur zugestehen, wenn beide Konfessionsparteien alles zurückgäben, was sie sich seit 1555 – z. B. durch Säkularisationen – gegen den Wortlaut des Religionsfriedens angeeignet hätten. Den Protestanten erschien dies als Angriff auf ihren Besitzstand, da einige noch nach 1555 zur Reformation übergegangen waren und säkularisiert hatten; und sie wiesen das Ansinnen zurück. Ein kursächsischer Vermittlungsversuch scheiterte diesmal. Nach erregter und kontroverser Debatte verließ der Pfalzgraf mit seinen Anhängern den Reichstag; und er endete erfolglos, ohne „Abschied" (Beschlussdokument).

Zum ersten Mal hatte sich damit auch der Reichstag als unfähig erwiesen, einen konfessionellen Konflikt zu lösen oder zu entschärfen. Die reichsweiten Institutionen zur friedlichen Lösung konfessioneller Konflikte – Reichstag und Reichsgerichte – fielen nicht völlig aus; denn es gab die Gerichte ja noch und auch die Möglichkeit, einen Reichstag einzuberufen. Die Schwierigkeit bestand aber darin, dass die konfessionellen Konfliktparteien diesen Institutionen nicht mehr zutrauten, dass sie die Konflikte auch tatsächlich lösen könnten. Stattdessen rechneten die beiden Hauptkonfessionsparteien, Protestanten (Lutheraner und Calvinisten) und Katholiken, immer stärker mit einer militärischen Konfrontation. Sie bereiteten sich auf diesen Ernstfall vor, indem sie konfessionell akzentuierte militärische Bündnisse schlossen. Am 14. Mai 1608 bildete sich die protestantische Union unter Führung der Pfalz. Die katholische Liga entstand auf bayerische Initiative allmählich aus einem in München am 10. Juli 1609 geschlossenen Bündnis, dem sich nach und nach weitere katholische Reichsstände anschlossen, nicht allerdings der habsburgische Kaiser. Im Februar 1610 fand der erste Tag der Liga in Würzburg statt. Trotzdem trieb die Situation im Reich nicht zwangsläufig auf einen großen Konflikt oder gar Krieg zu. Für kurze Zeit sah es so aus, als könne das Reich auch ohne funktionierende Reichsjustiz und andere förmliche Konfliktlösungsmechanismen auskommen. Dann zeigte der jülich-klevische Erbfolgestreit, wie nahe in dieser gespannten Situation der offene Krieg lag.

Im Mai 1609 war der geisteskranke Herzog Johann Wilhelm von Jülich (Herzog seit 1592) kinderlos gestorben. Kaiser Rudolf II. (1576–1612) ließ – für seine notorische Trägheit überraschend schnell – das Land in kaiserliche Verwaltung nehmen, um es als **heimgefallenes Lehen** einzuziehen.

> **Heimfall**
> Ein Lehen fällt nach Lehnsrecht mit dem Tod des Vasallen (des Lehennehmers) an den Lehnsherrn zurück, es ist dann „heimgefallenes Lehen".

Ob er es endgültig behalten wollte, ist nicht sicher; jedenfalls behielt er sich vor, selbst zu entscheiden, wem er es als Lehen neu übertragen wollte. Bis zu dieser Entscheidung sollte es für den Kaiser eingezogen sein. Rudolf glaubte wohl nicht nur aus politischen Ursachen Grund zur Eile zu haben. Die Besetzung bot auch eine gute Gelegenheit, die noch ungefestigten konfessionellen Verhältnisse in den zersplitterten Herrschaften am Niederrhein zu beeinflussen. Kaiser Rudolf wollte das selbstverständlich im Sinne des römischen Katholizismus tun.

Aber zwei lutherische Konkurrenten waren schneller gewesen, Pfalzgraf Wolfgang Wilhelm von Neuburg (1614–1653) und Kurfürst Johann Sigismund von Brandenburg (1572–1619, Kurfürst seit 1608). Pfalzgraf Wolfgang war ein Neffe, Johann Sigismund der Mann einer Nichte des verstorbenen Herzogs von Jülich. Der brandenburgische Erbanspruch stand der entfernten Verwandtschaft wegen auf recht schwachen Füßen, zumal ein kaiserliches Privileg von 1546 bestimmte, dass beim Aussterben des Mannesstammes der Jülicher Herzöge nur die Neffen Herzog Johann Wilhelms erbberechtigt sein sollten. Dennoch hatten die Brandenburger den Erbfall einkalkuliert und sich dynastisch abgesichert. Die Kurfürsten Joachim Friedrich (1598–1608) und Johann Sigismund, Vater und Sohn, waren je mit einer Nichte Johann Wilhelms verheiratet. Damit wollten die Brandenburger den Kreis der Familien klein halten, die Erbansprüche erheben könnten.

Beide Fürsten hatten, noch vor dem kaiserlichen Kommissar, jeweils für einen Teil des Landes die symbolische Besitzergreifung vollziehen lassen – für Truppen hatten sie noch kein Geld – und nannten sich später stolz die „Possidierenden" (Besitzenden). Als der kaiserliche Kommissar auftauchte, einigten sich die beiden Possidierenden darauf, die kaiserlichen Ansprüche nicht anzuerkennen, sondern das Land gemeinsam zu regieren (Dortmunder Vertrag, 10. Juni 1609). Die Einigung entsprang taktischen Überlegungen und war nicht auf Dauer angelegt; denn langfristig wollte jeder der „Possidierenden" das gesamte Gebiet für sich allein haben.

Um seine Ansprüche gegen den Kaiser durchzusetzen, trat Kurfürst Johann Sigismund der protestantischen Union bei. Sie versprach ihm Unterstützung, wenn auch König Heinrich IV. von Frankreich dazu bereit sei. Dieser ergriff die willkommene Gelegenheit, sich mit einem Krieg gegen die Habsburger sozusagen außenpolitisch zurückzumelden. Er verbündete sich mit der Union und verlangte für seine Truppen das Durchmarschrecht durch die spanischen Niederlande. Da das abgelehnt wurde, schien ein Krieg unvermeidlich, der zwar nicht klare konfessionelle Fronten, aber eine konfessionell mitbestimmte Konstellation aufwies: Spanien und der Kaiser auf der einen, Frankreich und die protestantische Union auf der anderen Seite. England und die Generalstaaten hatten Hilfe für das antikaiserliche Bündnis versprochen. Es war eine ähnliche Koalition, wie sie Karl V. während seiner Regierung oft vor sich gesehen hatte. Dass der Krieg noch nicht ausbrach, war ein Zufall. König Heinrich IV. wollte gerade von Paris zu seinen Truppen aufbrechen, als er am 14. Mai 1610 ermordet wurde – von einem Mönch, der dem König sein Zusammengehen mit protestantischen Mächten übel nahm. Union und Liga hatten ebenfalls schon kriegsbereit gestanden, einigten sich aber im Oktober darauf, ihre Truppen zu entlassen.

Der Konflikt um die Jülicher Erbschaft war damit aber noch nicht beendet; vielmehr verschärfte er sich noch, weil konfessionelle Momente ins Spiel kamen. 1613 wurde der Pfalzgraf von Neuburg katholisch – wozu Herzog Maximilian von Bayern persönlich beigetragen hatte –, Johann Sigismund trat im gleichen Jahr zur Lehre Calvins über. Daraufhin ordneten sich die Koalitionen entlang konfessioneller Linien: Der Kaiser, Spanien und die Liga stellten sich auf die Seite des Neuburgers, die Generalstaaten erklärten sich zur Unterstützung Johann Sigismunds bereit. Schon lagen die Heere der vereinigten Mächte beider Seiten am Niederrhein einander gegenüber, als England und Frankreich eingriffen und einen Friedensvertrag vermittelten. Am 12. November 1614 wurde dieser Vertrag in Xanten abgeschlossen, das Gebiet des Jülicher Erbes geteilt.

Für den Moment war der große Krieg noch einmal abgewendet, buchstäblich in letzter Stunde. Aber die konfessionellen Spannungen bestanden fort, und das Reich als Gesamtstaat verfügte weiterhin über keine Möglichkeit, Konflikte auf rechtlichem und also friedlichem Wege zu lösen. Der Krieg zwischen den Konfessionen ließ sich mit Mühe und diplomatischem Einsatz noch vermeiden, aber er wurde immer wahrscheinlicher. 1618 entwickelte sich aus einem Gemenge von dynastischen Zufällen, konfessionellen Konflikten und politischen Auseinandersetzungen der große Krieg, der zum Dreißigjährigen werden sollte. Er zeigte, dass die Kompromisse der vorausgegangenen Epoche keinen der Beteiligten wirklich befriedigt und die Konflikte zwar in der Schwebe gehalten, aber nicht gelöst hatten.

4. Die österreichischen Erblande, Ungarn und Böhmen

1564	Erbteilung nach dem Tod Ferdinands I.
1566	Tod Süleymans des Prächtigen auf dem Kriegszug in Ungarn
1568	Friede von Adrianopel mit den Osmanen
1592–97	Bauernaufstand in Österreich ob der Enns
1593–1606	„Langer Türkenkrieg“
1606	Friede von Wien mit den Ungarn (23. Juni)
	Friede von Zsitvatorok mit den Osmanen (11. November)
1608	ständische Konföderation zur Absetzung Rudolfs
1609	Böhmischer Majestätsbrief
1612	Tod Kaiser Rudolfs

a) Die Habsburger als Landesherren

In den österreichischen Erblanden, Böhmen und Ungarn galt der Augsburger Religionsfriede nicht. Die Habsburger waren dort Landesherren unter den verschiedensten Rechtstiteln, etwa als Könige von Ungarn und Böhmen, Erzherzöge von Österreich ob und unter der Enns, Herzöge von Steiermark, Markgrafen von Burgau, Grafen von Tirol, je nach der Rechtsstellung des Landes. Für ihre Person waren alle Habsburger fromme Katholiken – mit Ausnahme vielleicht von Maximilian II., der sich vom Papst eine persönliche Erlaubnis verschafft hatte, das Abendmahl unter beiderlei Gestalt nehmen zu dürfen, und mit dem grundsätzlichen Vorbehalt, dass viele Habsburger auf die Päpste der Zeit schlecht zu sprechen waren und sie als Konkurrenten im Reformwerk, gelegentlich als politische Gegner ansahen.

Aufgrund ihrer persönlichen Frömmigkeit fühlten sich die Habsburger verpflichtet, den nachtridentinischen Katholizismus auch in ihren Herrschaftsgebieten durchzusetzen, wie das den politischen Grundsätzen im damaligen Europa entsprach. Einer solchen Politik standen aber in den Habsburger Ländern zwei gewichtige politische Hindernisse entgegen: die Macht der jeweiligen Landstände im Innern und die Bedrohung durch die Osmanen von außen. Daher konnten die Habsburger weder so konsequent einen „gegenreformatorischen" Kurs einschlagen, noch waren sie damit so früh erfolgreich wie die Herzöge von Bayern. In den Habsburger Herrschaften war die zweite Hälfte des 16. Jahrhunderts vielmehr eher gekennzeichnet durch starke, selbstbewusste protestantische Bewegungen und eine Politik des Ausgleichs auf der Seite der Landesherren. Die Politik des Ausgleichs entsprach insbesondere den Auffassungen der Kaiser Ferdinand I. und Maximilian II.; beide betrieben ja im Reich eine ähnliche Politik.

Ferdinand hatte in einer Nachfolgeordnung von 1554 seine Länder unter seine drei Söhne aufgeteilt.

Die Erbteilung von 1564

Maximilian (1527–1576, Kaiser seit 1564) wurde als Maximilian II. Nachfolger Ferdinands im Kaisertum und erhielt „Niederösterreich", was in diesem Falle heißt: die Erzherzogtümer Österreich ob und unter der Enns, Hallstatt und das Salzkammergut, sowie Ungarn und die böhmischen Länder einschließlich Schlesiens. Ferdinand (1529–1595) erhielt Tirol und die Vorlande, Karl (Regierung 1540–1590) „Innerösterreich", das heißt die Steiermark, Kärnten und Krain sowie Görz, Triest und Istrien. Die Bezeichnungen der Ländergruppen richten sich in diesem Falle nach den Verhältnissen bei der Erbteilung.

In Tirol und den Vorlanden hatte sich der römische Katholizismus schon in der ersten Jahrhunderthälfte wieder durchgesetzt, und zwar wahrscheinlich deshalb, weil der Protestantismus keinen Rückhalt in den Landständen hatte. Zwar hatte sich die reformatorische Bewegung in der ersten Hälfte des Jahrhunderts unter den Tiroler Bergknappen und den Bauern ausgebreitet. Aber die Bergknappen waren nicht in den Landständen vertreten, und die Bauern hatten zwar infolge des Bauernkriegs vorübergehend eine stärkere Position, doch hatten die Habsburger nach 1526 Schritt um Schritt die meisten Zugeständnisse an die Bauern wieder zurückgenommen. So gab es keine Korporation, die den Protestantismus gegenüber dem Landesherrn vertrat, und der Kurs der katholischen Reform, den die Habsburger Landesherren in Tirol steuerten, führte dazu, dass Tirol sozusagen eine Bastion des Katholizismus wurde.

In Niederösterreich und der Steiermark war dagegen die Mehrheit des Adels lutherisch, und auch in den Städten gab es viele Protestanten. Die Landstände, in denen Adel und Städte vertreten waren, machten sich in beiden Landesteilen zu Fürsprechern des lutherischen Bekenntnisses. Diese Ansprüche konnten die Habsburger nicht einfach übergehen, weil sie die Steuerbewilligung der Landstände für die Türkenabwehr brauchten. So war die Politik der Habsburger in diesen Teilen des Landes zunächst von Zugeständnissen an die Protestanten geprägt. 1571 gewährte Maximilian II. den Adligen Niederösterreichs die so genannte Religionsassekuration („Zusicherung" der freien Religionsausübung): Er gestattete ihnen, gemeinsam mit ihren Untertanen auf ihren Gütern lutherischen Gottesdienst zu feiern. Das war ein Ausnahmerecht, wie es zur gleichen Zeit etwa die französischen hugenottischen Adligen in den konfessionellen Friedensabkommen erhielten. 1574 wurde in Wien der lutherische Gottesdienst erlaubt. Diese Zugeständnisse galten nur für den protestantischen Adel und seine Gutsuntertanen; für die Städte galt keine Religionsfreiheit.

Auch Erzherzog Karl als Landesherr der Steiermark und der übrigen innerösterreichischen Länder musste seinen Landständen konfessionelle Zugeständnisse machen, weil er ihre Steuerbewilligungen zur „Türkenhilfe" brauchte. 1572 erlangte der steirische Adel in der so genannten Religionspazifikation wie der niederösterreichische das Privileg, auf seinen Gütern lutherischen Gottesdienst feiern zu dürfen. 1578 erhielten die steirischen Städte auf dem Landtag von Bruck an der Mur die mündliche Zusage der Religionsfreiheit. Die Landstände ließen diese Zusage sofort drucken, zusammen mit der Religionspazifikation von 1572. Damit sollte die Zusage einen rechtsverbindlichen Charakter erhalten. Insgesamt bildeten sie das so genannte Brucker Libell, auf das sich die Landstände der Steiermark wie auf eine Rechtsurkunde beriefen. Karl erkannte zwar die Zusage nicht an, unternahm aber auch nichts gegen die Rechte der Protestanten, weil er auf ihre Steuerbewilligung angewiesen war.

Wieder andere konfessionelle und politische Verhältnisse herrschten in Böhmen und Ungarn. In beiden Reichen wurde der König von Ständeversammlungen gewählt, auf denen großenteils Adlige zusammenkamen. Sie traten gegenüber dem Landesherrn, dem König, selbstbewusst auf und bestanden grundsätzlich auf ihrem Recht, selbstständige Politik zu betreiben. Zwar hatten sie nicht wie die Reichsstände eigene Territorialherrschaften ausgebildet, aber ihre Gewalt als Gutsherren konnte einer förmlichen Territorialherrschaft sehr nahe kommen, und sie bestimmten in der Regel auch darüber, welche Konfession auf ihren Gütern gepredigt und gefeiert wurde. In Böhmen war eine spätmittelalterliche Kirchenreformbewegung am meisten verbreitet, der **Utraquismus**.

Utraquismus
Der Utraquismus geht auf den böhmischen Kirchenreformer Jan Hus (um 1370–1415) zurück. Er schuf eine Art von böhmischer (= tschechischer) Nationalkirche, in der die Messe in tschechischer Sprache gefeiert wurde und der Laienkelch üblich war, beides mit ausdrücklicher päpstlicher Billigung. Weil in dieser Kirche das Abendmahl auch an die Laien mit Brot und Wein („unter beiderlei Gestalt", lat.: *sub utraque specie*) ausgeteilt wurde, nannte man die böhmischen Anhänger Hus' Utraquisten.

Viele Anhänger hatten die **Böhmischen Brüder**. Lutheraner und Calvinisten stellten nur kleine Minderheiten. Es gab jedoch auch mächtige böhmische Adelsfamilien, die katholisch blieben oder es in der zweiten Hälfte des Jahrhunderts wieder wurden, wie die Rosenberg, Slawata und Lobkowitz.

Die böhmischen Adligen nichtkatholischer Konfessionen wehrten sich gegen die Versuche der Habsburger, das Land ganz der römisch-katholischen Kirche zu verpflichten. 1575 legten Utraquisten, Böhmische Brüder und Calvinisten ein gemeinsames Bekenntnis vor, die *Confessio Bohemica*, und forderten die offizielle Duldung dieses Bekenntnisses. Maximilian II. gab diese Zusage, allerdings nur mündlich, sodass sie nicht rechtsverbindlich war. Für den Fall, dass sie in ihren politischen oder konfessionellen Rechten gekränkt würden, konnten die böhmischen Stände allerdings so genannte Defensoren (Verteidiger) wählen.

Böhmische Brüder
Die Gemeinschaft der Böhmischen Brüder trennte sich 1467 von der römischen Kirche und den Utraquisten und bildete mit den Mährischen Brüdern die Brüder-Unität (*unitas fratrum*). Sie predigte die völlige Loslösung von den Verstrickungen des weltlichen Lebens und im Unterschied zu Hus den Verzicht auf Gewalt.

Rudolf II. (Kaiser 1576–1612) war zwar wie die anderen Habsburger in einer selbstverständlichen und massiven Art fromm und sah sich als treuen Sohn der katholischen Kirche. Das vertrug sich bei ihm aber mit ausgesprochenem Misstrauen gegenüber den Institutionen des „gegenreformatorischen" römischen Katholizismus, gegenüber dem Papst und den Jesuiten; ja er ging sogar zu Beichte und Kommunion auf Distanz. An seinem Hof herrschte eine Mischung von vorkonfessioneller Frömmigkeit, humanistischen Vereinigungsversuchen und naturphilosophischen Spekulationen, die dem Kaiser schon bei den Zeitgenossen den Ruf eintrug, er beschäftige sich mit dunklen magischen Künsten. Damit stand er allerdings nicht so allein, wie es oft behauptet wird. Astrologie, Wahrsagerei und alchimistische Goldmacher-Experimente standen auch bei anderen Zeitgenossen hoch im Kurs; und vorkonfessionelle Frömmigkeit war mindestens bis zum Ende des Jahrhunderts noch weit verbreitet. Eine Ausnahmeerscheinung stellte Rudolf nur insofern dar, als er vielleicht der einzige Herrscher seiner Zeit war, der offensichtlich den distanzierenden und zentrierenden Formen neuzeitlicher Religion und Wissenschaft misstrauisch gegenüberstand oder sie sogar für falsch hielt. Franz Grillparzer hatte nicht so Unrecht, wenn er in seinem Drama „Ein Bruderzwist in Habsburg" Rudolf als einen „Konservativen" darstellte, der in der durchbrechenden Neuzeit nichts als Verfall und Verderben erkennen konnte.

Eine entschieden „zentrierende" neuzeitliche Politik ließ sich von diesem Herrscher nicht erwarten. Zeitgenossen und Nachlebende legten ihm das oft als Lethargie aus. Vielleicht war es aber tatsächlich, wie Grillparzer meint, bewusster Wille, in die verworrenen Verhältnisse nicht einzugreifen, um sie nicht in neuzeitlichem Sinne umformen zu müssen. Prag, böhmische Hauptstadt und seit 1583 Rudolfs Residenz, wurde nicht die Zentrale einer neuzeitlichen Großmacht, erlebte aber dennoch durch ihn eine kulturelle Blütezeit. Der Kaiser trug auf dem Hradschin eine der bedeutendsten Gemäldesammlungen der damaligen Welt zusammen und förderte Künstler und Kunsthandwerker, z.B. Edelsteinschleifer und Goldschmiede. Schließlich war es Rudolfs konfessioneller Indifferenz zu verdanken, dass zwei bedeutende protestantische Astronomen an seinem Hof leben und arbeiten konnten, nämlich Tycho Brahe (1546–1601) und Johannes Kepler (1571–1630).

Ungarn war wahrscheinlich unter den Herrschaftsgebieten der Habsburger am stärksten vom Adel dominiert und geprägt vom Abwehrkampf gegen die Türken. Der Adel im westlichen, dem „Königlichen", Ungarn war großenteils calvinistisch und setzte diese Konfession auf seinen Gütern durch, wo er Herrschaftsbefugnisse hatte. Gegen diesen starken Adel ließ sich eine gegenreformatorische Politik ebenso wenig durchsetzen wie in Böhmen, zumal die Habsburger gerade die ungarischen Adligen zur Verteidigung gegen die Türken brauchten. Denn an der Grenze zu den Osmanen herrschte zwar seit 1568 offiziell Frieden, aber das bedeutete einen ständigen Kleinkrieg von Beutezügen und Grenzgefechten. Die habsburgischen Landesherren waren also auf Geld und Verteidigungsleistungen des ungarischen Adels angewiesen und hüteten sich wohl davor, ihn durch gegenreformatorische Politik zu verärgern.

Als europäischer Sonderfall muss Siebenbürgen erwähnt werden, weil es gelegentlich mit den Habsburgern in enge Verbindung trat, obwohl es nicht zum Habsburgerreich gehörte. Siebenbürgen war der östliche Teil Ungarns und stand seit 1541 unter osmanischer Oberhoheit. Der „Landesherr", der Wojwode, war vom Sultan abhängig und schuldete ihm Tribut. Der Sultan versuchte aber offensichtlich nicht, die Siebenbürger zum Islam zu bekehren; denn nach islamischer Rechtsauffassung ist es wichtiger, ein Land dem islamischen Machtbereich (*dar al-islam*) einzugliedern, als die Religion bei allen durchzusetzen. Aber der Wojwode war als Landesherr zu schwach, um dezidiert „christliche" oder gar konfessionelle Politik zu betreiben. So kam es, dass sich in Siebenbürgen neben Orthodoxen und Katholiken zahlreiche Gemeinden reformatorischer Bekenntnisse bildeten und auch Splittergruppen geduldet wurden, die man im übrigen Europa verfolgte, wie Täufer und Antitrinitarier (Unitarier; das sind Christen, die die

Lehre von der Dreieinigkeit Gottes ablehnen). In dieser konfessionellen Gemengelage entwickelte sich ein sehr eigenes, reges geistiges Leben; man spricht von der siebenbürgischen „Blumenrenaissance". Zumindest bis zum Ende des Jahrhunderts rissen die Kontakte zum christlichen Westeuropa nicht ab, da viele junge Leute westeuropäische Universitäten besuchten, vor allem die calvinistischen wie Genf oder Leiden. Siebenbürgen bot ein Beispiel für Toleranz, die allerdings aus der Schwäche der Landesherrschaft resultierte und in ihrer Zeit eine völlige Ausnahme war.

Wie im Reich, so ging auch in den Erblanden – noch nicht in Böhmen und Ungarn – die Politik des Ausgleichs nach dem Tode Maximilians (1576) allmählich zu Ende. Die Generation der „Friedensfürsten" starb; eine neue Generation kam in die Herrschaftspositionen, eine Generation von Männern, die schon mit strengen konfessionell bestimmten Normen aufgewachsen waren und es als Erwachsene für ihre Pflicht hielten, einen konfessionellen Standpunkt klar und möglichst ohne Abstriche durchzusetzen. Zu diesen Herrschern gehörten die Erzherzöge Ernst (1553–1595) und Matthias (1557–1619), die nach dem Tod Maximilians als Stellvertreter des neuen Kaisers Rudolf (1576–1612) in Österreich ob und unter der Enns regierten, sowie Erzherzog Ferdinand III. (geb. 1578; als Kaiser: Ferdinand II., 1619–1637), der seit 1590 Landesherr in „Innerösterreich" war und 1596 eigenverantwortlich die Regierung übernahm.

Die von diesen Herrschern verfolgte Konfessionspolitik kann man tatsächlich als „Gegenreformation" bezeichnen. Denn nicht die innere Reform der katholischen Kirche stand im Mittelpunkt dieser Politik, sondern eine ausgesprochen gewaltsame Rekatholisierung. Sie setzte bei den Städten an, weil diese keine ausdrückliche Zusicherung freier Religionsausübung erhalten hatten. So genannte Reformationskommissionen bekamen den Auftrag, Protestanten aufzuspüren, lutherische Prediger zu verhaften oder zu vertreiben und nichtkatholische Bücher zu verbrennen – was auch durchgeführt wurde, oft mit militärischer Gewalt. Vergeblich baten die steiermärkischen Stände um die Bestätigung des Brucker Libells. Sie wandten sich auch an mehrere lutherische Universitäten, um Ratschläge für ihr politisches Verhalten einzuholen. Da es aber im Luthertum – anders als im Calvinismus – keine klare Lehre vom politischen Widerstandsrecht aus Glaubensgründen gibt, konnten die Professoren ihren Glaubensgenossen nur leidenden Gehorsam gegenüber der gegenreformatorischen Obrigkeit empfehlen. 1595 stellte Ferdinand von Steiermark auch die Adligen seines Landes vor die Entscheidung, entweder katholisch zu werden oder auszuwandern. Damit verlor das Luthertum in der Steiermark endgültig seinen politischen Rückhalt, und um 1600 galt das Land als „rekatholisiert". Protestantische Gemeinden hielten sich zwar noch lange Zeit, aber nur im Geheimen; bis 1781 war in Österreich die Feier protestantischer Gottesdienste verboten.

In Österreich ob der Enns war die Stellung des Protestantismus am stärksten. Dort hing nicht nur die Mehrheit der Bevölkerung dem Luthertum an, sondern es hatte auch Rückhalt bei den selbstbewussten Ständen, die über eine eigene Finanzverwaltung und eigene Truppen verfügten. Gegen die ersten energischeren gegenreformatorischen Maßnahmen erhoben sich 1592 die Bauern in einem Aufstand. Er wurde allerdings wie die Aufstände des deutschen Bauernkriegs erst durch Verhandlungen gelähmt und schließlich 1597 militärisch niedergeworfen. Dabei wirkten kaiserliche Truppen mit denen der Stände zusammen, da die Adligen selbst um ihre Machtstellung fürchteten, falls der Aufstand siegreich bliebe. Dem Kaiser bot der Aufstand den Anlass, das Luthertum in Städten und Dörfern weiter zurückzudrängen; nach einem kaiserlichen Erlass von 1596 war lutherischer Gottesdienst nur noch auf den Schlössern des Adels und in bestimmten, zu Adelsgütern gehörenden Kirchen erlaubt.

Zu Anfang des 17. Jahrhunderts versuchten die Habsburger, die gegenreformatorische Politik auf Ungarn auszudehnen, provozierten allerdings damit einen Aufstand, der zur Krise der habsburgischen Dynastie erheblich beitrug.

b) Habsburger Außenpolitik

Die Habsburger Politik gegenüber Polen kann man nur erklären aus dem damals allgemeinen Bestreben, den jeweils eigenen Herrschaftsbereich auf alle mögliche Weise zu vergrößern. Seit dem Tod des polnischen Königs Sigismund II. August (König 1548–1572), des letzten Königs aus der Dynastie der Jagiellonen, hatte sich in Polen das Prinzip der freien Wahl des Königs durch den Adel völlig durchgesetzt. Bei den polnischen Königswahlen stimmte jeder der mehreren tausend (!) wahlberechtigten Adligen persönlich ab. Da eine einstimmige Entscheidung unter diesen Umständen fast unmöglich war, das Mehrheitsprinzip sich aber noch nicht durchgesetzt hatte, mussten nach einer Wahl meistens die Waffen zwischen den Kandidaten entscheiden. Die Habsburger stellten bei jeder polnischen Königswahl in der zweiten Hälfte des Jahrhunderts einen Kandidaten auf (1573; 1575; 1587). Sie unterlagen allerdings jedes Mal.

Das außenpolitische Hauptproblem der deutschen Habsburger aber war und blieb die Bedrohung durch das Osmanische Reich. Sultan Süleyman der Prächtige hatte 1547 mit den Habsburgern Frieden geschlossen, den sich die Habsburger allerdings durch jährlichen Tribut erkaufen mussten. Es war ein unsicherer Friede, weil sowohl Kaiser Maximilian II. als auch die Anhänger des noch unmündigen Fürsten von Siebenbürgen, Johann Sigismund Zapolya, die Herrschaft über ganz Ungarn beanspruchten. In den Fünfzigerjahren des Jahrhunderts (1551–1556) beherrschte Ferdinand vorübergehend auch Siebenbürgen, das Land unterwarf sich aber wieder der osmanischen Oberhoheit, als die Osmanen mit ihren östlichen Nachbarn und Feinden, den Persern, Frieden geschlossen hatten und mit einem Unterwerfungsfeldzug drohten. 1564 brachen die Feindseligkeiten zwischen Habsburgern und Osmanen von neuem aus – jede Seite schob der anderen die Schuld daran zu. 1566 kam Sultan Süleyman noch einmal bis vor Szigetvár, starb aber während der Belagerung. Die Umgebung des Sultans hielt seinen Tod drei Tage lang geheim, bis die Festung gefallen war. Dann machte die Janitscharentruppe kehrt, weil sie bei den erwarteten Nachfolgekämpfen in Istanbul eine Rolle spielen wollte.

Unter Süleymans Nachfolgern Selim II. (1566–1574) und Murat III. (1574–1595) genossen jedenfalls die österreichischen Habsburger eine ruhigere Zeit. 1568 schloss Selim wegen andauernder Aufstände im Jemen mit den österreichischen Habsburgern den Frieden von Adrianopel (türk.: Edirne) auf der Basis des Status quo. 1570 legten Maximilian und der Sultan im Vertrag von Speyer auch ihren Streit um Ungarn bei: Maximilian verzichtete darauf, das osmanisch gewordene Ungarn zurückerobern zu wollen; der Sultan zwang Johann Sigismund Zapolya, auf den Titel eines Königs von Ungarn und damit auf seinen Anspruch auf ganz Ungarn zu verzichten. Der Friede von Adrianopel war ursprünglich befristet, wurde aber in den folgenden Jahren immer wieder verlängert, hauptsächlich weil die Osmanen für ihre Auseinandersetzungen mit den

Persern den Rücken frei haben wollten. Wie im Mittelmeer dauerte an der ungarischen Grenze statt des „großen" Kriegs ein ständiger Kleinkrieg an.

Sozusagen folgerichtig brach der „große" Krieg wieder aus, als die Osmanen 1590 mit den Persern Frieden geschlossen hatten. Grenzstreitigkeiten, deren genauer Anlass umstritten ist, gingen 1593 in den offenen Krieg zwischen Habsburg und den Osmanen über. Diesen Krieg nutzten die von den Osmanen unterworfenen Fürstentümer Siebenbürgen, Moldau und Walachei (heute Rumänien) dazu, sich von der osmanischen Herrschaft loszusagen. 1595 besiegten sie unter Michael dem Tapferen (1593–1601) bei Giurgiu in der Walachei die osmanischen Truppen. Vielleicht strebte Michael die volle Unabhängigkeit dieser Fürstentümer an – das 19. Jahrhundert erklärte ihn dafür zum rumänischen Nationalhelden. Aber unter den Verhältnissen des 16. Jahrhunderts, zwischen den beiden Großmächten Habsburgs und der Osmanen eingeklemmt, hätten die Fürstentümer wohl kaum ihre Unabhängigkeit bewahren können; ihr Unternehmen scheiterte. Der Fürst von Siebenbürgen, Sigismund Bathory (1581–1603), verzichtete zugunsten der Habsburger auf die Herrschaft über Siebenbürgen; er erhielt dafür die schlesischen Herzogtümer Oppeln und Ratibor. Moldau und Walachei wurden nach dem Tod Michaels – er wurde von einem Habsburger Heerführer ermordet – wieder osmanisch.

Nun kämpften die beiden Großmächte noch um Ungarn. Die Habsburger hatten große Gebiete erobert und versuchten sofort, wie in den Erblanden, eine gegenreformatorische Politik durchzusetzen. In Ungarn stießen sie aber auf größere Vorbehalte und Schwierigkeiten. Der ungarische Adel war großenteils reformiert. Während die österreichischen Lutheraner angewiesen worden waren, auch die Bedrückung durch die Obrigkeit leidend hinzunehmen, kannten die ungarischen Reformierten eine andere Lehre. Nach der Auffassung einiger reformierter Theologen dürfen niedere Gewalten (*magistratus*) politisch gegen eine Obrigkeit vorgehen, die die rechte (reformierte) Lehre unterdrückt. Die ungarischen Adligen trugen keine Bedenken, sich als zum Widerstand berechtigte *magistratus* anzusehen. Außerdem waren sie es sozusagen seit 1526 gewohnt, gegenüber den Habsburgern die besonderen Rechte Ungarns nachdrücklich zu vertreten und sich notfalls mit Waffengewalt zu wehren. Aus all diesen Gründen fand die gegenreformatorische Politik der Habsburger in Ungarn keinen Gehorsam, sondern weckte Erbitterung. Der ungarische Adlige Stefan Bocskai (1557–1606) führte die Revolte gegen die habsburgische Herrschaft an. 1604 eroberte er Siebenbürgen, wurde 1605 zum Fürsten gewählt und unterstellte sich der osmanischen Herrschaft.

Den Türkenkrieg konnten die Habsburger erst durch den Frieden von Zsitvatorok (Mündung des Flüsschens Torok, nördlich der Stadt Komorn, 11. November 1606) beenden. An den Besitzverhältnissen änderte er nichts; die Frage, ob Siebenbürgen nun habsburgisch, osmanisch oder ein unabhängiger Staat sei, ließ er absichtlich offen. Die Bedeutung des Friedens von Zsitvatorok für die Habsburger lag darin, dass sie zum ersten Mal von den Osmanen als gleichberechtigte Herrscher angesehen und bezeichnet wurden. Der bisher übliche jährliche Tribut wurde durch eine einmalige Zahlung abgegolten.

c) Verschränkung von Außen- und Innenpolitik in der Krise der Dynastie

Die doppelte Bedrohung durch den Türkenkrieg und den ungarischen Aufstand hatte die Habsburger Dynastie in eine schwierige Lage gebracht. Kaiser Rudolf II. hatte eine Zeit lang versucht, die Osmanen durch einen Krieg im Bunde mit den Persern zu bekämpfen, was ihm aber nicht geglückt war. Die gegenreformatorische Politik in Ungarn wollte er offenbar aus konfessioneller Prinzipientreue nicht aufgeben; er weigerte sich, den Ungarn, wie sie verlangten, konfessionelle Zugeständnisse zu machen. Die größte Schwierigkeit für die Dynastie im Innern bestand darin, dass Rudolf keine Regelung für seine Nachfolge getroffen hatte: Eheverhandlungen hatte er so lange verschleppt, bis sie scheiterten, hatte aber nicht darüber bestimmt, wer sein Nachfolger werden sollte. Die übrigen Männer des Hauses Habsburg, besonders sein Bruder Matthias und sein Vetter Ferdinand, bekamen den Eindruck, er lasse die Regierungsgeschäfte schleifen – wozu sicher beitrug, dass Rudolf unnahbar und misstrauisch war, vielleicht sogar gemütskrank. Als 1606 der ungarische Aufstand seinen Höhepunkt erreichte, erklärten die **Erzherzöge** Matthias zum Oberhaupt des Hauses, was bedeutete, dass sie ihn sozusagen ermächtigten, anstelle des Kaisers, den sie für regierungsunfähig hielten, die Politik des Hauses Habsburg in die Hand zu nehmen.

Erzherzöge
„Erzherzog von Österreich" war der Titel des Kronprinzen in der deutschen Linie des Hauses Habsburg; Erzherzöge wurden auch andere männliche Mitglieder dieser Linie genannt, die nicht regierende Kaiser waren.

Matthias einigte sich im Vertrag von Wien (23. Juni 1606) mit den aufständischen Ungarn und gestand ihnen freie Religionsausübung zu. Für diese Verhandlungen hatte Matthias zwar von seinem Bruder, Kaiser Rudolf, eine Vollmacht erhalten. Aber Rudolf akzeptierte den Wiener Vertrag nicht und suchte seine Ausführung zu hindern, wo er konnte. Die Ungarn suchten daraufhin Rückhalt bei Matthias für den Schutz ihres reformierten Bekenntnisses. Die Stände Österreichs, Ungarns und Mährens schlossen sich 1608 zu einer „Konföderation" (Vereinigung, Schwurgemeinschaft) zusammen und rüsteten Soldaten aus, die unter Matthias' Führung auf Prag marschierten. Matthias und die Stände erklärten Rudolf für abgesetzt, statt seiner sollte Matthias in Ungarn, Mähren und den Erblanden die Landesherrschaft übernehmen.

Die Koalition des Erzherzogs Matthias mit den Ständen hatte außer der Absetzung Rudolfs kein gemeinsames Ziel, vielmehr verfolgten die Verbündeten höchst unterschiedliche Interessen. Den Ständen Ungarns ging es um die Sicherung ihres reformierten Bekenntnisses und ihrer Macht. Die Stände Mährens und Österreichs erhofften sich vielleicht ähnliche Garantien, wenn sie sich für Matthias einsetzten. Sie blieben aber misstrauisch und schlossen vor Prag sogar ein Geheimbündnis gegen Matthias zum Schutz ihres Bekenntnisses ab. Denn Matthias hatte sich in Ober- und Niederösterreich, wo er seit 1595 als Stellvertreter Rudolfs regierte, längst als eifriger und gewaltsamer Rekatholisierer erwiesen. Das konfessionelle Entgegenkommen gegenüber den Ungarn war ihm nur ein taktischer Schachzug gewesen, mit dem er sich Unterstützung hatte sichern wollen. Matthias' Ziel war, seinen Bruder wegen Regierungsunfähigkeit zu entmachten und seine Nachfolge anzutreten.

Aber die scheinbar schwache Koalition hatte Erfolg. Kaiser Rudolf war von den Ständen fast aller seiner Länder verlassen, nur noch die Böhmen hielten zu ihm. Um sich ihre Unterstützung zu sichern, gewährte ihnen Rudolf ebenfalls Religionsfreiheit im so genannten Böhmischen Majestätsbrief von 1609 und verbot darin auch jegliche gewaltsame „Bekehrung" zu einer anderen Konfession. Der Böhmische Majestätsbrief ging in der Gewährung von Religionsfreiheit noch weiter als der Augsburger Religionsfriede, denn nach dem Majestätsbrief konnten alle Einwohner Böhmens ihre Konfession frei wählen, nicht nur die Landstände.

Erst in dieser Zeit der Bedrohung traf Rudolf eine Regelung für seine Nachfolge. Er überging allerdings seinen Bruder und bestimmte stattdessen einen Vetter, den Erzherzog Leopold (1586–1632), zum Nachfolger. Dieser unterstützte den Kaiser sofort mit Truppen, aber als die Soldaten in Böhmen zu plündern begannen, riefen die Stände Böhmens Matthias zu Hilfe und krönten ihn 1611 zum böhmischen König. Rudolf war nun ein „Kaiser ohne Land" geworden. 1612 starb er.

Langfristig auswirken sollten sich besonders die konfessionellen Veränderungen und Festlegungen in den Erblanden, Böhmen und Ungarn. Die österreichischen Erblande konnten der gegenreformatorischen Politik der Landesherren kaum etwas entgegensetzen, da sie nur unsichere Garantien erhalten hatten, die von den Habsburgern als katholischen Landesherren bald wieder außer Kraft gesetzt wurden. Deshalb erlag das österreichische Luthertum der landesherrlichen „Gegenreformation". Anders war es in Ungarn und Böhmen. In beiden Ländern hatten die nichtkatholischen Bekenntnisse (Calvinismus bzw. Utraquismus) politischen Rückhalt bei den Ständen. Diese konnten verfassungsähnliche Garantien für die nichtkatholischen Bekenntnisse durchsetzen und – in Böhmen kraft des Amtes der Defensoren – darüber wachen, dass die Garantien auch eingehalten wurden. In Böhmen wurde der Majestätsbrief 1620 nach der militärischen Niederlage der Stände gegen den Kaiser außer Kraft gesetzt. In Ungarn hielt sich der Calvinismus bis weit ins 17. Jahrhundert.

IV. Zusammenfassung: Politische Veränderungen im 16. Jahrhundert

1. Die Veränderung der Universalmächte

a) Papsttum

Überblickt man die politischen Veränderungen, die das 16. Jahrhundert in Europa heraufführte, so lässt sich erkennen, dass durch die Gewinnung neuer „Standpunkte" auf vielen Gebieten der Politik die mittelalterliche Ordnung zusammenbrach, auch wenn die unmittelbar Beteiligten und Betroffenen das zunächst nicht wahrhaben wollten. Am klarsten sieht man die Veränderung am Papsttum und am Kaisertum, den beiden Ämtern, die für die politische und religiöse Vorstellungswelt des Mittelalters zentral gewesen waren.

Das Papsttum als Amt erlebte in der ersten Hälfte des 16. Jahrhunderts eine tiefe Krise, weil die berüchtigten „Renaissance-Päpste" sich – mit wenigen Ausnahmen – um die Belange der universalen Kirche nicht kümmerten. Sie sahen das Papstamt hauptsächlich als Versorgungsinstitut für sich und ihre Familien und allenfalls als Mittel zum Genuss an. Das Papstamt als religiöse Aufgabe war den meisten ziemlich gleichgültig. Dass jenseits der Alpen die Kritik an Kirche und Papsttum schärfer wurde und durch Luther ins Prinzipielle umschlug, nahmen die Päpste nicht ernst; anstatt Reformanstöße aufzunehmen, glaubten sie, nach Bann und Acht gegen den „Ketzer" könne die Kirche buchstäblich unangefochten weiterleben wie bisher. Erst rund dreißig Jahre später grenzte das Trienter Konzil die eigene Position von der der Reformatoren ab und fasste die Reformbeschlüsse, die zur Erneuerung, vielleicht müsste man sagen, zur Neuformierung des „nachtridentinischen" Katholizismus führten. Die „alte" Kirche hatte sich neu definiert, sich abgegrenzt; die Christenheit im Abendland aber blieb gespalten bis heute.

Für die römische Kirche und das Papsttum in Europa – nicht auf der ganzen Welt, wo sich durch die spanische und portugiesische Mission das Christentum noch ausbreitete – brachte das 16. Jahrhundert einen Machtverlust größten Ausmaßes. Am Ende des Jahrhunderts bekannten sich nur noch Spanien und Portugal, Italien und die südlichen Niederlande uneingeschränkt zum Katholizismus. In Frankreich herrschte zwar ein katholisches Königshaus, aber die calvinistischen „Hugenotten" bildeten eine Korporation eigenen Rechts und konnten mit dem Edikt von Nantes von 1598 sogar eine königliche Urkunde vorweisen, die ihnen diesen Status verbriefte. Sie hatten laut dem Edikt Zugang zu öffentlichen Ämtern und verfügten sogar über eigene Festungen und Militär unter eigenem Kommando. In den nördlichen Niederlanden hatte sich der Calvinismus als „Öffentlichkeitskirche" etabliert, wenn auch nicht als für alle Einwohner verpflichtend. Katholiken bildeten eine Minderheit. Schottland war reformiert; das englische Staatskirchentum, der Anglikanismus, nahm immer mehr Elemente reformierter Theologie auf, obgleich es äußerlich viele katholische Riten beibehielt. Die skandinavischen Länder von Dänemark bis Island waren lutherisch geworden, ebenso fast der gesamte Norden des Reichs sowie Sachsen und Württemberg. In der Schweiz hatte sich durch

Zwingli und Calvin die reformierte Konfession ausgebreitet, reformiert waren außerdem die Pfalz, Nassau-Dillenburg, Ostfriesland und einige kleinere Herrschaften. In Böhmen herrschte der Utraquismus, in Ungarn der Calvinismus, der Konfessionsstand der österreichischen Erblande war höchst zweifelhaft. In Polen und Litauen gehörte um 1550 noch die Mehrheit des Adels einer nichtkatholischen Konfession an; erst allmählich stieg die Zahl der Katholiken, vor allem aufgrund gezielter Förderung der katholischen Kirche durch die Könige und durch das Schulwesen der Jesuiten. Insgesamt unterstand wohl etwa die Hälfte der europäischen Christen lateinischer Kirchentradition nicht mehr der geistlichen Aufsicht und Herrschaft des Papsttums.

Der zahlenmäßige Machtverlust kennzeichnet aber nur die eine Seite der Entwicklung. Am Ende des Jahrhunderts ließen sich die Zeichen der Erholung, ja eines neuen Aufbruchs und „gegenreformatorischen" Reformeifers nicht übersehen. Drei Kräfte waren für diesen neuen Aufstieg verantwortlich: die Päpste, einige katholische territoriale Obrigkeiten und die Jesuiten.

Unter den Päpsten, die sich der Kirchenreform öffneten und deshalb die „Reformpäpste" genannt werden, ragt Gregor XIII. (1502–1585, Papst seit 1572) hervor. Auf ihn geht die Gründung von Ausbildungsstätten für Priester zurück, die im Ausland wirken sollten, darunter das Collegium Germanicum und das Priesterseminar für England – wegen der dortigen Verfolgungen von Katholiken bald „Collegium der Märtyrer" genannt. Ferner beförderte er die Einrichtung der so genannten **Apostolischen Nuntiaturen**.

Apostolische Nuntiatur
Die Nuntiatur ist der Amtsbezirk eines Nuntius (eigentlich: „Boten"); er heißt „apostolisch", weil er vom Papstamt, dem Nachfolgeamt des Apostels Petrus als Bischofs von Rom, ausgesandt und autorisiert wird. Er wirkt als Aufseher über die Bischöfe und als eine Art diplomatischen Vertreters. Die Nuntien mussten regelmäßig Berichte (Nuntiaturberichte) an den Papst schicken, in denen sie über den Zustand der katholischen Kirche in ihrem Amtsbezirk sowie über Bemühungen und Erfolge der Kirchenreform Auskunft geben sollten. So sicherten sie die Kontrolle des Papstes über die katholische Reform.

Durch päpstliche Legaten (Gesandte) unternahmen die Päpste einige Versuche, europäische Territorien dem Katholizismus (wieder) zuzuführen. Entsprechende Versuche in Schweden scheiterten; in der Ukraine führten sie zum Erfolg. Es gibt dort bis heute die so genannte griechisch-katholische Kirche, die zwar byzantinische Riten pflegt, aber den römischen Papst als Oberhaupt anerkennt. (Die gelegentlich gebrauchte Bezeichnung „Uniatenkirche" gilt als abwertend.)

Obrigkeiten in einzelnen Ländern konnten im Sinne des erneuerten Katholizismus wirken, indem sie z. B. Schulen und Universitäten gründeten (etwa die Universität von Graz 1586), Protestanten unterdrückten und verfolgten (wie in Innerösterreich) oder die katholische Reform durch obrigkeitliche Anordnungen förderten (wie in Bayern).

Der Beitrag der Jesuiten zur katholischen Erneuerung in Europa lag vor allem im Bildungswesen. Sie wirkten als Lehrer und Hochschullehrer, zogen durch guten Unterricht und vorbildliches Leben Schüler an und sorgten auf diese Weise mittelbar für nicht wenige Konversionen. Für Deutschland schuf der niederländische Jesuit Pieter Kanijs (latinisiert: Petrus Canisius, 1521–1597) eine Übersetzung des Römischen (katholischen) Katechismus, die vorbildlich wurde und als Lehrmittel in den Jesuitenschulen Breitenwirkung gewann.

Durch die vereinigten Anstrengungen von Papsttum, Landesobrigkeiten und kirchlichen Organisationen, vor allem den Jesuiten, gelang es dem Katholizismus allmählich, buchstäblich verlorenes Terrain zurückzugewinnen. Am Ende des 16. Jahrhunderts zeichneten sich die ersten Erfolge dieses Bestrebens ab. Sie gaben Grund zu der Hoffnung, eines Tages werde die westliche Christenheit wieder unter dem römischen Papst vereinigt sein. Allerdings verzeichneten zur gleichen Zeit auch die anderen Konfessionskirchen Erfolge. Noch in der zweiten Hälfte des 16. Jahrhunderts gingen deutsche Städte und Territorien zur Reformation Luthers über (z. B. die Reichsstadt Dortmund 1561); die Reformation Zwinglis und Calvins gewann immer mehr Anhänger (z. B. Schottland, Böhmen). Deshalb hielt sich in allen Konfessionskirchen die Hoffnung, eines Tages die einzige Kirche in Europa zu sein – für die einzig wahre Kirche hielt sich jede der drei Konfessionskirchen ohnehin. Weil demnach alle Konfessionskirchen Europas noch Seelen zu gewinnen hofften, blieb die geistige und politische Atmosphäre in Europa gespannt, durchdrungen vom Streit zwischen den Konfessionen auf allen Ebenen. Jede der Konfessionskirchen glaubte sich von den Erfolgen der anderen bedroht, aber auch verpflichtet, für sich selbst als die einzig wahre Kirche zu werben und so viele Anhänger wie möglich zu gewinnen. Daher verhärteten sich bis zum Beginn des 17. Jahrhunderts die konfessionellen Fronten, sodass die große Auseinandersetzung zwischen den Konfessionskirchen zwar nicht unvermeidlich, aber wahrscheinlich wurde.

Das Papsttum als Amt hatte zwar an zahlenmäßiger, äußerer Macht verloren – es repräsentierte faktisch nur noch eine Teilkirche in der Christenheit West- und Mitteleuropas –, im Innern und der Intensität nach war die Macht des Papsttums dagegen gewachsen. Der Papst hatte die Beschlüsse des Konzils von Trient an seine Zustimmung gebunden und damit das Papstamt über das Konzil gestellt, was bis dahin nicht selbstverständlich gewesen war. Die päpstliche Herrschaft intensivierte sich ähnlich wie die Macht der werdenden Staaten. Das System der Nuntiaturen sorgte dafür, dass die Päpste über alle wichtigen Vorgänge in ihrer Kirche informiert wurden und schneller und angemessener Entscheidungen treffen konnten. Durch Unterricht und Seelsorge vor allem der Jesuiten erreichte der erneuerte Katholizismus mehr Menschen als früher. Vor allem aber etablierte er sich erst jetzt als Konfession, nämlich als an den Trienter Beschlüssen orientierte Bekenntniskirche. Abweichungen vom katholischen Bekenntnis, die zum Teil in lokalen und regionalen Bräuchen verwurzelt waren, z. B. besondere Riten bei der Taufe oder Wahrsagebräuche in Verbindung mit Heiligentagen, wurden als heidnischer Aberglaube bekämpft; der neue Katholizismus war eine stärker vereinheitlichte, „standardisierte" Religion, als es die der alten Kirche gewesen war.

Viele Jesuiten der ersten Stunde waren Spanier oder Portugiesen. Sie brachten aus ihrer Heimat einen Frömmigkeitsstil mit, der sich sehr an Bildern orientierte und sich damit auch für Nichttheologen klar von den protestantischen Haltungen unterschied. Während Lutheraner den Bildern vom Heiligen oft misstrauisch gegenüberstanden und Calvinisten sie entschieden ablehnten, setzte der jesuitische Frömmigkeitsstil Bilder gezielt ein, um das Heilige zu zeigen, um zu beeindrucken und für den Katholizismus zu werben. Dieser Stil prägte den nachtridentinischen „barocken" Katholizismus.

Die Wandlung, die sich in und mit dem Katholizismus vollzog, war also den Wandlungen der reformatorischen Kirchen und der werdenden Staaten analog: Der nachtridentinische Katholizismus festigte seinen „Standpunkt" der Treue zur Kirche und schärfte ihn ein, wobei der Papst dem Konzil klarer übergeordnet wurde als im Spätmittelalter. Zugleich intensivierte sich die geistliche Herrschaft der Papstkirche, drang stärker auf die unteren Ebenen, das heißt, in die Pfarreien und die einzelnen Familien durch, als das im Spätmittelalter der Fall gewesen war. Auch die „Standardisierung", die einheitliche Prägung des nachtridentinischen Katholizismus durch jesuitische Frömmigkeitsformen, ist ein durchaus neuzeitlicher Zug dieses Katholizismus.

b) Kaisertum

Das Amt des Kaisertums präsentierte sich im 16. Jahrhundert im Gegensatz zum Papsttum fast durchweg glanzvoll und war angesehen, doch seine Stellung im europäischen Mächtegefüge hatte sich bis zum Ende des Jahrhunderts ebenfalls stark verändert. Das Kaisertum der Habsburger Friedrich III. und Maximilian I. erscheint geradezu grotesk in seiner Widersprüchlichkeit: Dem Anspruch nach sollte der Kaiser, gemäß der mittelalterlichen Vorstellung, Herr über die gesamte Christenheit sein, sie im Innern stützen und nach außen verteidigen. Aber die Kaiser hatten nur verschwindend geringe Möglichkeiten, diesen universalen Anspruch durchzusetzen. Mit den Päpsten stritten sie sich wegen der Herrschaftsrechte in Oberitalien; gegen den fürstlichen Adel im Reich konnten sie sich nur mit Mühe durchsetzen, und eine einzige militärisch starke Macht wie Venedig war imstande, Maximilians Romzugspläne zu vereiteln. Aus der Sicht Friedrichs III. diente die burgundische Heirat wahrscheinlich nicht nur der Dynastie, sondern auch dem Kaisertum: Burgund sollte dem kaiserlichen Amt die Mittel liefern, seinem universalen Anspruch tatsächlich gerecht zu werden.

Unter diesem Anspruch trat Karl V. das kaiserliche Amt an. Er glaubte sich verpflichtet, den Anspruch zu erfüllen, und dank der ungeheuren Geldmittel, die ihm aus Burgund, Spanien, Süddeutschland und aus der Neuen Welt zuflossen, glaubte er sich auch dazu in der Lage. Dennoch gelang es nur mit äußerster Mühe und aufgrund einer Politik, die mit den Konflikten des Weltreichs gewissermaßen jonglieren musste, weil sie keinen von ihnen dauerhaft lösen konnte. Um die Christenheit des 16. Jahrhunderts im Innern zusammenzuhalten und gegen Angriffe von außen zu verteidigen, hätte Karl drei Konflikte gleichzeitig lösen müssen, von denen jeder einzelne nicht nur eine weltlich-politische, sondern auch eine religiöse Dimension hatte:

- den Konflikt mit dem Papsttum um die Reform der Kirche und das Mächtegleichgewicht in Italien;
- den Konflikt mit den protestantischen Fürsten um die Religionshoheit und die Stellung des Kaisers im Reich sowie
- die kriegerischen Auseinandersetzungen mit den Muslimen des Osmanischen Reichs und Nordafrikas. Insbesondere der zuletzt genannte Konflikt drohte auf Spanien überzugreifen, sobald die Morisken sich unterdrückt fühlten.

Keinen dieser Konflikte konnte der Kaiser dauerhaft lösen, weil jede Lösung immer einen anderen Konflikt aufbrechen ließ. Das zeigte sich z. B. 1532, als der Kaiser zwar mit den Osmanen und den Protestanten Frieden hatte, jedoch von Frankreich in Mailand angegriffen wurde, und wieder 1547, als ihn während der Rüstungen für den Protestantenkrieg der Papst im Stich ließ, militärisch durch den Rückzug seiner Truppen, kirchenpolitisch durch die Verlegung des Konzils. An solchen Zerreißproben im wörtlichen Sinne scheiterte der universale Anspruch des kaiserlichen Amtes. Kein Kaiser nach Karl V. hat mehr versucht, „universaler" Herr der gesamten Christenheit zu sein und Verantwortung für ihre Glaubenseinheit zu übernehmen. Der mittelalterliche Anspruch des Amtes zerbrach an den Kräften der Neuzeit.

Was allerdings das Kaiseramt nach Karl V. in Europa darstellte, lässt sich nicht so einfach sagen. Am klarsten sieht man, dass es sich aus der früher selbstverständlichen Bindung an das Papsttum gelöst hatte. Nach Karl V. wurde kein Kaiser mehr vom Papst gekrönt. Die Krönung zum Römischen König fand seit Maximilian II. in Frankfurt am Main statt; zum Kaiser wurde der Gekrönte anschließend proklamiert. Zwar waren die Habsburger für sich selbst treue Katholiken, aber das kaiserliche Amt war nicht mehr als solches „katholisch". Wichtiger wurde es dagegen für das Reich: Der Kaiser sollte als Reichsoberhaupt die Einheit des Reichs wahren, ja sogar sie verkörpern. Dadurch gerieten die Kaiser allerdings in einen dauernden Konflikt zwischen zwei einander ausschließenden Forderungen: Als Kaiser sollten sie die Reichseinheit wahren, als „nachtridentinische" Katholiken im Konfessionenstreit Partei ergreifen.

Grundsätzlich konnten sie diesen Konflikt auf zwei Arten lösen. Nahmen sie die Reichseinheit wichtiger als die konfessionelle Parteinahme, wie Ferdinand I. und Maximilian II., dann sahen sie sich als Wahrer des Religionsfriedens und versuchten, zwischen den Konfessionsparteien im Reich zu vermitteln, nicht selten gegen den Willen der stärker gegenreformatorisch ausgerichteten Päpste. Nahmen die Kaiser den konfessionellen Standpunkt wichtiger als die Reichseinheit, dann begünstigten sie konsequent die römisch-katholische Kirche und riskierten den Konflikt im Reich. Mit ausgleichenden Bemühungen Kursachsens konnten sie dann ebenso rechnen wie mit der konfessionellen Opposition der Pfalz und möglicherweise dem Einspruch des katholischen Bayern, das der Übermacht des Hauses Habsburg im Reich vorbeugen wollte. Eine solche Politik sollte Ferdinand (als Kaiser Ferdinand II., 1619–1637) mit letzter Konsequenz durchzuführen versuchen – und daran scheitern. Die Kaiser Rudolf und Matthias verfolgten keine einheitliche Politik, sondern eine Art Zickzackkurs. Rudolf kannte sozusagen Anfälle gegenreformatorischen Eifers, hielt aber im Grunde die Konfessionalisierung selbst für eine Fehlentwicklung und ließ deshalb den konfessionellen Konflikten ihren Lauf, ohne Partei zu ergreifen; Matthias unterstützte die Protestanten, solange er sie politisch brauchte, und rekatholisierte eifrig, sobald er mächtig genug dazu war. Das kaiserliche Amt war am Ende des Jahrhunderts kein universal-christliches Amt mehr, aber es musste, anders als das Papsttum, nicht zwangsläufig zur konfessionellen Partei werden.

Ähnlich wie für das Papsttum kann man auch für das Kaisertum sagen, dass die Herrschaft der Kaiser an Ausdehnung etwas verloren, an Intensität aber gewonnen hatte. Die Bindungen der Schweiz und Burgunds an das Reich waren lockerer geworden, obwohl beide nicht aus dem Reich ausgeschieden waren. Preußen und Livland waren verloren, Venedig hatte 1523 definitiv den Reichsverband verlassen. Aber die Rechte des Reichs im übrigen Oberitalien wurden stärker respektiert denn je. Die Medici versuchten zwar 1569, sich zu „Großherzögen von Toscana" und damit vom Reich unabhängig zu machen, mussten aber nach energischem Protest Maximilians II. darauf verzichten – am Anfang des Jahrhunderts hätten sich die Florentiner um den fernen Kaiser nicht besonders bekümmert. Auch die Stellung der Kaiser gegenüber den Reichsfürsten hatte sich gefestigt. Alle Projekte einer ständischen Reichsregierung waren gescheitert, die Habsburger hatten sich durch Gewohnheitsrecht und einige Königswahlen *vivente imperatore* (zu Lebzeiten des Kaisers) als regierende Dynastie etabliert, auch wenn das Reich von Rechts wegen ein Wahlreich blieb. Gegen Ende des Jahrhunderts machte die Lähmung des Reichskammergerichts sogar den kaiserlichen Reichshofrat zum einzigen funktionierenden Obergericht des Reichs und stärkte die Stellung des Kaisers noch. Das Kaisertum hatte, indem es den universalen Anspruch aufgab, im Reich selbst eine festere Stellung gewonnen; es war unbestritten das oberste Regierungsamt im Reich – was sich um 1500 noch nicht hätte absehen lassen.

Dieses Reich umfasste neben rein deutschsprachigen Gebieten italienische Herrschaften, Böhmen, die gesamte Schweiz, Savoyen, die Niederlande und Lothringen. Wie andere europäische Staaten stellte es ein Konglomerat von Herrschaften dar, eine „zusammengesetzte Herrschaft“, wenn auch eine besonders kleinteilig und kompliziert gegliederte. Das Kaisertum wurde daher nicht zu einer „nationalen“ oder gar „deutschen“ Einrichtung. Es gehörte zum Reich, aber ohne nationale Bindung. Es war nicht mehr universal, aber auch nicht „national“.

2. Aufstieg des Habsburger Imperiums

Sieht man nicht die „Staaten“ oder die universalen Ämter, sondern die Dynastie an, das Haus Habsburg, so wird man ihr Schicksal im 16. Jahrhundert wohl einen beispiellosen Aufstieg nennen. Friedrich III. hatte buchstäblich um alles kämpfen müssen: um das Erbe Burgunds, um die Königswahl seines Sohnes, um den Erbanspruch auf Ungarn und Böhmen, um die kaiserliche Position im Reich, um die Einheit seiner Erblande, sogar um seine Hauptstadt Wien, die zeitweise von den Ungarn besetzt war. Was aus der dynastischen Verbindung mit Spanien erwachsen würde, hatte noch niemand absehen können. Ein Jahrhundert später beherrschten die Habsburger ein Weltreich. Der spanischen Linie gehörten Spanien und Portugal mitsamt den dazugehörigen weltumspannenden Kolonialreichen, dazu die Niederlande – dem Anspruch nach vollständig, denn selbstverständlich hatte Philipp III. die Unabhängigkeit der nördlichen Niederlande nicht anerkannt und hatte die Absicht, sie zurückzuerobern. Zum spanischen Herrschaftsbereich gehörten ferner die spanischen und portugiesischen Inseln in Mittelmeer und Atlantik sowie Stützpunkte in Nordafrika. Am spanisch-portugiesischen Monopol des Atlantikhandels konnten andere Mächte allenfalls vorsichtig kratzen; das westliche Mittelmeer war nach Lepanto vorwiegend spanisches Interessengebiet. Die „österreichischen“ oder „deutschen“ Habsburger waren Kaiser im Reich, Könige von Ungarn und Böhmen, Landesherren in ihren Erblanden. Als Könige von Ungarn trugen sie zwar die Hauptlast der Verteidigung gegen die Osmanen, konnten dabei aber auch auf die Hilfe anderer europäischer Mächte rechnen, da der „Türkenkrieg“ als allgemein christliche Aufgabe galt.

Was die Intensivierung der Herrschaft angeht, sieht die Bilanz für die Habsburger ähnlich beeindruckend aus. In Spanien stammten allerdings die wichtigsten Institutionen der Herrschaftsintensivierung (Santa Hermandad, Inquisition, Corregidores) schon aus der Zeit der Katholischen Könige Ferdinand und Isabella. Durch die „Verwaltungsreform“ Karls V. in Spanien wurde die Herrschaft stärker „versachlicht“, gewann größere Unabhängigkeit vom König als Person. Es entstanden Kollegialbehörden, die teils regional bezogen waren (Regionalprinzip), teils sich an Ressorts orientierten (Ressortprinzip). Die einzelnen Kollegien waren personal nicht völlig getrennt wie moderne Behörden. Sie wurden auch nicht zu reinen Verwaltungskollegien, die nur die alltäglichen politischen Geschäfte zu erledigen gehabt hätten, sondern mussten durchaus auch politische Entscheidungen fällen, wobei sich der König die letzte Entscheidung vorbehielt.

„Regierung" (selbstständige Entscheidung) und „Verwaltung" (alltägliche Regelung politischen Handelns gemäß Vorschriften) waren nicht streng getrennt. Die Herrschaftsform, die sich aufgrund der Verwaltungsreformen etablierte, war keine rein personale Herrschaft mehr, in der es auf die Person des Königs allein ankam, aber auch noch nicht verwaltungsmäßig in dem Sinn, dass alles nach abstrakten, schriftlich festgelegten Regeln entschieden worden wäre. „Bürokratisch" kann man den Herrschaftsstil Philipps II. allenfalls deshalb nennen, weil seine Herrschaft stärker als die Herrschaftsformen des Spätmittelalters – und vieler seiner Zeitgenossen – auf schriftlichen Anweisungen beruhte und Philipp vom Schreibtisch (frz.: *bureau*) aus regierte.

Die unvollkommene Trennung von Regieren und Verwalten kennzeichnete alle frühneuzeitlichen Staaten Europas. Sie hing auch damit zusammen, dass Herrscher und Verwaltungspersonal am herrscherlichen Hof gemeinsam lebten, wo nicht nur über politische Fragen entschieden, sondern auch um persönliche Verbindungen, Einfluss, Rang und die Gunst des Herrschers gekämpft wurde. Auch die Mischung von Regional- und Ressortprinzip war typisch für frühneuzeitliche Verwaltungen. Die Behörden, die unter Maximilian I. und Ferdinand I. in den österreichischen Erblanden eingeführt wurden, entsprachen diesem „gemischten" Prinzip; und ähnlich sah es in den kleineren Territorien des Reichs aus, sofern nicht der „Hofrat", ein Gremium von persönlichen Beratern des Herrschers, überhaupt für die Regierungsaufgaben ausreichte. Die „Behördenstruktur" war für moderne Begriffe noch undifferenziert, genügte aber offenbar den Bedürfnissen der frühneuzeitlichen Staaten. Das erweist sich daran, dass in Spanien wie in Österreich die Grundstrukturen der Verwaltung bis ins 18. Jahrhundert bestehen blieben.

Eine weitere Form der Herrschaftsintensivierung kann man darin sehen, dass es den Habsburgern gelang, auf verschiedenste Arten das Steuer- und übrige Geldaufkommen der Höfe zu steigern und mit den Methoden der Steuereinziehung stärker auf die unteren Ebenen durchzugreifen. Ein Beispiel dafür sind die Türkensteuern im Reich, die dort überhaupt den Beginn regelmäßiger Steuereinziehung darstellten. Auch die spanischen Könige verlangten am Ende des Jahrhunderts erheblich mehr Steuern als an seinem Anfang, obgleich die Könige, wie berichtet, den größten Teil ihrer Einnahmen aus Ämterverkauf und Bankkrediten bezogen. Die Kirchenreform gab den Habsburgern als Landesobrigkeiten die Rechtfertigung, wenn nicht den Vorwand dafür, dass sie sich in vorher unerhörter Weise in die Verhältnisse der Kirche in ihren Ländern einmischten, Klöster und Bischöfe kontrollieren ließen, Lehraussagen vorschrieben oder im Gegenteil die Konfessionalisierungsentscheidungen der Kirchen zu verhindern suchten wie Rudolf II. Kirchenreform und „Staatsbildung" wirkten in die gleiche Richtung, nämlich auf Konzentration und Intensivierung der Herrschaft hin, deshalb konnten sie zusammenwirken.

Im Reich intensivierten die Habsburger ihre Herrschaft zwar ebenfalls, dort vollzog sich die „Staatsbildung" aber vor allem in den Territorien. Die Landes- und Kirchenordnungen zeugen dafür, dass die Landesobrigkeiten durch ganze Bündel von Maßnahmen versuchten, die Untertanen stärker, regelmäßiger und in mehr Lebensbereichen zu kontrollieren. Durchsetzung und Ergebnis dieser Maßnahmen werden „Sozialdisziplinierung" genannt. Sie ist der gesellschaftliche Aspekt der Herrschaftskonzentration in der Frühen Neuzeit und schuf allmählich einen stärker vereinheitlichten Untertanenverband.

Die Universalmächte stürzten, die nächstniederen Mächte gewannen – das war anscheinend ein allgemeiner Prozess zu Beginn der europäischen Neuzeit. Europaweit wirkte sich dieser Prozess zugunsten großer „imperialer" Mächte aus. Man kann sie so nennen, weil ihre Herrscher eine kaisergleiche oder kaiserähnliche Stellung beanspruchten. Der russische Zar bezeugte diesen Anspruch mit seinem Titel: „Zar" leitet sich von „Caesar" (Kaiser) ab. „National" waren alle diese Mächte nicht und wollten es auch nicht sein. Für die Herrschaft der Habsburger bedeutete dieser europäische Prozess der Imperienbildung einerseits einen Machtverlust, da sie den mittelalterlichen „universalen" Anspruch des kaiserlichen Amtes in der Christenheit nicht bewahren konnten. Andererseits gewannen sie in erstaunlichem Maße Macht, wie sie die Neuzeit versteht, nämlich Verfügungsgewalt über Land, Menschen und Edelmetallschätze. Zwei große europäische Reiche waren am Ende des Jahrhunderts habsburgisch beherrscht, und die spanisch-portugiesische Herrschaft reichte sogar weit darüber hinaus.

3. Kleinere Mächte unter Anpassungsdruck

a) Versuche eigenständiger Politik

Im ganzen 16. Jahrhundert kämpften auch minderrangige Mächte noch darum, selbstständig Politik betreiben oder wenigstens auf der Ebene der Länder und Territorien mitbestimmen zu dürfen. Hochadlige schlossen sich zu – oft konfessionell orientierten – Bünden zusammen, um politischen Ansprüchen Nachdruck zu verleihen, so in den Niederlanden und in Frankreich. Der niedere Adel nutzte konfessionelle Auseinandersetzungen, um politisch mitzureden, wie in den Niederlanden und zum Teil im Reich. In Österreich, Ungarn und Polen-Litauen bestimmten adlige Gutsherren das Bekenntnis ihrer Untertanen und versuchten auf diese Weise, sich eine dem Territorialfürstentum ähnliche Stellung aufzubauen. Ritter wollten ihre Herrschaften vergrößern, wofür Franz von Sickingen das am stärksten auffallende Beispiel ist. Grundherren strebten danach, die zersplitterten Teile ihrer Herrschaft und das Geflecht verschiedener Herrschaftsrechte so zu vereinheitlichen und zu konzentrieren, dass eine territorialartige Herrschaft entstand – so geschah es in Österreich und im Südwesten des Reichs, einem Gebiet, in dem verschiedene Herrschaftsrechte (z. B. Grundherrschaft, Gerichtsbefugnisse, Leibherrschaft) besonders kompliziert über- und durcheinander lagen.

Nicht zuletzt war die erste Hälfte des 16. Jahrhunderts eine große Zeit der Städte, in der sie ihre politischen Möglichkeiten noch einmal zeigten, militärische Stärke und Reichtum zielbewusst nutzten und einsetzten. Das galt nicht nur für die selbstständigen Stadtrepubliken wie Venedig oder für Florenz vor der Einsetzung der Medici als Herzogshaus 1535. Kleinere Städte konnten nicht immer selbstständig politisch handeln, aber sie zeigten in Bünden und Vereinigungen, wozu sie fähig waren und dass sie sich nicht als bloße „Untertanenverbände" eines Herrschers behandeln lassen wollten. Die Städte Kastiliens und des Königreichs Valencia revoltierten 1519–1523 gegen den Regentschaftsrat bzw. den Adel; Toledo spielte sogar eine Zeit lang mit dem Gedanken, sich wie Venedig oder Florenz zur unabhängigen Republik zu erklären. Reichsstädte schlossen sich selbstständig der Reformation an wie Straßburg, Nürnberg, Ulm, Schwäbisch Hall oder die Schweizer Stadtkantone Zürich und Genf. In **Münster** bestand kurze Zeit eine täuferische Regierung.

In schweren Konfliktfällen wurden auch die Handwerkerzünfte politisch für die Stadt aktiv, so die Zünfte von Valencia 1519 und die Zünfte von Gent in der Steuerrevolte nach 1536. Der deutsche Bauernkrieg und die Bauernaufstände in Österreich noch am Ende des Jahrhunderts zeigen, dass auch die Bauern es für selbstverständlich hielten, über politische Rechte zu verfügen und sie zu verteidigen.

Das Täuferreich von Münster
Im Februar 1534 hatten die Täufer in Münster die Mehrheit im Rat errungen. Sie setzten daraufhin eine Reformation in ihrem Sinne durch. Auf Täufertum stand seit dem Reichstäufermandat von 1529 die Todesstrafe (sie wurde aber nicht überall für angemessen gehalten und vollzogen), sodass die Herrschaft eines täuferischen Stadtrates als verbrecherisch und daher illegitim aufgefasst wurde. Truppen unter anderem des Erzbischofs von Köln sowie des Landgrafen Philipp von Hessen (der gegen die Täufer in seinem Land nicht streng vorging) belagerten die Stadt. Während der Belagerung radikalisierte sich die Täuferbewegung; der Niederländer Jan van Leiden (geb. 1509) rief sich zum König aus und ordnete für Männer die Vielehe an. Nach dem Fall der Stadt wurde er hingerichtet (1536).

Zu territorialer Herrschaft brachten es alle diese minderen Mächte nicht, wenn sie sie nicht schon vorher gehabt hatten wie die Reichsstädte. Anders als die „imperialen" und territorialen Mächte konnten die Mächte minderen Ranges die Veränderungen im Übergang zur Neuzeit nicht im eigenen Interesse nutzen. Aufs Ganze gesehen, gelang es ihnen nicht, ihre Stellung zu verbessern, ja kaum einmal, sie gegenüber den „aufsteigenden" imperialen und territorialen Mächten zu halten. Der Hochadel leistete sich gegen Ende des Jahrhunderts nur noch in einigen Staaten eine selbstständige Politik in gewisser Unabhängigkeit vom Königtum als der Landesherrschaft, so in den Niederlanden, in Frankreich und in Polen-Litauen, Böhmen und Ungarn. Dass aber die Landesherrschaft die „Spitze" der Regierung bildete und bilden sollte, war auch in diesen Staaten entschieden. Am wenigsten ragte die Stellung des Königs vielleicht in Polen hervor, das ein reines Wahlreich geblieben war. Selbst in den nördlichen Niederlanden, die sich von „ihrem" König 1581 für unabhängig erklärt hatten, etablierten die Oranier eine Art von Dynastie – pikanterweise mit dem Titel des „Statthalters" eines Königs, den sie selbst nicht mehr anerkannten. Adelsrevolten im 17. Jahrhundert (Böhmen, Frankreich, auch England) zeigen, dass die Monarchie nicht die einzig akzeptierte und für möglich gehaltene Staatsform in Europa war; doch galt die Monarchie als Staatsform mit einer übergeordneten zentralen Gewalt weithin als selbstverständlich, und in der Regel ordnete sich der Hochadel in ihr Gefüge ein.

Erst recht konnten Gewalten noch geringeren Ranges – niedere Adlige, Städte, Zünfte, Bauern – keine eigenständige Politik mehr treiben. Entweder begnügten sie sich freiwillig mit ihrer kleinen selbstständigen Herrschaft wie die Reichsritter, oder sie wurden unterworfen – militärisch wie die Städte in Kastilien und Valencia und die Bauern des Reichs oder durch Druck und allmähliche Zurückdrängung ihrer Rechte wie die Bauern in Tirol oder die protestantischen Städte der Steiermark. Mit den imperialen und territorialen Mächten konnte keine niederere Gewalt mehr mithalten.

b) Änderung der politischen Mittel

Dass die kleineren Mächte mit den großen nicht mehr konkurrieren konnten, lag vor allem daran, dass die hauptsächlichen Mittel der Politik sich verändert hatten, Krieg, Geld und Recht (für das 16. Jahrhundert bezeichnet diese Reihung auch eine Rangfolge). Zwar machten die Feuerwaffen den schwer bewaffneten Ritter (Reiter) mit Harnisch und Lanze nicht überflüssig; die Reiterei war unentbehrlich für den Angriff in der

Schlacht. Aber der Ritter verlor an Bedeutung, weil die Heere größer wurden und „Landsknechte" zu Fuß den größeren Teil der Truppen stellten. Die vergrößerten Heere bestanden zum weit überwiegenden Teil aus Söldnern, vorwiegend Schweizern und Deutschen (nur Schweden rekrutierte sein Heer zu dieser Zeit noch überwiegend aus Landeskindern). Die Söldner mussten bezahlt werden, sonst drohten sie zu meutern und zu plündern. Schon die Vorbereitung eines Angriffs kostete Geld, über das die meisten niederen Gewalten nicht verfügten; einem mehrjährigen Krieg zeigten sich im 16. Jahrhundert selbst imperiale Mächte nur mit Mühe gewachsen. Wenn der Sold ausblieb, wurden Soldaten unberechenbar und konnten die sorgfältigste politische Planung scheitern lassen – das erlebte Karl V., dessen Söldner 1527 in Rom außer Rand und Band gerieten, ebenso wie Herzog Alba in den Niederlanden, als er seine Truppen nicht von Plünderung und Terrorakten abhalten konnte.

Auch Verteidigungsanstrengungen verschlangen im 16. Jahrhundert mehr Geld als früher. Die dünnen Mauern mittelalterlicher Städte hätten einem Angriff mit schwerem Geschütz nicht standhalten können. Die Mauern mussten verstärkt und mit einem System von Gräben und Wällen gesichert werden. Gewachsene Städte brauchten größere Getreidevorräte, um eine Belagerung zu überstehen. Städte, die diese erhöhten Kriegskosten nicht aufbringen konnten oder wollten, waren zu eigenständiger Politik schon materiell nicht mehr fähig. Sie verloren zwar nicht unbedingt ihre Selbstständigkeit, konnten aber militärisch den größeren Mächten nicht Paroli bieten. Augsburg und Nürnberg blieben zwar auch nach der Niederlage im Schmalkaldischen Krieg noch Reichsstädte, aber sie mussten die Umgestaltung ihrer Stadtverfassung und das Interim hinnehmen. Weil der Krieg mehr Geld kostete als früher, fielen die Städte im Wettlauf um mehr Macht zurück.

Der gestiegene Geldbedarf verschaffte denjenigen Mächten Vorteile, die das Geld buchstäblich hervorbringen konnten, nämlich das Erz von Edelmetallen durch Bergbau aus dem Boden holen ließen. Das Habsburger Imperium verfügte über gewaltige Bodenschätze, die sich mit den technischen Mitteln der Zeit abbauen ließen. Als Gegenleistung für Kredite an die Habsburger erhielten die Fugger Bergbaurechte und nahmen auf diese Weise am neu gewonnenen Reichtum teil. Die Silberbergwerke von Tirol waren schon vor 1500 den Fuggern verpfändet; im 16. Jahrhundert stiegen sie ins Geschäft mit ungarischem Kupfer ein; in Spanien beteiligten sie sich eine Zeit lang an der Gewinnung von Quecksilber, das zum Anreichern von Gold und Silber verwendet wurde. Nach 1540 finanzierte dann überwiegend das Silber aus der Neuen Welt die spanische Kriegspolitik. Die Habsburger konnten zwar ihre Reichtümer nicht horten, sondern mussten sie umgehend, meist für die Finanzierung von Truppen und Festungen, wieder ausgeben. Aber nur aufgrund der Edelmetallschätze und ihrer Ausbeutung waren die Habsburger überhaupt in der Lage, eine so aufwändige Politik zu treiben und über lange Zeit durchzuhalten.

Wie weit die Veränderung des Rechts im Europa des 16. Jahrhunderts tatsächlich ging, ist umstritten; doch man erkennt, dass sich das Römische Recht allmählich und in zunehmendem Maße anstelle der vielfältigen älteren Gewohnheitsrechte durchsetzte. Es verdrängte sie aber nicht sofort und nicht vollständig, sondern trat zunächst neben sie, um sie zu ergänzen. Nur die Rechtsprechung des Reichskammergerichts hatte sich seit 1500 ausschließlich nach dem Römischen Recht zu richten.

Für das politische Leben Europas im 16. Jahrhundert bedeutete das Eindringen des Römischen Rechts eine Zentrierung (weil das Römische Recht stärker mit einer obersten, durchsetzungsfähigen zentralen Gewalt rechnet als die älteren Gewohnheitsrechte) und zugleich Vereinheitlichung, weil sich neben den regionalen und lokalen Rechtstraditionen eine einheitliche Schicht Römischen Rechtes etablierte. Diese neuzeitlichen Züge des Römischen Rechts hätten allen obrigkeitlichen Gewalten zugute kommen und sie stützen können. Dennoch begünstigte die Einführung des Römischen Rechts eher die großen Mächte, weil sie zusätzlichen Aufwand und zusätzliches Geld kostete. Denn anders als viele ältere Rechtstraditionen beruht das Römische Recht auf schriftlicher Überlieferung. Seine Anwendung setzt also lesekundige Richter voraus, die es in den Dörfern und vielen kleinen Städten nicht gab. Zudem muss das Römische Recht von speziell ausgebildeten Fachleuten ausgelegt werden, den Juristen. Diese Ausbildung war nur auf einer Universität möglich. Schulen und Universitäten zu gründen und zu erhalten, bedeutete einen erheblichen Aufwand an Geld und Naturaleinkünften zur Versorgung der Professoren; und nur größere Mächte konnten und wollten sich diesen Aufwand leisten. Aber gerade die Ausbildung von Juristen stieß nicht nur aus Kostengründen auf Vorbehalte. Römischrechtlich ausgebildete Juristen traten auch in Konkurrenz zu den traditionellen obrigkeitlichen Rechtsauslegern und waren deshalb bei ihnen nicht immer gern gesehen. Die Stadt Nürnberg schrieb vor, dass kein „Doktor", also kein promovierter Arzt, Jurist oder Theologe, im Rat der Stadt sitzen dürfe. Zweifellos wollte sie damit verhindern, dass die Schriftgelehrsamkeit in die politischen Geschäfte der Stadt eindränge und die traditionellen Autoritäten verdrängte. Das Römische Recht wurde also gelegentlich auch abgelehnt und für unzweckmäßig gehalten. Gerade den „aufstrebenden" imperialen und territorialen Mächten aber nützte es, weil es die neue Zentrierung und Intensivierung der Herrschaft legitimierte und die Vereinheitlichung vorantrieb.

Die großen politischen Veränderungen im 16. Jahrhundert beruhten also zum Teil auf parallel laufenden oder früheren Veränderungen in Krieg, Wirtschaft und Recht. Die Veränderungen führten dazu, dass kleinere Mächte keine eigenständige Politik mehr betreiben konnten und, wenn sie es versuchten, im Streit mit den größeren Mächten unterlagen. Kleinere Mächte bewahrten unter Umständen auch nach den Niederlagen noch ihre Selbstständigkeit, denn normalerweise wurde ihr Eigenrecht vonseiten der höheren Gewalten respektiert. Aber die kleineren Mächte konnten ihre Herrschaftsrechte in der Regel weder erweitern noch intensivieren und auf der nächsthöheren Ebene nicht mehr eingreifen. Die Veränderungen der beginnenden Neuzeit, technische, religiöse, geistige, wirtschaftliche und rechtliche, veränderten das Mächtegefüge in Europa tief greifend und auf Dauer. Die Mächte, die sich bis zum Ende des 16. Jahrhunderts im europäischen Machtwettbewerb etabliert hatten – dazu gehörten auch Russland und das Osmanische Reich – sollten bis ins 20. Jahrhundert „große Mächte" bleiben.

V. Signaturen des 16. Jahrhunderts II: Der Mensch in Bindungen und Abhängigkeiten

1. Bedingungen der materiellen Umwelt

Die durchbrechenden Kräfte der Neuzeit lassen sich als Distanzierung und Zentrierung in einem beschreiben. Menschen gewannen Distanz zum Bekannten und Herkömmlichen, konnten dadurch neue Standpunkte und buchstäblich neue Perspektiven gewinnen. Die neue Wahrnehmung räumlicher Distanz machte die zentralperspektivische Darstellung möglich, die Darstellung von Raum und die messbar genaue Abbildung des Räumlichen und Körperlichen. Die quellenkritische Distanz zu überlieferten und neu aufgefundenen Texten eröffnete dem Humanismus neue Möglichkeiten der Forschung. Distanz zur Tradition kennzeichnet die neuzeitliche Religiosität: Die Bekenntnisschriften legten fest, dass man die Bibel und das religiöse Leben aus einem bestimmten Blickpunkt anzusehen habe, ein bestimmtes Zentrum erkennen und in Verbindung mit diesem Zentrum leben müsse. Damit begann die Entstehung der neuzeitlichen Konfessionen. Die Herrscher erhoben sich stärker über die Beherrschten, symbolisch durch das Zeremoniell, „technisch" durch Intensivierung und Ausdehnung ihrer Herrschaft. Der neuzeitliche Mensch ist ein Mensch, der der Welt gegenübersteht, sie aus Abstand ansieht, einen Standpunkt ihr gegenüber einnimmt und aufgrund dieser neuen Position Aspekte seines Lebens als einheitlich und überschaubar begreift. Daraus konnte sich schon im 16. Jahrhundert eine Betonung des Individuums ergeben: Der Raum erscheint so, wie das (künstlerische) Individuum ihn wahrnimmt, das antike Werk so, wie der Auslegende – und vielleicht niemand vorher – es gelesen hat, die Politik als Arbeitsfeld des „Fürsten" in eigener und alleiniger Verantwortung. Das Pathos der Freiheit, der Individualität, das man in vielen Lebensäußerungen der Renaissance findet, hat mit dem Stolz auf den neu gewonnenen Überblick und mit der Betonung des Individuellen zu tun. Auch in allen späteren Schüben von „Modernisierung", das heißt weiterer Durchsetzung der neuzeitlichen Prinzipien, erkennt man das Streben nach einem distanzierten festen Standpunkt sowie zunehmenden Individualismus, die für die Neuzeit und ihre Menschen typisch sind.

Das 16. Jahrhundert sah die geschilderten Durchbrüche oder Aufbrüche in die Neuzeit, aber es war nicht durch und durch „neuzeitlich". Bis die Zentralperspektive allgemein als „richtig" anerkannt und durchgesetzt war, dauerte es noch bis zu 250 Jahren, bis etwa 1750. Ungefähr dieselbe Zeit brauchte die Festigung der konfessionellen Religiosität, die „Konfessionsbildung", noch länger dauerte wahrscheinlich die „Staatsbildung" in Europa, die Entstehung des „modernen" Staates und seine Durchsetzung als Norm des politischen Lebens. Erst dann waren die Aufbrüche des 16. Jahrhunderts wirklich im Alltag der Europäer angekommen und den meisten selbstverständlich. Zudem wurden die „Standpunkte" nicht alle individualistisch aufgefasst, der konfessionelle Standpunkt etwa galt durchaus als kollektiv verbindlich.

Erst recht darf man für das 16. Jahrhundert die „modernen" Züge nicht überbetonen. Sie fallen uns nur mehr auf, weil sie die damals neuen, ungewöhnlichen, und die uns vertrauteren sind. Die meiste Zeit ihres Lebens lebten die Menschen des 16. Jahrhunderts in den Formen, Sitten und Gebräuchen, die sie von ihren Vorfahren kannten; ihr Leben änderte sich wenig, sodass sie zu ihrem Alltag nicht auf Distanz zu gehen brauchten. Alte Formen blieben bestehen, weil sie sich bewährt hatten, weil sie gewohnt oder sogar geliebt waren, so wie sich die unperspektivische Malweise der Votivtafeln bis heute erhalten hat. In vielen Bereichen vollzogen die Menschen des 16. Jahrhunderts die neuzeitliche zentrierende Distanzierung nicht. In diesen Bereichen wurden sie auch nicht zu „Individuen" im neuzeitlichen Sinne, sondern blieben verbundene, gebundene Menschen, die sich von den Bedingungen ihrer natürlichen und gesellschaftlichen Umwelt nicht lösen wollten oder konnten. Nicht nur die Aufbrüche zu den festen Standpunkten der Neuzeit, sondern auch die traditionellen Bindungen und Abhängigkeiten des Menschen gehören zu den Signaturen des Zeitalters.

Die am stärksten spürbare und oft drückende Abhängigkeit war die vom Wetter, von Klima und Ernteertrag. Mit den frühneuzeitlichen Methoden der Landwirtschaft konnten die meisten Familien nur so viel ernten, wie sie für den Eigenbedarf brauchten. Eine gute Ernte bedeutete, dass man die Überschüsse nach Abzug von Steuern und Abgaben auf den Markt bringen und Gewerbeerzeugnisse kaufen konnte. Schlechte Ernte hieß Knappheit und Not, mehrere Missernten hintereinander oder Verwüstungen durch Krieg bedeuteten „großes Sterben", dem Hunger folgten Schwäche, Seuchen und Tod. Zwar konnten Länder, die Mangel litten, auch Getreide importieren – Westeuropa wurde das ganze 16. Jahrhundert hindurch über die Ostsee mit Getreide versorgt, aus den Überschussgebieten von der Elbe bis ins Baltikum. Aber wenn dort die Ernte schlecht ausfiel oder der Verkehr durch Krieg stockte, litten die Städter in den Niederlanden Hunger, so im kritischen Jahr 1566, in dem der Nordische Krieg den Ostseehandel fast zum Erliegen brachte. Hunger – im Sommer kurz vor der Ernte – und Hungerkrisen bei Missernten oder Krieg gehörten sozusagen zu den normalen Erscheinungen des frühneuzeitlichen Lebens.

Zwei allmähliche Veränderungen verschärften im 16. Jahrhundert die Krise: der Anstieg der Bevölkerungszahl und die langsame Abkühlung des Klimas. Erst um 1500 waren die europäischen Bevölkerungsverluste aus der Schwarzen Pest von 1347–1349 ausgeglichen. Als die Bevölkerungszahl weiter stieg, wurde der Nahrungsspielraum enger. Das Ackerland, das sich mit den frühneuzeitlichen Methoden bebauen ließ und annehmbare Erträge versprach, war bald vollständig ausgenutzt; neues Land konnte nur auf schlechteren Böden oder in ungünstiger Lage gewonnen werden. In einigen Ländern ging die Ackerbaufläche sogar zurück, weil Ackerland in Wiesen und Weiden für die Pferde- und Schafzucht umgewandelt wurde – Pferde wurden nicht nur als Reittiere im Alltag, sondern auch im Krieg gebraucht. Gegen Ende des Jahrhunderts machte sich die Klimaverschlechterung so stark bemerkbar, dass man die Periode heute eine „kleine Eiszeit" nennt. Das Klima wurde in ganz Europa kühler; kalte, lange Winter verkürzten die Vegetationsperiode, nasse, kühle Sommer verursachten Missernten. Die Ernteerträge gingen zurück, Hungerkrisen häuften sich. Die Bauern produzierten kaum noch Überschüsse oder brauchten sogar ihre gesamte Ernte für den Eigenbedarf. Dadurch gelangten weniger Lebensmittel auf die städtischen Märkte, die Getreidepreise stiegen. Die Städte wurden schlechter versorgt, es kam zu Hungerrevolten. Protest gegen Reiche und angeblich Reiche vermischte sich gelegentlich mit religiösen Konflikten – so ging der Bildersturm in Gent 1566 aus Unruhen wegen der Brotpreise hervor. Die Getreideknappheit zog auch das Gewerbe in Mitleidenschaft: Manufakturen mussten aus

Mangel an Nachfrage ihren Betrieb einschränken oder aufgeben, viele Städter wurden dadurch arbeitslos und mussten entweder von eigener Landwirtschaft oder, wenn sie das nicht hatten, vom Betteln leben. Ständiger Mangel, Hunger und Krieg machten das Leben extrem unsicher, sodass man bald vom zurückliegenden Anfang des 16. Jahrhunderts als von der „guten alten Zeit" sprach.

Die Menschen reagierten auf die Krise, wie es ihnen sinnvoll schien: Sie schränkten den eigenen Verbrauch ein und versuchten, wenn sie es konnten, durch Produktionssteigerung an den gestiegenen Preisen mitzuverdienen. Damalige Wirtschaftsumstellungen haben teilweise die europäischen Nahrungsgewohnheiten bis heute geprägt. Im Süden Deutschlands und Europas wurde das Fleisch extrem teuer; Land- und Stadtbewohner aßen stattdessen mehr Getreideprodukte, Mehlsuppen, Grießgerichte und Nudeln. Damals drangen Reis und Mais in der südeuropäischen Küche vor, Buchweizen weiter im Norden. In den Landschaften Norddeutschlands und Nordeuropas, wo die Voraussetzungen für den Getreideanbau ungünstiger waren, betrieben die Höfe zunehmend intensive Viehzucht. Dänemark wurde zum nordeuropäischen Hauptexporteur für Rindvieh. Die adligen Grundbesitzer östlich der Elbe gingen unter dem Druck der Krise noch stärker als bisher zur Gutswirtschaft über: Sie gaben nicht wie in der westlichen Grundherrschaft das Land vollständig zu bäuerlicher Leihe aus, sondern bewirtschafteten große Flächen selbst mithilfe von zum Dienst (Scharwerk, Frondienst, Robot) verpflichteten Bauern. Um die bäuerliche Arbeitskraft stärker auszunutzen, brachten die Gutsbesitzer alte Rechte wieder zur Geltung, erhöhten die Abgabepflichten und versuchten, die Bauern lebenslang an das Gut zu binden (Schollenpflicht). Das gelang am leichtesten bei Leibeigenen. Zum Mindesten versuchten die Grundherren, den Rechtsstatus der Bauern zu verschlechtern sowie Abgaben- und Dienstverpflichtung zu erhöhen. Am Ende dieses Verschlechterungsprozesses stand meist die Erbuntertänigkeit, ein Rechtszustand, der zwar die speziellen Kennzeichen der Leibeigenschaft nicht aufweist, aber die Bauern und ihre Kinder lebenslang an das Gut band, sodass dieser Zustand der Leibeigenschaft sehr nahe kam. Während dinglich Abhängige („Grundholde") den Bauernstand verlassen konnten, wenn sie eine gewisse Ablösesumme, das Abzugsgeld, bezahlt hatten, war es den Erbuntertänigen und Leibeigenen so gut wie verwehrt, ihren Rechtsstatus zu verbessern. Zwar konnten sie sich theoretisch freikaufen, hatten aber meist nicht die Mittel dazu, da Frondienst und Abgabeverpflichtungen sie daran hinderten, Ersparnisse zu erwerben.

Bauern wie Grundherren in klimatisch günstigeren Gegenden konnten in Reaktion auf die Krise zum Anbau von Sonderkulturen übergehen, die mehr Geld einbrachten, z. B. Gemüse, Obst und Wein. Die Klimaverschlechterung könnte damit in ganz Europa zur stärkeren Marktorientierung der Landwirtschaft beigetragen haben. Den Gewinn trugen die Großgrundbesitzer und wenige freie Bauern davon, die sich auf den Markt einstellen und von seinen Konjunkturen profitieren konnten. Abhängigen und Armen dagegen ging es zu Ende des Jahrhunderts schlechter als am Anfang, besonders den Städtern, die weniger Geld verdienten als früher, aber Lebensmittel zu höheren Preisen kaufen mussten.

Eine weitere Möglichkeit der Reaktion auf die krisenhafte Entwicklung bestand darin, das Erreichte möglichst zu sichern, weniger für das individuelle Leben als für Leben und Fortkommen der Familie. Viele erfolgreiche Unternehmerfamilien des frühen 16. Jahrhunderts zogen nach 1550 Kapital aus dem Geschäft und kauften Grundbesitz, der mehr Sicherheit bot. Venezianische Kaufleute erwarben Land in der so genannten

Terra ferma, dem venezianischen Festlandsgebiet; die Augsburger Fugger kauften sich sogar Herrschaften. Ursprünglich kaufmännische Familien glichen sich auf diese Weise stärker den Lebensformen des Adels an, der immer noch der kulturell und politisch dominierende Stand war. Die Geschichtswissenschaft spricht von der „Refeudalisierung" in Politik und Gesellschaft.

Zu den Bedingungen der materiellen Umwelt, an denen die Menschen des 16. Jahrhunderts nichts oder beinahe nichts ändern konnten, gehörte die ständige Gegenwart von Krankheiten und Tod. Die gelehrten Ärzte lernten zwar den Aufbau des menschlichen Körpers, das Zusammenspiel von Knochen und Muskeln und die Lage der inneren Organe besser beschreiben und verstehen. Von seinen lebenswichtigen Prozessen aber wussten sie so gut wie nichts, weder vom Blutkreislauf noch vom Stoffwechsel oder davon, was bei Entzündungen oder Fieber geschieht. Krankheiten erklärten die Ärzte nach dem System der so genannten **Humoralpathologie** aus einem Ungleichgewicht der vier so genannten Säfte.

Humoralpathologie
Die Bezeichnungen für die „vier Temperamente" gehen auf die Humoralpathologie zurück. Das „Temperament" war nach dieser Lehre gekennzeichnet durch das grundsätzliche Überwiegen eines bestimmten Körpersaftes: Blut (lat. *sanguis*, Sanguiniker), Wasser (griech. *phlegma*, Phlegmatiker). Galle (griech. *chole*, Choleriker) oder schwarzer Galle (griech. *melaina chole*, Melancholiker). Je nach „Temperament" sollte auch die medizinische Behandlung der Menschen unterschiedlich sein.

Dem Herstellen eines „Gleichgewichts der Säfte" sollten die Behandlungsmethoden dienen, die vielleicht manches intuitiv oder aus Erfahrung gewonnene Wissen aufnahmen, oft aber nach heutiger Kenntnis alles nur noch schlimmer machten – etwa, wenn man Fieber als angebliches Überwiegen des „Blutes" mit Aderlässen bekämpfte und den Leib damit schwächte. Gegen die meisten Krankheiten gab es kein anderes Heilmittel als die natürliche Abwehrkraft. Kinder, deren Kräfte erst wachsen, und alte Menschen, deren Abwehrkräfte nachlassen, waren deshalb besonders gefährdet. In ganz Europa starb etwa die Hälfte aller lebend geborenen Kinder vor dem zwanzigsten Lebensjahr; und die wenigsten Menschen lebten länger als sechzig Jahre. Schließlich gab es viele Krankheiten, die noch heute tödlich sein können, die es aber in Europa heute kaum noch oder nicht mehr gibt: Pocken (in der Frühen Neuzeit eine Kinderkrankheit), Pest, Diphtherie, Malaria, Tetanus oder Hirnhautentzündung (Meningitis). Langes, langsames Sterben hat die Frühe Neuzeit so gut wie nicht gekannt; der Tod kam plötzlich, nicht nur in Kriegszeiten, innerhalb von Stunden oder Tagen; zwischen blutvollem gesundem Leben und dem Tod gab es kaum einen Übergang, sozusagen keine Bedenkzeit (siehe **Quelle**).

Bücher, die den Titel „Sterbekunst" oder „Bereitung zum Sterben" trugen, sowie viele Predigten hielten dazu an, ständig auf den Tod vorbereitet zu sein – was eine vollkommen realitätsgemäße Haltung war, da man ständig mit ihm rechnen musste.

Unter diesen „natürlichen" Bedingungen des Lebens ergaben sich besondere Lebensplanungen und Familienstrukturen. Dass ein Kind starb, war etwas Gewöhnliches, keine seltene Ausnahme – was aber nicht heißt, dass Eltern in der Frühen Neuzeit den Tod eines Kindes gleichgültig hingenommen hätten. Zwar gibt es erst nach dem 16. Jahrhundert mehr schriftliche Zeugnisse darüber, aber diese sprechen noch für heutige Ohren bewegend von Liebe, Erschütterung und Trauer. Es war weniger üblich als heute, Zuneigung in der Familie offen zu zeigen; aber den „Gefühlshaushalt" eines frühneuzeitlichen „Hauses" können wir nicht beurteilen.

Aus einem geistlichen Lied von Georg Grünwald († 1530)
Evangelisches Gesangbuch, Nr. 363, Str. 3

Heut ist der Mensch schön, jung und rank
sieh, morgen ist er schwach und krank
bald muss er auch gar sterben;
Gleichwie die Blumen auf dem Feld
also wird diese schöne Welt
in einem Nu verderben.

So weit wir wissen, wurden Kinder in der Frühen Neuzeit in jüngerem Alter „für voll genommen", als werdende Erwachsene behandelt, als es heute für angemessen gilt. Sechsjährige (spätestens) mussten in Haushalt und Landwirtschaft mithelfen, etwa Kühe oder Gänse hüten; Kinder von Lesekundigen lernten in diesem Alter oder noch früher Lesen und Schreiben bei ihren Eltern oder einem Lehrer. Mit sechs bis sieben Jahren galt ein Kind als „zur Vernunft gekommen" und konnte gerichtlich bestraft werden. Neunjährige halfen den Eltern im Beruf. Mit vierzehn Jahren konnten Jungen eine Lehre beginnen oder die Universität beziehen. Vor Gericht wurden Jugendliche von vierzehn Jahren an als Erwachsene behandelt. Dagegen heirateten junge Männer und Frauen – wenn sie nicht als Mönche und Nonnen ehelos lebten – in viel höherem Alter, als das in außereuropäischen Kulturen üblich war und ist, nämlich mit etwa 25 Jahren, oft sogar noch später. Denn sie mussten darauf warten, dass eine „Stelle" in ihrem Beruf frei wurde. Bekamen sie als Handwerksgesellen keine Meisterstelle, als Knecht oder Magd keinen eigenen Hof, so mussten sie ledig bleiben. Deshalb waren „Junggeselle" und „Magd" Bezeichnungen für Unverheiratete. Wie und weshalb dieses „europäische Heiratsmuster" sich einspielte, ist umstritten – vielleicht gewährte in Europa erst das überstandene zwanzigste Lebensjahr die Sicherheit, dass ein junger Mann oder eine junge Frau eine planbar lange Lebenszeit vor sich hatte.

Fünf bis sechs Kinder mussten aus einer Ehe hervorgehen, damit sicher war, dass wenigstens zwei die Eltern überlebten. Das bedeutete für eine verheiratete Frau in voraussichtlich fünfzehn fruchtbaren Jahren sechs oder mehr Schwangerschaften, manchmal Lebensgefahr – in manchen Gegenden war es üblich, dass die Schwangere sich zur Niederkunft das Sterbekleid bereitlegte. Starb ein Ehepartner, dann heiratete der oder die Überlebende bald wieder – nicht aus Gefühlskälte, sondern weil man in der Frühen Neuzeit als allein Stehende(r) keinen Haushalt führen und organisieren konnte, schon gar nicht mit kleinen Kindern. Denn Haus- und Landwirtschaft ohne die heute gewohnten technischen Hilfsmittel erforderten einen hohen Arbeitsaufwand, von der Beschaffung von Brennholz zum Kochen und Heizen bis zur eigenen Herstellung von Brot, Bier oder Wein (den wichtigsten täglichen Getränken) und zur Arbeit auf dem Feld, die auch für viele Städter (so genannte Ackerbürger) zum täglichen Leben gehörte. Daher gab es viele „zusammengesetzte" Familien mit Stiefeltern oder Halbgeschwistern.

Schwere körperliche Arbeit, wiederkehrende Hungerkrisen und Mangelzustände (wahrscheinlich vor allem Eiweiß- und Eisenmangel, weil die Fleischversorgung im Laufe des 16. Jahrhunderts schlechter wurde) zehrten die Menschen früh aus. Vierzig-

bis Fünfzigjährige galten als alt, weil es über Sechzigjährige kaum gab. Das wohl realistische Portrait, das Albrecht Dürer von seiner zweiundsechzigjährigen Mutter zeichnete, zeigt ein abgezehrtes, ausgemergeltes Gesicht, wie es jedenfalls Wohlstandszeiten kaum noch kennen. Nur die Augen in diesem Gesicht sprechen von Kraft und Mut, vielleicht auch etwas Stolz, weil es nicht selbstverständlich war, so lange zu leben.

2. Soziale und wirtschaftliche Abhängigkeiten

Wichtige, prägende Bindungen hielten die Menschen in gesellschaftlicher Abhängigkeit. Die Bindung der Menschen in Familien, Gruppen und Korporationen blieb in weit stärkerem Maße bestehen, als unsere Zeit es sich vorstellen kann. Ehen wurden in der Regel von den Eltern der vorgesehenen Eheleute vermittelt und waren von Rechts und Sitte wegen unauflöslich – nur der Papst oder eine hohe protestantische Kirchenbehörde konnte eine Ehe für aufgelöst erklären. Die Ehe band nicht nur zwei Individuen persönlich und rechtlich aneinander, sondern führte auch zu sozialen und rechtlichen Verpflichtungen gegenüber der Familie und der weiteren Verwandtschaft. Meist regelte der Ehevertrag auch das Erbe und die Versorgung der Eltern beider Ehepartner im Alter; unverheiratete Geschwister oder Stiefkinder konnten Ansprüche auf Versorgung im Haushalt der Eheleute haben. Man könnte sagen, die Ehe war ein Bund nicht von Personen, sondern von Familien und Sippen. Das galt im Besonderen für fürstliche Häuser, aber auch für bäuerliche Familien und Handwerkerfamilien, überhaupt für alle, die Besitz zu vererben hatten. Unverheiratete pflegten im Haushalt ihrer verheirateten Verwandten zu leben, allerdings in abhängiger Position.

Familie (frühneuhochdeutsch: „Haus") und Verwandtschaft (frühneuhochdeutsch: „Freundschaft") gewährten nicht nur persönliche, sondern streng geregelte rechtliche Beziehungen. Der „Hausvater" hatte allein die volle Rechts- und Geschäftsfähigkeit, seine „Gewalt" erstreckte sich prinzipiell über Ehefrau und Kinder, unverheiratete Verwandte und Gesinde. Frauen waren im Ehe- und Erbrecht in der Regel schlechter gestellt als die Männer, oft mussten sie einen Vormund bestellen, wenn sie Rechtsgeschäfte tätigen wollten („Geschlechtsvormundschaft"). Aber wie der Monarch in seinem Herrschaftsgebiet nicht zum Diktator werden konnte noch wollte, so konnte es auch der Hausvater in der Familie nur in Grenzen sein. Zwar durfte er Frau und Kinder körperlich züchtigen, aber wenn er es im Übermaß tat, konnten sie bei Verwandten Schutz und gegebenenfalls Rechtshilfe finden. Abhängige knapp zu halten oder gar zu quälen, war nicht nur ein ungebührliches Verhalten, das den Nachbarn aufzufallen drohte; es zahlte sich auch wirtschaftlich nicht aus, denn sowohl Frauen als auch Kinder, Knechte und Mägde trugen, je nach Alter und Fähigkeiten, zum Einkommen der Familie bei, und dieses Einkommen bestand im 16. Jahrhundert in den meisten Familien mehr aus Arbeitsleistungen (z. B. Herstellen von Lebensmitteln, Vorratshaltung, Versorgung des Viehs oder des Gartens) als aus Geld. Das „Haus" war nicht nur eine rechtliche, sondern auch eine wirtschaftliche Gemeinschaft. Konflikte kamen zwar häufig vor, derbe Worte und auch körperliche Gewalt galten im Zeitalter des „Grobianismus" als normal. Aber die enge Abhängigkeit der Hausgenossen voneinander wird nicht nur Konflikte geschürt, sondern auch dafür gesorgt haben, dass sie nicht immer zum offenen Kampf ausarteten. Ein Hausvater tat schon aus ökonomischer Vernunft gut daran, sich mit den Hausgenossen abzustimmen und nicht rücksichtslos seinen Willen durchsetzen zu wollen. Informell konnten die Abhängigen daher durchaus Einfluss darauf nehmen, was im

Hause vorging, besonders die Ehefrauen („Hausmütter"), weil sie einen großen Teil der ökonomischen Verantwortung für den Haushalt trugen.

Auch beim Vererben ihres Besitzes waren Haushaltsvorstände nicht so „frei" wie nach heutigem Zivilrecht. Altes Herkommen oder Landesgesetze bestimmten z. B., ob ein Bauer seinen Besitz an den ältesten Sohn oder die älteste Tochter weitergeben musste („Anerbenrecht") oder ob der Besitz nach der Zahl der ehelichen Kinder aufgeteilt wurde („Realteilung"). Uneheliche Kinder durften theoretisch nicht erben; Legalisierungen kamen aber häufig vor, weil die Kinder auch als Arbeitskräfte geschätzt waren. Sippen – wie man Verbände mehrerer verwandter Familien bezeichnen könnte – lebten in der Regel viel verpflichtender zusammen, als man der individualistischen Renaissance zugestehen will. Verwandte waren gegeneinander zum Rechtsbeistand verpflichtet – das ging bei adligen Familien bis zur militärischen Beistandspflicht in einer Fehde, die ja als rechtliche Auseinandersetzung angesehen wurde. Nicht das individualistische Leben in Freiheit von allen Bindungen prägte die Frühe Neuzeit, sondern das Leben in enger Bindung in Familie und Verwandtschaft.

Auch in den wirtschaftlichen Entscheidungen des Alltags waren die meisten Menschen gebunden – nicht nur an Wetter, Klima und Bodenverhältnisse ihrer Landwirtschaft, die auch die meisten Handwerker wenigstens als Nebenerwerb betrieben, sondern auch an die Normen der Gewerbeproduktion, die die Zünfte festsetzten. Das „neuzeitliche", individualistische Prinzip in der Wirtschaft verkörperten die Manufakturen, Werkstätten, die Arbeitsplätze stärker zusammenfassten als der traditionelle Handwerksbetrieb und oft arbeitsteilig und standardisiert produzierten, also die Ware stärker „vereinheitlichten" als das Handwerk. Manufakturbesitzer konnten selbst, und zwar individuell, entscheiden, was, wann und wie viel sie produzieren wollten; nach dem Verständnis ihrer Zeit war ihnen Massenproduktion möglich. Auch die Qualität bestimmten sie selber; sie konnten, derb ausgedrückt, auch Pfusch produzieren, wenn er sich nur auf dem Markt absetzen ließ. In Italien und Flandern hatte sich diese Produktionsweise schon im 15. Jahrhundert durchgesetzt, und vor allem bei der Textil- und der Waffenfertigung bot die Massenproduktion wirtschaftliche Vorteile. Dennoch war sie in Europa noch etwas Ungewöhnliches und nur für eine noch recht kleine Schicht von Manufakturbesitzern und Arbeitern lebensprägend. Der Großteil des Gewerbes war in **Zünften** organisiert.

Zünfte
Zunft oder Gilde heißt eine Vereinigung von Handwerkern, die sowohl rechtliche als auch wirtschaftliche und soziale Funktionen übernehmen konnte. Die Zünfte bestimmten die Produktionsentscheidungen ihrer Mitglieder bis ins Einzelne, indem sie festsetzten, welcher Meister wie viel produzieren durfte, aber auch die Qualitätsnormen bestimmten und kontrollierten. Meist hatten die Zünfte ein eigenes Gericht, in dem die Zunftältesten über Belange der Zunftmitglieder entscheiden konnten. Die Zünfte regelten und überwachten auch die Ausbildung der Lehrlinge und die Zulassung zum Meisterrecht. Zu den sozialen Funktionen der Zünfte konnte die Unterstützung in Not geratener Zunftmitglieder und vor allem von Meisterwitwen gehören.

Das Wirtschaftsdenken des zünftischen Handwerks beruhte auf dem statischen Grundsatz der „Gerechtigkeit": Die Zunft sollte so leben und wirtschaften, dass alle Handwerker ein Auskommen hatten und niemand im Gegensatz zu einem Zunftgenossen übermäßige Reichtümer anhäufte oder in große Armut geriet. Deshalb war die zünftige Produktion in der Menge streng begrenzt und in der Qualität reglementiert.

Nur in den Grenzen der durch Herkommen und Recht gesetzten Qualitätsnormen hatte der einzelne Handwerksmeister die Möglichkeit, den Stil etwa eines Schranks oder eines Tellers zu variieren. Auch die Preise und Löhne waren festgesetzt und wurden nur von Zeit zu Zeit an die Preisentwicklung angepasst – meist von den Zünften selbst, aber in zunehmendem Maße auch von den Landesobrigkeiten. Konkurrenz galt nach dem Prinzip der statischen „Gerechtigkeit" als ein Übel, weil sie es dem einzelnen Handwerksmeister schwerer machte, seinen Lebensunterhalt zu verdienen. Deshalb war auch die Zahl der Meisterstellen begrenzt; der Zuzug land- oder ortsfremder Meister wurde nur selten erlaubt, Meistersöhne genossen Vorrang, wenn sie die Stelle des Vaters übernehmen wollten. Im 16. Jahrhundert gab es auch noch Frauen als Handwerksmeisterinnen, sie erschienen aber zunehmend als unliebsame Konkurrenz der Männer und wurden aus den Handwerken verdrängt, wenn auch nicht förmlich vom Meisterrecht ausgeschlossen.

Diese Verdrängung hing wahrscheinlich damit zusammen, dass das Handwerk in vielen Bereichen durch die Konkurrenz der Manufakturen unter Druck geriet. Weil die Manufakturen billiger und mehr produzieren konnten als die Handwerksbetriebe, bekamen die Handwerksmeister Absatzschwierigkeiten, besonders die Textilhandwerker, die Weber und Schneider. Wenn in Hungerkrisen oder Kriegszeiten die Getreidepreise stiegen, ging es zwar auch den Manufakturen schlechter, aber auch Handwerkserzeugnisse wurden weniger verlangt, weil die Städter einen Großteil ihres Geldeinkommens für Brot und andere Lebensmittel aufwenden mussten. Krisenzeiten verschärften also die Notlage des Handwerks noch, unabhängig von der Konkurrenz „modernerer" Produktionsweisen.

Die Zünfte reagierten auf die Konkurrenz der Manufakturen in zweifacher Art. Einerseits versuchten die Zunfthandwerker, von der Landesobrigkeit Schutz vor weiterer Konkurrenz zu erlangen. Beispielsweise wehrten sie sich dagegen, dass Bauern in der Stadt Gewerbeerzeugnisse verkauften, die sie auf ihren Höfen hergestellt hatten, wie Hüte, Schuhe oder Stoffe. Die Abwehr der Frauen als Meisterinnen gehört in diesen Zusammenhang. Andererseits spezialisierten sich die Zünfte stärker, um sich nicht wechselseitig Konkurrenz zu machen – Weberzünfte etwa teilten sich in Wollen-, Leinen- und Seidenweber, Schmiedezünfte in die Waffenschmiede, Kesselschmiede, Nagelschmiede oder Kleinschmiede und andere. Die Spezialisierung war in der Frühen Neuzeit ein Mittel, in der gebundenen Wirtschaftsweise Konkurrenz zu verhindern.

Bis in die hohe Politik reichte das Denken und Handeln nach nicht-individualistischen, gruppenbezogenen Prinzipien. Politik war – gerade an den Habsburgern lässt sich das deutlich erkennen – fast durchgehend Familienpolitik. Heiratsverbindungen hielten fester als manches durch feierlichen Vertrag geschlossene Bündnis; Herkunft und Verwandte bestimmten über Erbansprüche und Lebensperspektiven; und der Politik der Familie musste sich nicht nur gelegentlich jedes persönliche Streben nach Glück unterordnen. Die Familie stellte die meisten und die zuverlässigsten Berater, Agenten oder Verbündeten (beiderlei Geschlechts). Erst in jüngster Zeit wird genauer erforscht, wie stark Familien- und Verwandtschaftsbeziehungen auch die politische Welt „unterhalb" der großen Herrscherhäuser prägten. An einen Hof kam man – außer über den Kirchendienst – nur durch Protektion, das heißt, durch Empfehlung eines wenn auch noch so weit entfernten Verwandten. Verdienste erwarb man sich nicht nur durch Leistung und die Übernahme von Dienstaufgaben, sondern auch durch kleine und größere Gefälligkeiten wie Geschenke oder wiederum Protektion jüngerer und nicht so glücklicher Verwandter. Unter Ferdinand I. gelangten viele Männer dadurch in den Hofdienst, dass sie dem Erzherzog persönlich oder der landesfürstlichen Kammer ein Darlehen gaben. Durch Gefälligkeiten dinglicher und persönlicher Art gliederte man sich in vielfältige Beziehungen ein – das geschah in ähnlicher Art auch in anderen Korporationen wie den Städten oder auch den Universitäten. Es waren Beziehungen zwischen rechtlich und nach dem Ansehen ungleichen Personen. Der „Patron" war der Überlegene und Mächtige in der Beziehung; der „Klient" hatte sich ihm unterzuordnen und schuldete ihm Ehrbezeigungen, Dienste und Geschenke, wenn auch nicht in einer rechtlich festgesetzten Menge, sondern eher nach einer Art Taktgefühl und Augenmaß. Wie überall in der Frühen Neuzeit hatte aber ein Patron keine „absolute" Macht; mit der Annahme eines Klienten ging er die Verpflichtung ein, für das Fortkommen des Klienten und gegebenenfalls weiterer Verwandter zu sorgen. Auf diese Weise entstanden über die Verwandtschaft hinausreichende „Klientelverbände", die in der Politik eine noch spärlich erforschte, aber bedeutende Rolle spielten. Wenn z. B. in einem Territorium oder einer Stadt konfessionelle Auseinandersetzungen aufbrachen, dann hing die Entscheidung für die eine oder die andere Seite nicht nur von persönlichen Vorlieben und Wünschen ab, sondern auch davon, welchem Klientelverband der Einzelne angehörte und welche Position er darin einnahm. Ein „Patron" konnte eher als ein „Klient" seine religiöse Entscheidung nach eigenem Ermessen, individuell treffen.

Nach dem heutigen Verständnis sind Klientelbeziehungen „informell", weil wir als „formell" nur solche Beziehungen verstehen, die durch schriftliche Rechtsfestsetzung beschrieben und eingegangen werden, z. B. durch einen Arbeitsvertrag, einen Ehekontrakt oder die „Einschreibung" an der Universität. In der Frühen Neuzeit, die Familie und Verwandtschaft viel stärker als „förmliche" Institutionen verstand, als wir das tun, galten die Beziehungen in den Klientelverbänden als durchaus „förmlich". Wo wir die Berücksichtigung des Individuums und seiner Leistung als Kriterium für eine „richtige" Beurteilung fordern, sahen es die Menschen der Frühen Neuzeit als normal an, zuerst darauf zu achten, woher jemand kam und in welchen Familien- und Klientelverbindungen er stand. Aufgrund dieser Einstellung vermischten sich persönliche und politische Belange viel stärker, als es heute für richtig gehalten wird. Politik betreiben hieß handeln in Familien- und Klientelverbänden, mit allen dazu gehörenden Bedingtheiten und Abhängigkeiten. Klientelverbindungen eröffneten Chancen, beschränkten aber auch den persönlichen Entscheidungsspielraum. Diese Abhängigkeit brauchte nicht immer als Last zu erscheinen, aber sie war es wohl sehr oft.

Die un-individualistischen („vormodernen") Grundsätze des politischen Handelns brachten einen vollkommen anderen politischen Stil, eine andere politische Kultur hervor, als das „moderne" Verständnis für geboten hält. Das moderne Verständnis betrachtet Politik als Auseinandersetzung um Individuen und die von ihnen vertretenen politischen Programme – was in Wahlkämpfen immer noch zumindest inszeniert wird. Die Programme werden so formuliert, dass sie allgemeine Prinzipien beschreiben, sei es der Umweltschutz, die Weltrevolution oder eine bildungspolitische Grundüberzeugung. Um ihr Programm durchzusetzen, müssen politisch tätige Menschen (beiderlei Geschlechts) sich in einer Konkurrenz behaupten; als erfolgreich gelten sie, wenn sie an ihrem Programm möglichst keine „Abstriche" machen müssen. Sich bei dieser Tätigkeit persönlich zu bereichern oder Familienangehörige mit Posten zu bedenken, gilt als zumindest anrüchig und dem politischen Anliegen schädlich.

Zum Teil prägten diese neuzeitlichen Prinzipien die Politik des 16. Jahrhunderts auch – einige Herrscher versuchten z. B., mit konfessionellen Grundsätzen ihre Politik zu legitimieren oder diese Grundsätze selbst durchzusetzen. Aber dort, wo die Frühe Neuzeit in der Politik un-individualistisch, klientelbezogen dachte – und das war der größte Teil des damaligen politischen Lebens –, wären die „modernen" Prinzipien nicht verstanden worden. Man inszenierte nicht das Handeln von Individuen, sondern von Gruppen und allenfalls von Personen als Amtsträgern, nicht den Konflikt um allgemeine Programme, sondern den Interessenausgleich und den Kompromiss. Selbst bei Wahlämtern wurden die Kandidaten nicht als Vertreter bestimmter politischer Ideen gewählt, sondern als Vertreter ihrer Gruppe, z. B. einer Zunft, von der ein Mitglied im Stadtrat sitzen durfte, oder als Vertreter der Grundbesitzer eines Landesteils für einen Landtag. Die überlieferten Methoden der Verhandlung ließen dem Einzelnen wenig Möglichkeiten, sich politisch zu profilieren, denn verhandelt wurde grundsätzlich in Gruppen und so lange, bis ein Kompromiss gefunden war, mit dem alle leben konnten. Das Verfahren des Mehrheitsbeschlusses war zwar schon bekannt, musste aber nicht akzeptiert werden – auf dem Reichstag zu Speyer 1529 dokumentierte die Minderheit der „Protestanten" schriftlich, dass sie sich an den Mehrheitsbeschluss nicht gebunden fühlte. Nach dem Verständnis der Frühen Neuzeit war der Mehrheitsbeschluss weniger verbindlich als der Kompromiss aller und stellte daher nicht die Regel dar. Öffentlich sichtbar sollte nicht der Konflikt sein – den es in einem Stadtrat oder auf einem Landtag durchaus geben konnte –, sondern die Einigkeit der jeweiligen politischen Korporation.

Weil die Amtsträger nicht als Individuen verstanden wurden, sondern als Familien- oder Gruppenglieder, konnten selbst Wahlämter de facto erblich sein – wenige Familien stellten über Generationen hinweg die Bürgermeister kleiner Städte; Kaiser wurden in der gesamten Frühen Neuzeit Mitglieder des Hauses Habsburg, obwohl die Kurfürsten von Rechts wegen frei unter den Kandidaten fürstlicher Häuser in ganz Europa hätten wählen können. Die Familie, das „Haus" in die eigenen öffentlichen Funktionen einzubeziehen, war nach diesem Politikverständnis richtig und notwendig. Die Trennung von „öffentlicher" politischer und „privater" unpolitischer Sphäre gab es nicht. Politische Funktionen ließen sich von der Familien- und Klientelstruktur nicht lösen; ihre Vermischung kennzeichnete nicht nur die politische Wirklichkeit, sondern auch die Vorstellungen von Politik in der Frühen Neuzeit.

3. Seelische und geistige Krisenbewältigung

Im kulturellen und geistigen Leben des 16. Jahrhunderts findet man neben und nach den Zeichen hektischer Aufregung und Aufgewühltheit auch etwas wie eine Sehnsucht nach Ruhe, Sicherheit und Statik. Vielleicht verschreckt, in Angst versetzt von so vielen Neuerungen, wollten die Menschen sich anscheinend stärker dessen versichern, was bestehen blieb und über lange Zeit bestehen bleiben sollte. Die Errungenschaften der jüngsten Vergangenheit wurden fixiert, systematisiert und zum neuen kulturellen Leitbild erhoben. Das betrifft die Zentralperspektive ebenso wie die Religiosität der Konfessionskirchen und in gewissem Sinne auch die erreichte Herrschaftskonzentration. Viele Vermittler der verschiedensten Art – Pfarrer, Lehrende der Künste und Wissenschaften, Meister eines Handwerks – bemühten sich darum, den Stil, der im 16. Jahrhundert errungen worden war, den kommenden Generationen zu vermitteln. Für Italien gilt das gesamte 16. Jahrhundert als *il secolo dei precettori* (das Jahrhundert der Vermittler, despektierlich: der Schulmeister). Seit der Verfestigung des lutherischen Bekenntnisses in

Augsburg 1530 bemühten sich immer mehr Kirchen, ihren Bekenntnisstand schriftlich festzulegen. Für die römisch-katholische Kirche geschah das in den Trienter Konzilsdekreten ab 1546, weitere Landeskirchen folgten bald nach.

Bekenntnisschriften
1549 Book of Common Prayer (England, anglikanisch)
1551 Confessio Virtembergica (Herzogtum Württemberg, lutherisch)
1559 Confessio Gallicana (französische Protestanten, reformiert)
1560 Hamburger Bekenntnisbuch (lutherisch)
1561 Confessio Belgica (Niederlande, reformiert)
1562 Confessio Hungarica (Ungarn, reformiert)
1566 Confessio Helvetica Posterior (Schweiz, reformierte Kantone)
1580 Konkordienbuch (gemeinschaftliche Sammlung der Bekenntnisschriften lutherischer Landeskirchen)

Auch Jean Bodins Lehre von der Souveränität könnte man als den Versuch verstehen, eine Errungenschaft der unmittelbaren Vergangenheit festzuhalten und zu systematisieren, nämlich den Grad an Herrschaftskonzentration, den das Zeitalter sich als Ideal vorstellte – wenn es auch noch weit davon entfernt war, ihn bis in den hintersten Winkel jedes Landes durchzusetzen.

Der Wunsch nach Ruhe und Verfestigung lässt sich in einer Zeit rascher Veränderungen leicht begreifen; er hängt aber wahrscheinlich auch mit einem Grundzug der Mentalitäten, ja aller Denkformen der Frühen Neuzeit zusammen. Im 16. Jahrhundert teilten die meisten Menschen die Grundüberzeugung, dass Veränderung immer eine Verschlechterung und das Ideal des persönlichen wie des gesellschaftlichen und politischen Lebens eine gleich bleibende, statische Ordnung sei. Mit dauernden Veränderungen, gar mit einem zu ständiger Veränderung zwingenden „Fortschritt" zum Besseren, rechnete das Zeitalter nicht. Jede Veränderung, die akzeptiert werden sollte, musste sich als *reformatio* (Reform, Wiederherstellung eines alten guten Zustandes) darstellen. Allenfalls war Veränderung denkbar als zyklischer Wechsel innerhalb eines im Prinzip ausbalancierten Systems. Geschichte galt als Beispielsammlung für gutes oder schlechtes Verhalten, gute oder schlechte politische Ordnung, nicht als Lehre von Veränderungen. Statik, Festigkeit, Solidität waren anerkannte Leitbilder des Lebens, nicht wie heute eher abgelehnte Gegenbilder oder gar Symbole von Rückständigkeit oder verlorenem „Natur"zustand. Das Ideal der Statik, der feststehenden Ordnung ließ die Menschen nach einer Periode raschen und grundsätzlichen Wandels das Feststehende suchen, in einer Art von produktiver geistiger Abwehrreaktion gegen die vielen Veränderungen, die eine bedrohlich gesehene Welt ihnen zumutete. Der feste Standpunkt, der in Kunst, Religion und Herrschaftsordnung neu errungen werden konnte, gab Sicherheit und wirkte wohl auch deshalb anziehend auf die Menschen.

Die neuzeitliche Distanzierung und Zentrierung stellte aber nicht die einzige Möglichkeit dar, mit Wechseln und Wandlungen umzugehen. Sie kostet Kraft, die nicht jeder aufbringt; und noch galt sie nicht als grundsätzlich „richtig". Die ständige Gegenwart oder Gefahr von Kriegen oder konfessionellen Auseinandersetzungen ließ es oft eher geraten erscheinen, sich distanzlos und tatkräftig einzumischen. Flugschriften und Gerichtsprotokolle zeugen davon, dass die Menschen in heute schwer vorstellbarem Maße aggressiv miteinander umgingen. Gotteslästerliche Flüche und grobe Beschimpfungen kamen so häufig vor, dass sie per Landesordnung unter Strafe gestellt wurden. Hochintellektuelle Gelehrte wurden ausfällig, wenn sie sich in Flugschriften mit theologischen Gegnern auseinandersetzten, und beschimpften sie als Säufer (ein gegen Luther häufig erhobener Vorwurf), Kater (d.h. Lüstlinge), „abgefallen Mameluck" oder „lichtflüchtigen Nachtraben". Streit artete vielleicht nicht häufiger in handgreifliche Auseinandersetzungen aus als heute, aber er konnte schlimmere Folgen haben, denn es war ein mit Stolz wahrgenommenes Recht der Männer, Waffen zu tragen; und ein junger Adliger oder ein Student, der auf sich hielt, musste sie auch zu gebrauchen wissen, wenn er seine Ehre angegriffen glaubte. Ehre war in der Frühen Neuzeit keine Nebensächlichkeit, sondern stellte das förmliche durch Geburt und Amt erworbene Ansehen eines Menschen dar; es musste verteidigt werden – notfalls mit Waffengewalt –, wenn ein Mensch sich nicht „ehrlos machen", d.h. völlig aus der menschlichen Gesellschaft ausschließen wollte wie ein Geächteter. Körperliche Gewalt und Gewaltbereitschaft prägten den Alltag, dementsprechend auch die Drohung mit ihr, die Furcht vor ihr und das Leiden unter ihren Folgen. Die Erfahrung der Gewalt ließ sich ebenso wenig verdrängen wie die der Todesgefahr. Bildliche Darstellungen zeigen das noch uns Heutigen: verrenkte Körper in den Bildern vom Leiden Christi; „Kreuzabnahme"-Bilder, auf denen sichtbar lauthals geklagt wird; zwar mythologisch verkleidete, aber nur allzu deutliche Inszenierungen von Raub und Vergewaltigung, Krieg und Mord. Die bildenden Künste des 16. Jahrhunderts ließen es an drastischem „Realismus" nicht fehlen; auch Musiker und Komponisten schwelgten in „hässlichen", misstönenden Klängen, wenn sie Schmerz oder Leiden darstellen wollten. Das Ideal der ausgeglichenen Harmonie, das die italienische Renaissance propagiert hatte, passte spätestens nach dem „Sacco di Roma" nicht mehr in die gewalttätige Zeit.

Es ist schließlich zu überlegen, ob die Hexenverfolgungen, die es vor allem in Mitteleuropa im 16. und frühen 17. Jahrhundert besonders häufig gab, sich nicht als – fehlgeleitete und fehlgeschlagene – Versuche verstehen lassen, die Krisen und Veränderungen des Jahrhunderts durch tatkräftiges Eingreifen zu bewältigen. Der Glaube war und ist weit verbreitet, dass bestimmte Menschen durch Zauberei oder jedenfalls nicht „natürlich" zu erklärende Mittel auf andere Menschen, Lebewesen oder Naturvorgänge wie das Wetter einwirken könnten, zum Nutzen oder, häufiger, zum Schaden anderer Menschen oder ihres Besitzes. „Nützliche" Wirkungen nicht erklärbarer Art werden gern hingenommen; gegen unerklärbaren Schaden versuchten und versuchen sich Menschen zu wehren, indem sie den oder die vermeintlich Schuldigen aufspüren und mindestens „unschädlich" machen, vielleicht vernichten wollen. Zu großen Verfolgungen von Zauberern oder Hexen kommt es deshalb – bis heute – in schweren Krisen, in Zeiten von kriegerischer Verwüstung, schweren und aufeinander folgenden Missernten, Hunger und Seuchen, wenn viele Menschen den Eindruck haben, einen Schaden zu erleiden, den sie sich nicht erklären können und den sie der Wirkung der Hexen oder Zauberer zuschreiben. Deshalb beruht es sicher nicht auf Zufall, dass die großen Hexenverfolgungen in Mitteleuropa in den Jahren nach 1580 auftraten, als für viele Menschen alle diese katastrophalen Momente zusammenkamen.

Hexenglaube ist insofern „un-neuzeitlich", als Menschen, die ihm anhängen, keinen Abstand zwischen sich und der Welt sehen. Sie nehmen die Welt nicht aus der Distanz wahr, sondern empfinden sich in einem Wirkungsgeflecht, in dem alles mit allem verknüpft ist und aufeinander einwirkt. Glaube an magische Beeinflussung ist geradezu das Gegenteil „neuzeitlicher" Distanz. Deshalb erstaunt es nicht, dass Hexenverfolgungen im europäischen 16. Jahrhundert überall da auftraten, wo die neuzeitliche „Distanzierung" in Gestalt von Konfessionsreligiosität oder entschiedener Herrschaftskonzentration sich nicht durchgesetzt hatte. Große so genannte Flächenstaaten mit durchgreifender „Staats"-Gewalt sahen wenig oder gar keine Hexenprozesse; die spanische Inquisition stand der Hexenverfolgung ausgesprochen misstrauisch gegenüber und bekämpfte sie. Dagegen gab es zahlreiche Hexenprozesse in Gebieten mit starker Herrschaftszersplitterung. Schwache Fürsten kleiner Herrschaften gaben häufig dem Druck ihrer Untertanen nach, Hexen verfolgen zu lassen – entgegen der landläufigen Meinung wurden die meisten Hexenprozesse nicht von Obrigkeiten veranlasst, sondern von Untertanen, die damit zum Teil schon lange schwelende Konflikte endgültig aus der Welt schaffen wollten. Eine starke obrigkeitliche Gewalt konnte Hexenprozesse verhindern, während schwache Obrigkeiten unter Druck gerieten und eine Prozesswelle eher zulassen mussten.

Nicht hinter jedem Hexenprozess stand eine systematische Vorstellung vom „Hexensabbat", einer „Sekte" von Hexen oder Ähnlichem. Doch wurden gefangene angebliche Hexen oft nach ihren Lehrmeistern und nach Komplizen ihres „Verbrechens" gefragt. Dann nannten sie meistens enge oder weitere Verwandte, selten Personen, die dem eigenen Lebenszusammenhang fern standen. Auch das ist nicht unbedingt erstaunlich für eine Zeit, in der die Verwandtschaftsbindung enger und daher wahrscheinlich konfliktträchtiger war als heute, Konflikte aber unter Rangungleichen nicht offen ausgetragen werden konnten. Wer Groll im Herzen trug, mochte es als entlastend empfinden, eine Feindin als Hexe, einen überlegenen Gegner als Zauberer anzuzeigen. Dabei muss man berücksichtigen, dass die Aussagen immer in einer Situation großer Belastung, oft unter der Drohung mit Folter zustande kamen.

Die Hexenprozesse Mitteleuropas sind inzwischen relativ gut erforscht, während über ihre Gründe noch spekuliert wird. Wenn Hexenprozesse überall dort gehäuft auftraten, wo der „staatliche" Zugriff schwach und das Abhängigkeitsgefühl groß war, also die neuzeitliche Distanzierung sich nicht durchgesetzt hatte, dann könnte man die Hexenverfolgungen im Europa der Frühen Neuzeit als Übergangserscheinung begreifen. Es gab sie im Mittelalter noch nicht, als die Distanzierung weder erwünscht noch gar gefordert war; es gab sie nach dem 18. Jahrhundert nicht mehr, als die neuen Entwicklungen der „Neuzeit" sich im staatlichen wie im geistigen Leben als allgemein verbindlich durchgesetzt hatten. Hexenverfolgungen wären dann auch als Versuche zu verstehen, sich in „neuzeitlicher" Weise aus Abhängigkeiten zu lösen, die die Zeit mit ihren technischen oder seelischen Mitteln nicht beseitigen konnte. Dass ein so „moderner" staatstheoretischer Denker wie Jean Bodin vehement für die Hexenverfolgung eintrat, ist unter diesen gedanklichen Voraussetzungen kein Widerspruch: Der Mann, der die höchste „Souveränität" für den Herrscher reklamierte, beanspruchte eine ähnliche „Souveränität" für den Menschen allgemein gegenüber den Bindungen seiner Welt und schrieb es den Hexen zu, dass sich diese „Souveränität" nicht überall und grundsätzlich erringen ließ. Die europäischen Hexenverfolgungen stellten kein „Relikt des Mittelalters" dar, aber auch nicht etwas typisch „Neuzeitliches", sondern bezeichneten gerade die lange Übergangszeit, in der die neuzeitlichen Tendenzen zwar zur Norm wurden, aber sich noch nicht überall durchgesetzt hatten.

Wie man sieht, bildete die neue „perspektivische" Sicherheit nur einen Teil des geistigen Lebens im 16. Jahrhundert. Nicht immer und nicht überall gelang es, die Welt aus Abstand anzusehen und feste Standpunkte zu gewinnen. Aber vielfach galt das auch gar nicht als erstrebenswert, ja sogar als falsch. Erst in jüngster Zeit wird den historischen Wissenschaften klar, dass auch die Naturwissenschaft des 16. Jahrhunderts noch weithin von Denkformen geprägt war, die mit dem „neuzeitlichen" Verständnis dieser Disziplinen nichts zu tun hatten.

Die neuzeitliche Naturwissenschaft – die allerdings in der heutigen Zeit in mancher Hinsicht als überholt gilt – betrachtet und erforscht die Welt grundsätzlich als etwas vom Menschen Getrenntes, das sich aus Abstand beobachten und nach den festen Grundsätzen der Mathematik erfassen lässt: Naturwissenschaftliche Erkenntnisse müssen mathematisch darstellbar sein, Gegenstände messbar und berechenbar. Einer der ersten Vertreter dieser Wissenschaftsauffassung war Galileo Galilei (1564–1642), der die gesamte Natur für berechenbar hielt. Im 16. Jahrhundert aber war diese Auffassung noch nicht allgemein anerkannt. Die Welt galt nicht als etwas vom Menschen Getrenntes, das er aus Abstand beobachten und nach einem einheitlichen festen Prinzip darstellen könne. Sie wurde vielmehr als ein System von Verflechtungen gesehen, in das der Mensch eingebunden war und in dem er wiederum ein System von Verflechtungen darstellte, einen „Mikrokosmos", ein kleines Abbild der Welt. Deshalb lag das Ziel der Naturwissenschaft des 16. Jahrhunderts größtenteils darin, die Verbindungen zwischen dem „Mikrokosmos" Mensch und dem „Makrokosmos", den wir Natur nennen, zu erforschen und in eine Ordnung zu bringen. Ein Beispiel für diese Auffassung von Naturwissenschaft ist Theophrast von Hohenheim, genannt Paracelsus (1493–1541). Seine Lehre geht zwar von der Heilkunde aus, will aber tendenziell die ganze Welt und ihre Zusammenhänge durchschauen. Unter anderem beschäftigte sich Paracelsus mit der Wirkung von Arzneimitteln auf den Menschen in Abhängigkeit von seinem „Temperament", seiner Konstitution, dem Klima und auch seelischen Faktoren wie Stimmungen oder Leidenschaften. Nicht der Mensch oder der Körper ist der Hauptgegenstand dieser Lehre, sondern die gesamte Welt in ihren vielfältigen Verflechtungen, in welche Arzt und Patient sich einzufügen haben; und nicht ein vereinheitlichendes Prinzip gibt den methodischen Maßstab ab, sondern es ist vielmehr Differenzierung gefordert, Anpassung an jede einzelne Krankheitssituation.

In der späteren Neuzeit galten die Schriften des Paracelsus als okkult, weil die spätere Wissenschaftsauffassung nur das abstrakt und mathematisch Formulierbare für „wissenschaftlich" hielt. Aber im 16. Jahrhundert erschienen die Verbindungen, Entsprechungen und Korrespondenzen zwischen Mensch und Welt oder zwischen einzelnen Naturerscheinungen genauso „logisch" begründet und erforschbar, wie nach neuzeitlichem Verständnis ein mathematischer Lehrsatz logisch ist oder die Massenverhältnisse von Atomen in einem Molekül sich erforschen, nämlich berechnen lassen. Im 16. Jahrhundert hatte das Denken in Korrespondenzen und Entsprechungen nichts Okkultes an sich, sondern war ein akzeptierter Teil wissenschaftlichen Bemühens. Man findet die Suche nach Entsprechungen daher sehr häufig, auch bei Naturwissenschaftlern, die mit Berechnungen sehr gut umgehen konnten, wie bei dem Astronomen Johannes Kepler. Er teilte zwar nicht die massive Horoskopgläubigkeit vieler seiner Zeitgenossen, war aber überzeugt davon, dass der Lauf der Sterne eine Beziehung zum Leben der Menschen habe, und stellte selbst Horoskope. Er hielt die Theorie des Nikolaus Kopernikus (1473–1543) für richtig, dass die Sonne im Mittelpunkt des Universums stehe; aber als Beweis dafür führte er 1596 nicht nur Berechnungen an, sondern auch eine kosmische Beziehung, nämlich die Tatsache, dass die fünf regelmäßigen Körper der euklidischen Geometrie sich zwischen den Bahnen der fünf damals bekannten Planeten (Merkur, Venus, Mars, Jupiter, Saturn) unterbringen ließen. Die Berechnung und die Erkenntnis der Entsprechung dienten gleichermaßen als Beweise für die „Richtigkeit" der kopernikanischen Theorie. Naturwissenschaft war im 16. Jahrhundert noch weithin eine Suche nach Entsprechungen, nicht das Ausmessen und Berechnen einer fremden „Natur".

Erst recht dominierte das Suchen und Erkennen von Verbindungen und Entsprechungen im Alltag, wo die „perspektivische" Distanzierung nur in Ansätzen vorhanden oder ganz unbekannt war. Wie aus zahlreichen Flugblättern hervorgeht, glaubten die meisten Menschen, dass ungewöhnliche Naturerscheinungen sich nicht aus einer eigenen Gesetzmäßigkeit erklären ließen, sondern eine Beziehung zu den Menschen hätten, ihnen etwas sagen wollten und sollten. Eine Kometenerscheinung stellte ebenso eine Botschaft an die Menschen dar wie ein zerstörerisches Unwetter oder die Geburt eines missgebildeten Kalbes. Meist wurden solche ungewöhnlichen Erscheinungen als Ausdruck des Zornes Gottes und drohender weiterer Strafen interpretiert – was sich in der gewalttätigen, kriegerischen Zeit schwer widerlegen ließ. Solchen Deutungen folgte dann oft eine Mahnung zur Buße, zu tätiger Besserung des eigenen Lebens. Die Kalender der Epoche ordneten einzelnen Tagen des Jahres bestimmte Qualitäten zu und gaben an, welche Tage sich z. B. für Aderlässe oder andere medizinische Behandlungen besonders eigneten und an welchen Tagen die „Konstellation" (der Stand der Sterne zueinander) der Aussaat günstig sei. Aus solchen Zuordnungen spricht die Überzeugung, dass es zwischen Mensch und Welt vielfältige Entsprechungen und Verbindungen gebe, die man auch im alltäglichen Leben berücksichtigen und nach denen man sich richten müsse. Auch in den Konfessionskirchen, die ansonsten schon stark von neuzeitlichen Zügen geprägt waren, finden sich nicht nur Spuren solchen Verknüpfungsdenkens. Kometenflugschriften wurden z. B. häufig von protestantischen Pfarrern verfasst, und in der katholischen Kirche gab es viele Priester und Bischöfe, die der Astrologie eine Bedeutung beimaßen. All dies zeigt, dass „die Neuzeit" im 16. Jahrhundert zwar begonnen hatte, aber erst in Teilen und Ansätzen Alltagsleben der Menschen bestimmte. Die un-neuzeitlichen Züge beherrschten den Alltag bei weitem. Nur wenn man das zur Kenntnis nimmt, kann man ermessen, wie fremd uns das 16. Jahrhundert wirklich ist.

Auswahlbibliografie

1. Quellen und allgemeine Literatur

Quellen

Deutsche Reichstagsakten, Jüngere Reihe, hrsg. durch die Historische Kommission bei der Bayerischen Akademie der Wissenschaften, Göttingen 1962 ff.

Dickmann, Fritz (Hrsg.).: Renaissance, Glaubenskämpfe, Absolutismus, München 1966.

Politische Korrespondenz Karls V., Internet-Adresse: www.uni-konstanz.de:8080/polka

Gachard (Hrsg.): Correspondance de Marguerite d'Autriche Duchesse de Parme avec Philippe II, 3 Bde., Brüssel 1867–1881.

Köpf, Ulrich (Hrsg.): Deutsche Geschichte in Quellen und Darstellung, Bd. 3: Reformationszeit 1495–1555, Stuttgart 2001.

Lefèvre, Joseph (Hrsg.): Correspondance de Philippe II sur les Affaires des Pays-Bas, deuxième partie, Receuil destiné à faire suite aux travaux de L.-P. Gachard, 4 Bde., Brüssel 1940–1960.

D. Martin Luthers Werke. Kritische Gesamtausgabe (Weimarer Ausgabe, WA), Weimar 1883–2000. Bde. 1–60 Werke, Bde. 61–68 Register. Tischreden, 6 Bde., Weimar 1912–1921; Deutsche Bibel, 12 Bde., Weimar 1906–1961; Briefwechsel, 14 Bde., Bde. 15–17 Register, Weimar 1930–1983.

Nuntiaturberichte aus Deutschland nebst ergänzenden Actenstücken, hrsg. durch das K. Preussische Historische Institut in Rom und die K. Preussische Archivverwaltung, Gotha 1892 ff.

Roeck, Bernd (Hrsg.): Deutsche Geschichte in Quellen und Darstellung, Bd. 4: Gegenreformation und Dreißigjähriger Krieg 1555–1648, Stuttgart 1996.

Sehling, Emil (Hrsg.): Die evangelischen Kirchenordnungen des XVI. Jahrhunderts, 15 Bde., ab Bd. 6 fortgeführt vom Institut für evangelisches Kirchenrecht der Evangelischen Kirche in Deutschland, Berlin 1902 – Tübingen 1977.

Nachschlagewerke

Geschichte der deutschen Länder. „Territorien-Ploetz", hrsg. v. Georg Wilhelm Sante und A. G. Ploetz Verlag, Bd. 1: Die Territorien bis zum Ende des alten Reiches, Würzburg 1964.

Köbler, Gerhard: Historisches Lexikon der deutschen Länder. Die deutschen Territorien und reichsunmittelbaren Geschlechter vom Mittelalter bis zur Gegenwart, sechste, vollständig überarbeitete Auflage, Darmstadt 1999.

Konferenzen und Verträge. Vertrags-Ploetz[,] ein Handbuch geschichtlich bedeutsamer Zusammenkünfte und Vereinbarungen, Teil II., 3. Bd.: Neuere Zeit 1492–1914, zweite erweiterte und veränderte Auflage, bearbeitet v. Helmuth K. G. Rönnefarth, Würzburg 1958.

Lexikon für Theologie und Kirche, begründet v. Michael Buchberger, dritte, völlig neu bearbeitete Auflage, hrsg. v. Walter Kasper mit Konrad Baumgartner u. a., 10 Bde. und Nachtrags- und Registerbd., Freiburg/Basel/Rom/Wien 1993–2001. *Das katholische Lexikon für Theologie.*

Religion in Geschichte und Gegenwart. Handwörterbuch für Theologie und Religionswissenschaft, vierte, völlig neu bearbeitete Auflage, hrsg. v. Hans Dieter Betz u. a., Tübingen 1998 ff. *Das protestantische Lexikon für Theologie.*

Allgemeine und epochenübergreifende Darstellungen

Asch, Ronald G./Birke, Adolf M. (Hrsg.): Princes, Patronage, and the Nobility. The Court at the Beginning of the Modern age c. 1450–1650, London/Oxford 1991. *Sammelband mit Aufsätzen zur Hofgesellschaft.*

Asch, Ronald G./Duchhardt, Heinz (Hrsg.): Der Absolutismus – ein Mythos? Strukturwandel monarchischer Herrschaft (Münsterische Historische Forschungen 9), Köln/Weimar/Wien 1996. *Sammelband zum Problem des Absolutismusbegriffs.*

Baumgart, Peter: Absolutismus ein Mythos? Aufgeklärter Absolutismus ein Widerspruch? Reflexionen zu einem kontroversen Thema gegenwärtiger Frühneuzeitforschung, in: Zeitschrift für Historische Forschung 27 (2000), 573–589. *Kritische Sammelrezension von Schriften zum Absolutismusbegriff, Gegenthese zu Henshall und Duchhardt.*

Bérenger, Jean: Die Geschichte des Habsburgerreiches 1273 bis 1918, aus dem Französischen übersetzt v. Marie Therese Pitner, Wien/Köln/Weimar 1995. *Detailreiche Darstellung in klarer Sprache.*

Diwald, Hellmut: Anspruch auf Mündigkeit, um 1400–1555, Frankfurt am Main/Berlin/Wien 1982. *Fesselnd geschriebene und detailreiche Darstellung.*

Duchhardt, Heinz: Deutsche Verfassungsgeschichte 1495–1806, Stuttgart/Berlin/Köln 1991.

Erbe, Michael: Die Habsburger 1493–1918. Eine Dynastie im Reich und in Europa, Stuttgart/Berlin/Köln 2000. *Detailreicher und zuverlässiger Überblick.*

Fischer, Wolfram, u. a. (Hrsg.): Handbuch der europäischen Wirtschafts- und Sozialgeschichte, Bd. 3: Europäische Wirtschafts- und Sozialgeschichte vom ausgehenden Mittelalter bis zur Mitte des 17. Jahrhunderts, hrsg. v. Hermann Kellenbenz, Stuttgart 1986. *Umfassendes Handbuch, das politische Bezüge nicht vernachlässigt.*

Flohn, Hermann: Das Problem der Klimaänderungen in Vergangenheit und Zukunft, Darmstadt 1985. *Abriss der Methoden und Ergebnisse; ein Kapitel zur „Kleinen Eiszeit", die 1550–1850 angesetzt wird.*

Gebhardt, [Bruno] (Hrsg.): Handbuch der Deutschen Geschichte, neunte, neu bearbeitete Auflage, hrsg. v. Herbert Grundmann, Bd. 2: Von der Reformation bis zum Ende des Absolutismus, bearb. v. Max Braubach u. a., Stuttgart 1970. *Immer noch als Einführung gut zu benutzen.*

Heckel, Martin: Deutschland im konfessionellen Zeitalter, Göttingen 1983. *Systematische Darstellung aus protestantischer Perspektive.*

Henning, Friedrich-Wilhelm: Deutsche Wirtschafts- und Sozialgeschichte im Mittelalter und in der frühen Neuzeit. Handbuch der Wirtschafts- und Sozialgeschichte Deutschlands, Bd. 1, Paderborn/München/Wien/Zürich 1991. *Überblick von der Vorgeschichte an.*

Henshall, Nicholas: The Myth of Absolutism. Change and Continuity in Early Modern European Monarchy, London/New York 1993. *Vertritt die These, dass der Begriff „Absolutismus" für den frühneuzeitlichen Staat unbrauchbar sei, da der Staat nicht auf die unteren Ebenen durchgriff.*

Kleindel, Walter: Österreich. Daten zur Geschichte und Kultur, Wien/Heidelberg 1978. *Gutes, chronologisch gegliedertes Nachschlagewerk.*

Kluxen, Kurt: Geschichte Englands. Von den Anfängen bis zur Gegenwart, Stuttgart 1991. *Konzentrierte Einführung.*

Kreiser, Klaus: Der Osmanische Staat 1300–1922, München 2001. *Handbuch mit Forschungsüberblick und weiteren Literaturangaben.*

Lutz, Heinrich: Das Ringen um deutsche Einheit und kirchliche Erneuerung. Von Maximilian I. bis zum Westfälischen Frieden 1490 bis 1648, Berlin 1983. *Handbuch mit Schwerpunkt auf Fragen der Religion und Staatsbildung, katholische Perspektive.*

Lutz, Heinrich: Reformation und Gegenreformation, München/Wien 21982. *Geraffte Darstellung mit ausführlichem Überblick über Forschungskontroversen und Literatur.*

Mason, Stephen F.: Geschichte der Naturwissenschaft in der Entwicklung ihrer Denkweisen, deutsche Ausgabe, unter Mitwirkung v. Klaus M. Meyer-Abich besorgt v. Bernhard Sticker, Stuttgart 1961.

Mieck, Ilja: Europäische Geschichte der Frühen Neuzeit. Eine Einführung, sechste, verbesserte und aktualisierte Auflage, Stuttgart/Berlin/Köln 1998.

Montanari, Massimo: Der Hunger und der Überfluß. Kulturgeschichte der Ernährung in Europa, aus dem Italienischen übersetzt v. Matthias Rawert, München 1993. *Im Vergleich zur deutschen Wissenschaftstradition etwas essayistisch geschrieben, aber verlässlich.*

Neuhaus, Helmut: Das Reich in der Frühen Neuzeit, München 1997. *Überblick über die Verfassungsstruktur des Alten Reiches, mit einem Kapitel über das Alte Reich in der Geschichtsschreibung, Forschungsbericht und ausführlicher Bibliografie.*

Reinhard, Wolfgang: Geschichte der Staatsgewalt. Eine vergleichende Verfassungsgeschichte Europas von den Anfängen bis zur Gegenwart, München 22000. *Ein großer Entwurf zur Geschichte der Staatsbildung mit Detailstudien für einzelne Staaten, leitender Gesichtspunkt ist die „Staatsbildung" als Monopolisierung der Staatsgewalt. Der Abschluss dieses Prozesses wird erst im 20. Jh. ausgemacht.*

Reisenleitner, Markus: Frühe Neuzeit, Reformation und Gegenreformation. Darstellung – Forschungsüberblick – Quellen und Literatur, Innsbruck/Wien/München 2000. *Stark sozial- und wirtschaftsgeschichtlich orientierte Darstellung der österreichischen Geschichte.*

Schieder, Theodor (Hrsg.): Handbuch der Europäischen Geschichte, Bd. 3, Stuttgart 1971. *Handbuch mit z. T. sehr detailreichen Einzeldarstellungen von Ländergeschichten und einer ausführlichen allgemeinen Einleitung.*

Schilling, Heinz: Aufbruch und Krise. Deutschland 1517–1648, Berlin 1988. *Handbuch zur deutschen Geschichte mit Schwerpunkt auf dem Übergang zur Neuzeit.*

Schmidt, Georg: Geschichte des Alten Reiches. Staat und Nation in der Frühen Neuzeit 1495–1806, München 1999. *Überblick unter der Fragestellung des Verhältnisses von Staat und Nation. Der Begriff „Reichs-Staat" aus dem Zedlerschen Lexikon (18. Jahrhundert) wird als Forschungsbegriff eingeführt, um für die Frühe Neuzeit das Verhältnis von Reichsoberhaupt und Reichsgliedern zu bezeichnen.*

Schulze, Winfried: Deutsche Geschichte im 16. Jahrhundert. 1500–1618, Frankfurt am Main 1987. *Darstellung mit strukturgeschichtlichem Schwerpunkt.*

Skalweit, Stefan: Der Beginn der Neuzeit, Darmstadt 1982. *Lesenswerte Studie zu Fragen der Periodisierung.*

van Dülmen, Richard : Kultur und Alltag in der Frühen Neuzeit. Bd. 1: Das Haus und seine Menschen 16.–18. Jahrhundert, München 1990; Bd. 2: Dorf und Stadt 16.–18. Jahrhundert, München 1992; Bd. 3: Religion, Magie, Aufklärung 16.–18. Jahrhundert, München 1994. *Umfassende, quellennahe Darstellung.*

Zeeden, Ernst Walter: Hegemonialkriege und Glaubenskämpfe 1556–1648, Frankfurt am Main/Berlin/Wien 1982. *Übersichtliche und umfassende Darstellung.*

Zöllner, Erich: Geschichte Österreichs. Von den Anfängen bis zur Gegenwart, München [7]1984. *Faktenreiches Handbuch.*

2. Das Imperium Karls V.

Allgemeines; Biografien Karls V.

Brandi, Karl: Kaiser Karl V. Werden und Schicksal einer Persönlichkeit und eines Weltreiches, München 1937, Ndr. Frankfurt am Main 1979. *Aus den Quellen geschöpfte, sehr dichte Darstellung, immer noch aktuell.*

Gachard, [Prosper]: Retraite et Mort de Charles-Quint au Monastère de Yuste. Lettres inédites publiées d'après les originaux conservés dans les archives Royales de Simancas par M. G., Bruxelles 1854. *Ausführliche Darstellung mit Quellenteil. Der Rücktritt Karls V. wird überwiegend aus Gesundheitsgründen erklärt.*

Kohler, Alfred: Karl V. 1500–1558. Eine Biographie, München 1999. *Biografie mit einem Schwerpunkt auf Herrschaftsorganisation und Verwaltungspersonal der Teile des Imperiums.*

Rassow, Peter: Karl V. Der letzte Kaiser des Mittelalters, Göttingen/Berlin/Frankfurt am Main 1977. *Kurzer biografischer Abriss mit pointiert eigener Deutung.*

Schorn-Schütte, Luise: Karl V. Kaiser zwischen Mittelalter und Neuzeit, München 2000. *Kurz gefasste Biografie mit einem Kapitel über Kaisermemoria.*

Schulin, Ernst: Kaiser Karl V. Geschichte eines übergroßen Wirkungsbereiches, Stuttgart/Berlin/Köln 1999. *Schwerpunkt auf Geschichte von Burgund, Spanien, dem Reich und dem Kampf gegen die Osmanen.*

Seibt, Ferdinand: Karl V. Der Kaiser und die Reformation, Berlin 1990. *Deutet den Kaiser vorwiegend aus dem ritterlichen Ideal.*

Seipel, Wilfried (Hrsg.): Kaiser Karl V. (1500–1558). Macht und Ohnmacht Europas, Wien 2000. *Ausstellungskatalog mit ausführlichen erläuternden Aufsätzen.*

Tyler, Royall: Kaiser Karl V. Mit einem Vorwort v. Carl J. Burckhardt, Stuttgart 1959. *Biografie mit besonderem Akzent auf der Wirtschaft.*

Burgund

Tamussino, Ursula: Margarete von Österreich. Diplomatin der Renaissance, Graz/Wien/Köln 1995. *Kulturgeschichtlich orientierte Biografie mit viel historischer „Hintergrund"-Information.*

Spanien, Italien, Mittelmeer

Chaunu, Pierre: L'Espagne de Charles Quint, 2 Bde., Paris 1973. *Darstellung mit landeskundlichem Akzent und Schwerpunkten auf Sozial- und Wirtschaftsgeschichte, „limpieza", Aspekten der Kunst.*

Davies, R. Trevor: The Golden Century of Spain 1501–1621, London/New York 1954.

Heine, Hartmut: Geschichte Spaniens in der frühen Neuzeit 1400–1800, München 1984. *Detailreiche Überblicksdarstellung.*

Lynch, John: Spain under the Habsburgs, Vol. I: Empire and Absolutism 1516–1598, Oxford 1964.

Menendez Pidal, Ramòn (Hrsg.): Historia de España XX, La España del Emperador Carlos V (1500–1558), Madrid 1986. *Ausführliches Handbuch mit Schwerpunkt auf spanischer Geschichte.*

Reich und Reformation

1495 – Kaiser Reich Reformen. Der Reichstag zu Worms, Koblenz 1995. *Ausstellungskatalog mit informativen Aufsätzen zu Reichsreform und Reichskammergericht.*

Rabe, Horst: Deutsche Geschichte 1500–1600. Das Jahrhundert der Glaubensspaltung, München 1991. *Ausführliches, detailreiches Handbuch.*

Reinhard, Wolfgang: Probleme deutscher Geschichte 1495–1806; Reichsreform und Reformation 1495–1555, zehnte, völlig neu erarbeitete Auflage, hrsg. v. Wolfgang Reinhard, wissenschaftliche Redaktion Rolf Häfele, Stuttgart 2001. *Neukonzipierte Neuauflage des „Gebhardt" mit strukturgeschichtlichem Schwerpunkt und einer Einleitung zur Geschichte der Geschichtsschreibung und zu Periodisierungsfragen. Ausführliche Literaturangaben.*

Österreich, Ungarn, Osmanen

Burkert, Günter R.: Landesfürst und Stände. Karl V., Ferdinand I. und die österreichischen Erbländer im Ringen um Gesamtstaat und Landesinteressen, Graz 1987. *Ausführliche und quellengesättigte Darstellung der Auseinandersetzungen zwischen Fürst und Ständen; setzt grundlegende Einarbeitung voraus.*

Lhotsky, Alphons: Das Zeitalter des Hauses Österreich. Die ersten Jahre der Regierung Ferdinands I. in Österreich (1520–1527), Wien 1971. *Immer noch grundlegend.*

Niederstätter, Alois: Das Jahrhundert der Mitte. An der Wende vom Mittelalter zur Neuzeit, Österreichische Geschichte 1400–1522, hrsg. v. Herwig Wolfram, Wien 1996. *Umfassende Darstellung mit sozialgeschichtlichem Schwerpunkt.*

Sutter Fichtner, Paula: Ferdinand I. Wider Türken und Glaubensspaltung, Graz/Wien/Köln 1986. *Gut lesbare politische Biografie.*

Wiesflecker, Hermann: Österreich im Zeitalter Maximilians I. Die Vereinigung der Länder zum frühmodernen Staat. Der Aufstieg zur Weltmacht, Wien/München 1999. *Strukturgeschichtlich orientierter Überblick mit weiten Rückblicken bis ins frühe Mittelalter.*

3. Europa zur Zeit Philipps II.

Allgemeines

Braudel, Fernand: Das Mittelmeer und die mediterrane Welt in der Epoche Philipps II., 3 Bde., Neuübersetzung nach der 4. Auflage v. 1974, Darmstadt 2001. *In Einzelheiten überholt, aber interessant wegen der über Europa hinausgehenden Perspektive und der konsequent wirtschaftsgeografischen und sozialgeschichtlichen Ausrichtung.*

Niederlande

Lademacher, Horst: Geschichte der Niederlande. Politik – Verfassung – Wirtschaft, Darmstadt 1983.

Parker, Geoffrey: Der Aufstand der Niederlande. Von der Herrschaft der Spanier zur Gründung der Niederländischen Republik 1549–1609, München 1979.

England, Frankreich

Mieck, Ilja: Neue Forschungen zur Bartholomäusnacht, in: Francia 23 (1999), 203–214. *Forschungsbericht.*

Suerbaum, Ulrich: Das elisabethanische Zeitalter, Stuttgart 1989.

Sutherland, N. M.: The Massacre of St. Bartholomew and the European Conflict 1559–1572, London and Basingstoke 1973. *Darstellung, die vor allem die diplomatischen Aktivitäten im Umkreis der Bartholomäusnacht beleuchtet und Katharina v. Medici „entlastet".*

Reich

Behringer, Wolfgang: Hexen. Glaube, Verfolgung, Vermarktung, München ²2000. *Knapper und gut lesbarer Überblick mit Berücksichtigung gegenwärtiger Hexenvorstellungen.*

Lanzinner, Maximilian: Konfessionelles Zeitalter 1555–1618. In: Gebhardt. Handbuch der deutschen Geschichte 10, zehnte, völlig neu erarbeitete Auflage, hrsg. v. Wolfgang Reinhard, wissenschaftliche Redaktion Rolf Häfele, Stuttgart 2001, S. 1–203. *Darstellung aus katholischer Perspektive. Umfangreiches Literaturverzeichnis.*

Schormann, Gerhard: Hexenprozesse in Deutschland, Göttingen 1981. *Knapper und gut lesbarer Überblick.*

Personen- und Sachregister

Die fett gesetzten Seitenzahlen verweisen auf Inserte.